RAINER EICHHOLZ · UWE SÜSSENBACH

Die Finanzierung des Hessischen Rundfunks

Schriften zu Kommunikationsfragen

Band 15

Organisation und Finanzierung der Rundfunkanstalten

Herausgegeben von

Walther Hadding und Uwe H. Schneider

TEIL I

Die Finanzierung des Hessischen Rundfunks

Bearbeitet von

Rainer Eichholz und Uwe Süßenbach

Duncker & Humblot · Berlin

CIP-Titelaufnahme der Deutschen Bibliothek

Organisation und Finanzierung der Rundfunkanstalten / hrsg. von Walther Hadding u. Uwe H. Schneider. — Berlin: Duncker u. Humblot
(Schriften zu Kommunikationsfragen; Bd. 15)
NE: Hadding, Walther [Hrsg.]; GT

Eichholz, Rainer:
Die Finanzierung des Hessischen Rundfunks / bearb. von Rainer Eichholz u. Uwe Süssenbach. — Berlin: Duncker u. Humblot, 1990
(Organisation und Finanzierung der Rundfunkanstalten; Teil 1)
(Schriften zu Kommunikationsfragen; Bd. 15)
ISBN 3-428-06930-7
NE: Süssenbach, Uwe:

Teil 1. Eichholz, Rainer: Die Finanzierung des Hessischen Rundfunks. — 1990

Fremddatenübernahme und Druck:
Berliner Buchdruckerei Union GmbH, Berlin 61
Printed in Germany

ISSN 0935-4239
ISBN 3-428-06930-7

Vorwort

„Der Rundfunk ist Sache der Allgemeinheit". Dieser Grundsatz, entnommen aus dem Gesetz über den Hessischen Rundfunk vom 2. Oktober 1948, umschreibt, auf eine kurze Formel gebracht, die Aufgaben des Rundfunks. Über die Freiheit des Rundfunks, über die Grundlinien der Rundfunkordnung, über die Leitgrundsätze, die ein Mindestmaß an inhaltlicher Ausgewogenheit, Sachlichkeit und gegenseitiger Achtung sichern sollen, über den öffentlichen Auftrag von Rundfunk und Fernsehen, über das Persönlichkeitsrecht im Spannungsfeld zwischen Informationsauftrag und Menschenwürde, über das Informationsrecht, die Informationspflicht und den Informationsstil in Rundfunk und Fernsehen ist in den letzten Jahren viel nachgedacht und Kluges veröffentlicht worden.

Dagegen wurde die Diskussion über das Organisationsrecht des Rundfunks, über die Willensbildung und Entscheidungsfindung bei den Rundfunkträgern, über die Finanzierung und die Kontrolle der Mittelverwendung nicht in gleicher Breite und Tiefe geführt. Wer hier die Überlegungen in den letzten Jahren verfolgt hat, muß nachhaltig verunsichert sein. Auf der einen Seite sehen etwa manche öffentlich-rechtlichen Rundfunkanstalten und deren Fürsprecher die „Grundversorgung" gefährdet, weil kurzsichtige und kleinkrämerische Kritiker die Anhebung der Gebühren verhindern und damit die gebotene Versorgung gefährden (Wilhelm v. Sternburg in: ARD am 28. 12. 1989: „finanzielle Handschellen"). Auf der anderen Seite stehen die teilweise veröffentlichten Prüfungsergebnisse der Rechnungshöfe, die auch bei wohlwollender Betrachtung den Eindruck vermitteln, es handele sich bei manchen Rundfunkanstalten um Selbstbedienungsläden, die üppig, ausgestattet, ein höchst merkwürdiges Finanzgebaren zeigen — oder besser: vor der Öffentlichkeit zu verbergen suchen (siehe dazu Schreiner, Präsident des Rechnungshofs Rheinland-Pfalz, in: Lüder (Hrsg.), Rundfunk im Umbruch: Stand und Entwicklung der finanziellen und wirtschaftlichen Situation der öffentlich-rechtlichen Rundfunkanstalten, 1985, S. 215).

Hier obliegt der Wissenschaft eine besondere Aufgabe. Sie hat Recht und Wirklichkeit der Organisation des Rundfunks aufzuarbeiten. Es ist der Frage nachzugehen, wieweit sich die rechtlichen Strukturen bewährt haben, ob die Verwirklichung des öffentlichen Auftrages in angemessener Weise organisiert ist, welche Besonderheiten sich aus der Zwangsfinanzierung ergeben, ob es zulässig ist, daß die öffentlich-rechtlichen Anstalten Tochtergesellschaften ausgründen und sich auf diese Weise zu gemischtwirtschaftlichen Konzernen entwickeln usw. Zu klären sind die Aufbringung der Finanzmittel, zu entwickeln sind Maßstäbe für das Finanzgebaren, also die Mittelverwendung, und zu untersuchen ist der Prozeß der Gehaltsfindung und die Gehaltsstruktur sowohl der festangestellten als auch der freien Mitarbeiter. Und endlich wird man der Frage nachzugehen haben, ob die allfällige Kontrolle, die in allen Bereichen der Gesellschaft gefordert ist, sich auch bei den Trägern des Rundfunks verwirklicht und bewährt hat. Das gilt in gleicher Weise für den öffentlich-rechtlichen organisierten Rundfunk wie auch für den privat-rechtlich organisierten Rundfunk. Zu denken ist vor allem bei den öffentlich-rechtlichen Rundfunkanstalten an eine weitergehende Kontrolle bei Konzernlagen, an eine verstärkte Publizität und — als Beitrag zur Demokratisierung — an eigenständige Rechte der Gebührenzahler. Zu erwägen sind Instrumente öffentlicher Kontrolle, die für andere gesellschaftliche Bereiche durch Rundfunk und Fernsehen ständig gefordert werden, auch auf sie selbst anzuwenden. Zu denken ist etwa an die Verbandsklage wegen „unlauterer Berichterstattung" und „rechtswidriger und unwirtschaftlicher Mittelverwendung". Und wissenschaftlich zu erörtern sind die Überlegungen zur Verwirklichung des „Grundrechts auf mediale Selbstbestimmung", wonach der Bürger selbst entscheiden kann, welchem Rundfunkträger seine Gebühren zufließen sollen.

Die hier vorgelegte erste Arbeit versucht, den Hessischen Rundfunk an den Worten seines Intendanten, Professor Hartwig Kelm, zu messen, der Sender gerate in den nächsten Jahren in ein „dreistelliges Millionendefizit, das aus eigener Kraft nicht mehr ausgeglichen werden könne" (Frankfurter Rundschau vom 21. 12. 1988). Vor dem Hintergrund ihres verantwortungsvollen Auftrages, vor dem Hintergrund des Haushaltsvolumens dieser Anstalt und vor dem Hintergrund einer Reihe von bilanzwirksamen Aktivitäten in jüngerer Zeit muß die Äußerung in jeder Hinsicht nachdenklich stimmen. Ins Blickfeld zu nehmen sind dabei die Mittelaufbringung und die Mittelverwendung dieser Anstalt. Die Arbeit von Rainer Eichholz und Uwe Süßenbach spricht einerseits gedrängt, andererseits aber deutlich die damit zusammenhängenden Fragen an. Manches bleibt noch offen. Diese Lücken werden später zu schließen sein. Die sachliche Diskussion aber soll eröffnet und gefördert werden.

Darmstadt / Mainz, im Januar 1990

Universitätsprofessor Dr. Walther Hadding	Universitätsprofessor Dr. Uwe H. Schneider

Inhaltsverzeichnis

Abbildungsverzeichnis

Abkürzungsverzeichnis

Abb.	=	Abbildung
Abs.	=	Absatz
AfP	=	Archiv für Presserecht
Anm.	=	Anmerkung
a. o.	=	außerordentlich
AO	=	Abgabenordnung
AÖR	=	Archiv des öffentlichen Rechts
ARD	=	Arbeitsgemeinschaft der öffentlich-rechtlichen Rundfunkanstalten der Bundesrepublik Deutschland
ARW	=	Arbeitsgemeinschaft Rundfunkwerbung
Art.	=	Artikel
Aufl.	=	Auflage
BayVBl.	=	Bayerische Verwaltungsblätter
Bd.	=	Band
BGBl.	=	Bundesgesetzblatt
BGH	=	Bundesgerichtshof
BHO	=	Bundeshaushaltsordnung
BR	=	Bayerischer Rundfunk
BVerfGE	=	Bundesverfassungsgerichtsentscheidung
BVerfGG	=	Bundesverfassungsgerichtsgesetz
BVerwGE	=	Bundesverwaltungsgerichtsentscheidung
bzgl.	=	bezüglich
ca.	=	cirka
DBP	=	Deutsche Bundespost
ders.	=	derselbe
DFS	=	Deutsches Fernsehen
Degeto	=	Deutsche Gesellschaft für Ton und Bild
DGO	=	Deutsche Gemeindeordnung
d. h.	=	das heißt
dies.	=	dieselbe, dieselben
Diss.	=	Dissertation
Diss. jur.	=	juristische Dissertation
DLF	=	Deutschlandfunk
DM	=	Deutsche Mark
DÖV	=	Die Öffentliche Verwaltung
DRA	=	Deutsches Rundfunkarchiv
DVBl.	=	Deutsches Verwaltungsblatt
EDV	=	Elektronische Datenverarbeitung

entspr.	= entsprechend
epd	= Evanglischer Pressedienst
evtl.	= eventuell
f.	= folgende
ff.	= fortfolgende
FAG	= Fernmeldeanlagengesetz
FAZ	= Frankfurter Allgemeine Zeitung
Fn.	= Fußnote
FNP	= Frankfurter Neue Presse
FR	= Frankfurter Rundschau
Fs	= Fernsehen
FuR	= Film und Recht
G	= Gesetz
gem.	= gemäß
Geb.	= Gebühren
GEZ	= Gebühreneinzugszentrale der öffentlich-rechtlichen Rundfunkanstalten in der Bundesrepublik Deutschland
GG	= Grundgesetz
ggf.	= gegebenenfalls
GmbH	= Gesellschaft mit beschränkter Haftung
GuV	= Gewinn- und Verlustrechnung
GVBl.	= Gesetz- und Verordnungsblatt
HessGO	= Hessische Gemeindeordnung
Hf	= Hörfunk
HGB	= Handelsgesetzbuch
HR	= Hessischer Rundfunk
HRH	= Hessischer Rechnungshof
hrsg.	= herausgegeben
Hrsg.	= Herausgeber
i. d. F. v.	= in der Fassung vom
inkl.	= inklusive
IRT	= Institut für Rundfunktechnik GmbH
i. S. d.	= im Sinne des
i. V. m.	= in Verbindung mit
JZ	= Juristenzeitung
KEF	= Kommission zur Ermittlung des Finanzbedarfs der in der ARD zusammengeschlossenen Rundfunkanstalten des Landesrechts und der Anstalt ZDF
lt.	= laut
MGM	= Metro-Goldwyn-Mayer
Mio	= Millionen
Mrd	= Milliarden
NDR	= Norddeutscher Rundfunk
NJW	= Neue Juristische Wochenschrift
Nr.	= Nummer
o. J.	= ohne Jahresangabe

OWiG = Gesetz über Ordnungswidrigkeiten
Prof. = Professor
RB = Radio Bremen
RBT = Rundfunk-Betriebstechnik GmbH
rd. = rund
Rf = Rundfunk
RfFinStV = Staatsvertrag über die Höhe der Rundfunkgebühr und zur Änderung des Staatsvertrags über einen Finanzausgleich zwischen den Rundfunkanstalten (Rundfunkfinanzierungsstaatsvertrag)
RfGebStV = Staatsvertrag über die Regelung des Rundfunkgebührenwesens (Rundfunkgebührenstaatsvertrag)
RfStV = Staatsvertrag zur Neuordnung des Rundfunkwesens (Rundfunk-Staatsvertrag)
Rdnr. = Randnummer
RuF = Rundfunk und Fernsehen
s. = siehe
S. = Seite
s. a. = siehe auch
SDR = Süddeutscher Rundfunk
SFB = Sender Freies Berlin
sog. = sogenannt
Sp. = Spalte
SR = Saarländischer Rundfunk
SRT = Schule für Rundfunktechnik
StAnz = Staatsanzeiger
StV = Staatsvertrag
SWF = Südwestfunk
Tsd = Tausend
Tz. = Teilzeichen
UA = United Artists
u. a. = unter anderem
UFITA = Archiv für Urheber-, Film-, Funk- und Theaterrecht
usw. = und so weiter
u. U. = unter Umständen
vgl. = vergleiche
v. J. = verschiedene Jahrgänge
WDR = Westdeutscher Rundfunk
WM = Zeitschrift für Wirtschaft- und Bankrecht, Wertpapier Mitteilungen
z.B. = zum Beispiel
ZDF = Zweites Deutsches Fernsehen
Ziff. = Ziffer
zit. = zitiert
ZRP = Zeitschrift für Rechtspolitik
z. Zt. = zur Zeit

Erster Abschnitt

Einführung in die Thematik

I. Gegenstand und Ziel der Untersuchung

Die vorliegende Arbeit beschäftigt sich mit den Formen der Finanzierung des Hessischen Rundfunks. Dabei sollen nicht nur die beiden „Hauptsäulen" der Finanzierung, die Einnahmen aus dem Gebührenaufkommen und die Erträge aus der Wirtschaftswerbung berücksichtigt werden, sondern auch diejenigen Finanzierungsquellen Beachtung finden, deren Bedeutung bisher als gering angesehen wurde. In Betracht kommen dabei insbesondere Programmverwertungen und Lizenzverkäufe, die in gewissem Maße auch den Inhalt der Produktionen des Hessischen Rundfunks beeinflussen.

Aktueller Anlaß der näheren Untersuchung ist der gegen Ende des Jahres 1988 aufgekommene Streit über die vom Rundfunkrat zur Vermeidung zukünftiger Defizite der Haushaltsführung des Hessischen Rundfunks geforderten Sparmaßnahmen[1]. Die Rundfunkanstalt schilderte ihre finanzielle Lage hierbei nicht das erste Mal in „schwarzen" Farben. In der Öffentlichkeit wurden dagegen erhebliche Bedenken an der Art und Weise der Kapitalverwendung laut. In diesem Zusammenhang geht es hauptsächlich um folgende Fragen.

— *Erstens* ist die Herkunft sowie die Größenordnung der dem Hessischen Rundfunk zur Verfügung stehenden Mittel zu klären. So erreichten bereits die Gebührenerträge einen beachtlichen Umfang. Sie betrugen 1988 für alle ARD-Anstalten zusammen rd. 3,7 Mrd DM, wovon allein der Hessische Rundfunk annähernd 345,5 Mio DM erhielt.

— *Zweitens* muß der Frage nachgegangen werden, zu welchen Zwecken und nach welchen Maßstäben die Kapitalverwendung zu erfolgen hat. Dies geschieht vor dem Hintergrund, daß die Rundfunkanstalt stets behauptet, mit den ihr zur Verfügung stehenden Mitteln nicht auszukommen.

— *Drittens* ist zu prüfen, inwiefern die Ausgabenpolitik für die Öffentlichkeit transparent ist sowie

— *viertens*, ob und gegebenenfalls wie die Mittelverwendung kontrolliert wird.

---

1 Vgl. die Pressenotiz „Rundfunkrat hält Kelm zum Sparen an", in: FNP vom 20. 12. 1988.

— *Fünftens* sollte schließlich der Frage nachgegangen werden, ob bei einer Beanstandung der Haushaltsführung durch die Kontrollinstanzen eine Änderung des Ausgabeverhaltens verbindlich durchgesetzt werden kann.

In jüngster Zeit ist das Interesse an der zweckgerichteten Kapitalverwendung und an der Wirtschaftlichkeit der öffentlich-rechtlichen Rundfunkanstalten weiter gewachsen. Das gilt insbesondere für die Bereiche, in denen ein Einfluß privater Anbieter deutlich wird. Hieraus ergeben sich zugleich Auswirkungen auf eine weitere Problemstellung: Eine Reduzierung der Programmausgaben wäre nur unter der Bedingung möglich, daß die grundgesetzlich garantierte Rundfunkfreiheit nicht verfassungswidrig verengt wird. Daher erscheint es erforderlich, eine deutliche Trennung der Programmausgaben von den anderen Arten der Verwendung der Finanzmittel zu vollziehen. Ferner kann sich eine genauere Untersuchung fast ausschließlich nur auf die Bereiche beziehen, die nicht in erster Linie im Zusammenhang mit der Programmgestaltung stehen. Die Rundfunkanstalten zeigen allerdings die Tendenz, eine große Anzahl ihrer Ausgaben ohne nähere Begründung dem Programmbereich zuzuordnen. Die Möglichkeit, das Ausgabeverhalten zu prüfen, wird somit deutlich erschwert.

Hinzu kommt, daß die externe Rechnungslegung des Hessischen Rundfunks nur einen unzureichenden Einblick in die finanzielle Lage der Anstalt bietet. Aufgrund fehlender Vergleichsmöglichkeiten lassen auch die jährlichen Kostenaufstellungen des Senders, keine sichere Beurteilung der Wirtschaftlichkeit zu[2]. Die Kontrollorgane, wie z. B. die Kommission zur Ermittlung des Finanzbedarfs der in der ARD zusammengeschlossenen Rundfunkanstalten des Landesrechts und der Anstalt ZDF (KEF) oder auch der Hessische Rechnungshof (HRH) haben allerdings die Möglichkeit, aufgrund der ihnen zur Verfügung zu stellenden Unterlagen die Wirtschaftlichkeit objektiver als außenstehende Dritte zu überprüfen.

II. Der Hessische Rundfunk in der Form einer öffentlich-rechtlichen Anstalt

Der Hessische Rundfunk zählt zu den insgesamt neun Landesrundfunkanstalten der Bundesrepublik Deutschland[3], die als öffentlich-rechtliche Anstalten mit dem Recht der Selbstverwaltung organisiert sind. Er untersteht somit keiner Staatsauf-

2 Vgl. Vogel, in: Lüder (Hrsg.), Rundfunk im Umbruch: Stand und Entwicklung der finanziellen und wirtschaftlichen Situation der öffentlich-rechtlichen Rundfunkanstalten, S. 15, 21.

3 Zu der Arbeitsgemeinschaft der öffentlich-rechtlichen Rundfunkanstalten der Bundesrepublik Deutschland (ARD) gehören der Bayerische Rundfunk, Hessische Rundfunk, Norddeutsche Rundfunk, Radio Bremen, Saarländische Rundfunk, Sender Freies Berlin, Süddeutsche Rundfunk, Südwestfunk und Westdeutsche Rundfunk.

sicht. Die Ausgestaltung der Organisation wird häufig als eine Mischung aus öffentlicher Verwaltung und privatwirtschaftlich tätigem Unternehmen angesehen. Die Verbindung zwischen öffentlichem und privatem Recht findet ihren Niederschlag sowohl im Bereich der Organisation als auch im Bereich der Finanzierung. Der Hessische Rundfunk ist i. S. d. § 18 Abs. 1 Satz 1 AktG herrschendes Unternehmen eines Konzerns. Er übt die einheitliche Leitung über jene mit ihm zusammengefaßten privatrechtlich organisierten Unternehmen aus. Diese Art der Organisation bedingt auch den unterschiedlichen Rechtscharakter der dem Hessischen Rundfunk zufließenden Gelder. Die Anstalt erhält ihre Finanzierungsmittel einerseits aus dem — öffentlich-rechtlich zu qualifizierenden — Gebührenaufkommen und andererseits infolge ihrer — privatrechtlichen — erwerbswirtschaftlichen Tätigkeit. Die sich daraus ergebenden Fragestellungen haben wegen der unterschiedlichen Ansatzpunkte besondere Bedeutung.

Oberste Priorität besteht in der Verwirklichung des Anstaltszwecks, der in § 2 HRG näher aufgeführt wird. Demnach besteht die Aufgabe des Hessischen Rundfunks in der Verbreitung von Nachrichten und Darbietungen bildender, unterrichtender und unterhaltender Art. Zu diesem Zweck dürfen Rundfunksendeanlagen erworben und betrieben werden. Im Rahmen ihrer Tätigkeit soll die Anstalt nicht in erster Linie erwerbswirtschaftlich handeln und hat bei ihrer Wirtschaftsführung insbesondere die Grundsätze der Wirtschaftlichkeit und Sparsamkeit, die auch für andere öffentliche Einrichtungen gelten, zu beachten. Monetäre Ziele, wie z. B. Gewinn- oder Umsatzmaximierung, die im Vordergrund privatwirtschaftlich handelnder Unternehmen stehen, sollen nur als Mittel zum Zweck angesehen werden und müssen der öffentlichen Aufgabe der Anstalt stets untergeordnet sein[4].

1. Die gesellschaftliche Funktion des Rundfunks

Der Hessische Rundfunk wurde durch das Rundfunkgesetz vom 2. 10. 1948 zum Zwecke der Erfüllung der ihm übertragenen speziellen öffentlichen Aufgabe errichtet. Als Anstalt des öffentlichen Rechts ist er vorwiegend dem Gemeinwohl verpflichtet[5]. Der hr hat als Mittler gesellschaftlicher Kommunikation insbesondere darauf zu achten, daß er einen „eminenten Faktor“[6] der öffentlichen Mei-

---

4 Vgl. Emmerich/Steiner, Möglichkeiten und Grenzen der wirtschaftlichen Betätigung der öffentlich-rechtlichen Rundfunkanstalten S. 49, 50; siehe dazu auch Kübler, Rundfunkauftrag und Programminformationen, S. 21; Bethge, JZ 1986, 366; Lerche, AfP 1984, 183; Schmitt Glaeser, Bay.VBl. 1985, 97; Sölch, in: Eichhorn, v. Loesch (Hrsg.) Rundfunkökonomie, S. 92, 93.

5 Zu den verfassungsrechtlichen Fragen vgl. Wieland, Die Freiheit des Rundfunks, S. 71 ff.; Bethge, Der verfassungsrechtliche Standort des öffentlich-rechtlichen Rundfunks, S. 24 ff.; Rossen, Freie Meinungsbildung durch den Rundfunk, S. 197 ff.; Wufka, Die verfassungsrechtlich-dogmatischen Grundlagen der Rundfunkfreiheit, S. 63 ff.

6 Vgl. BVerfGE 12, 205, 260.

nungsbildung darstellt. Daher ist es Ziel, eine möglichst vollständige, ausgewogene und im wesentlichen objektive Programmgestaltung und Berichterstattung durchzuführen. Nur auf diese Weise kann eine faire demokratische Meinungs- und Willensbildung durch den Rundfunk gewährleistet bleiben[7]. Deutlich wird dies an den in § 3 HRG aufgeführten Grundsätzen die bei den Darbietungen der Sendeanstalt beachtet werden müssen. Dazu gehört z. B. die Berücksichtigung der Belange der politischen Parteien und der verschiedenen religiösen, weltanschaulichen und wirtschaftlichen Richtungen. Bei der Produktion und Ausstrahlung des Programms sind folglich die Interessen der Mitglieder einer vielschichtigen Gesellschaft zu beachten.

Diesem Gedanken wird u. a. bei der Kontrolle der Anstalt durch den Rundfunkrat Rechnung getragen. Dessen in § 5 HRG geregelte pluralistische Zusammensetzung soll eine breite Streuung der Berichterstattungen auf möglichst viele Bereiche sicherstellen[8]. In diesem Gremium sollten daher sämtliche relevante Gruppen der Gesellschaft vertreten sein.

2. Die Staatsfreiheit des Rundfunks

Das in § 1 Abs. 1 Satz 2 HRG festgelegte Selbstverwaltungsrecht der Rundfunkanstalt gewährleistet in erster Linie die Unabhängigkeit gegenüber dem Staat. Dadurch soll eine Gefährdung der gem. Art. 5 Abs. 1 Satz 2, 2. Fall GG geschützten Rundfunkfreiheit ausgeschlossen werden. Dies wird bereits im sog. „Fernsehurteil" des Bundesverfassungsgerichts vom 28. 2. 1961[9] deutlich unterstrichen. Demnach soll der Rundfunk zur Gewährleistung von Informationsfreiheit und Meinungsvielfalt von jeglicher staatlichen Lenkung oder Beeinflussung freigehalten werden und darf keines Fall als ein machtpolitisches Instrument der Exekutive benutzt werden[10].

Obwohl § 1 Satz 2, 2. HS HRG den Hessischen Rundfunk von jeder Staatsaufsicht freistellt, kann mit dieser Formulierung eine völlige Aufsichtsfreiheit der Anstalt nicht gemeint sein. Dafür spricht, daß in den Regelungsbereich des Gesetzes auch einige Beobachtungsfunktionen mit aufgenommen wurden. Beispielhaft hierfür steht § 19 Satz 1 HRG, wonach die Haushalts- und Wirtschaftsführung der Anstalt vom HRH geprüft werden soll. Die öffentlich-rechtliche Organisationsform enthebt den Hessischen Rundfunk somit nicht von einer Prüfung seines Finanzgebarens.

---

7 Maunz/Dürig/Herzog/Scholz-Herzog, GG, Art. 5 Rdnr. 216; siehe auch die Entscheidungen BVerfGE 12, 205; 31, 314; 35, 202; 57, 295; 59, 231; 60, 53.

8 Siehe dazu Fritz, Massenmedium Rundfunk — Die rechtliche Stellung der Rundfunkräte und ihre tatsächliche Einflußnahme auf die Programmgestaltung, S. 77 ff.; Ricker, Die Kompetenzen der Rundfunkräte im Programmbereich, S. 20 f.

9 BVerfGE 12, 205 ff.

10 Vgl. Berendes, Die Staatsaufsicht über den Rundfunk, S. 65.

3. Die staatliche Pflicht der funktionsgerechten Finanzierung des Rundfunks

Der Staat muß einen freien Rundfunk institutionell gewährleisten[11]. Zur Sicherung der Rundfunkfreiheit besteht aufgrund von Art. 5 Abs. 1 Satz 2, 2. Fall GG die verfassungsmäßige Verpflichtung des Staates, ein Finanzierungssystem zur Verfügung zu stellen, das die finanzielle Unabhängigkeit der Landesrundfunkanstalt garantiert[12]. Dadurch soll verhindert werden, daß der Rundfunk weder dem Staat noch einer gesellschaftlichen Gruppe finanziell „ausgeliefert" wird[13]. Für die Landesgesetzgeber dürfe zudem keine Möglichkeit bestehen, über gewisse Finanzierungsregeln direkt oder indirekt Einfluß auf das Programm zu nehmen[14]. Daraus ergibt sich die Konsequenz, daß der Staat solchen Finanzierungsmöglichkeiten Vorrang einräumen sollte, die die Rundfunkprogrammfreiheit am wirksamsten zu schützen vermögen; d. h. es sollte stets die Erschließung eigener Finanzquellen des Senders den Geldern aus den Haushaltsmitteln der Länder vorgezogen werden[15]. Infolgedessen wird den Landesparlamenten nicht das Recht zugebilligt, eine bestimmte Form der Finanzierung (z. B. aus Werbeeinnahmen) zu verbieten, ohne die dadurch entstehenden Verluste zu decken[16]. Die Ausgestaltung der Finanzierung der öffentlich-rechtlichen Rundfunkanstalten wird durch die Legislative der Länder in entsprechenden Staatsverträgen geregelt[17]. Der z. Zt. gültige Staatsvertrag zur Neuordnung des Rundfunkwesens[18] (RfStV) vom 1./3. 4. 1987, der am 1. 12. 1987 in Kraft trat, enthält in Art. 3 Abs. 1 und 2 Bestimmungen über die Finanzierung der Landesrundfunkanstalten und des ZDF. Es läßt sich somit konstatieren, daß der Staat hiermit die Grundlage für eine funktionsgerechte Finanzierung geschaffen hat.

11 BVerfGE 12, 205 ff.; 31, 314 ff.; Rombach, in: Lüder (Hrsg.) Rundfunk im Umbruch: Stand und Entwicklung der finanziellen und wirtschaftlichen Situation der öffentlich-rechtlichen Rundfunkanstalten, S. 51, 54.

12 Badura, Rundfunkfreiheit und Finanzautonomie, S. 18, siehe dazu auch Bethge, DöV 1988, 97; Stern/Bethge, Funktionsgerechte Finanzierung der Rundfunkanstalten durch den Staat S. 2; Oppermann/Kilian, Rechtsgrundsätze der Finanzierung öffentlich-rechtlichen Rundfunks in der dualen Rundfunkverfassung der Bundesrepublik Deutschland, S. 67 ff.

13 Vgl. BVerfGE 12, 205, 262.

14 BVerfGE 12, 205, 262; vgl. Bethge, DÖV 1988, 98, 100.

15 Vgl. Thieme, Rundfunkfinanzierung im Bundesstaat, S. 18; Ossenbühl, Rundfunkfreiheit und die Finanzautonomie des DLF, S. 17; Stern/Bethge, Funktionsgerechte Finanzierung der Rundfunkanstalten durch den Staat, S. 38 f.; dies., Öffentlich-rechtlicher und privatrechtlicher Rundfunk, S. 61; Kollek, Rechtsfragen der Rundfunkfinanzierung, S. 23, Oppermann/Kilian, Rechtsgrundsätze der Finanzierung öffentlich-rechtlichen Rundfunks in der dualen Rundfunkverfassung der Bundesrepublik Deutschland, S. 87.

16 ARD-Jahrbuch 1988, S. 107; vgl. Badura, Rundfunkfreiheit und Finanzautonomie, S. 21; siehe auch Oppermann/Kilian, Rechtsgrundsätze der Finanzierung öffentlich-rechtlichen Rundfunks in der dualen Rundfunkverfassung der Bundesrepublik Deutschland S. 87.

17 Siehe dazu auch die Regelungen der im Anhang abgedruckten Staatsverträge.

18 GVBl. Hessen 1987, S. 166.

III. Der Finanzierungsbegriff

Bevor auf die unterschiedlichen Finanzierungsmöglichkeiten des Hessischen Rundfunks im einzelnen eingegangen werden soll, muß man sich zunächst den Begriff der Finanzierung noch einmal vergegenwärtigen.

Die finanziellen Vorgänge in einem Unternehmen werden im Rahmen der Betriebswirtschaftslehre im allgemeinen mit dem Begriff Finanzierung umschrieben. Dabei wird zwischen einem engen und einem weiten Finanzierungsbegriff differenziert[19]. Während sich der enge Finanzierungsbegriff auf die Verschaffung finanzieller Mittel beschränkt, setzt sich der weite Finanzierungsbegriff, dem hier wegen des größeren Anwendungsbereichs gefolgt wird, aus zwei Komponenten zusammen. Er erfaßt neben den Vorgängen zur Kapitalbeschaffung auch die Abläufe des Einsatzes von Kapital zur Durchführung des Betriebsprozesses. Das Hauptziel der Finanzierung stellt die Erhaltung der Liquidität des Unternehmens dar, worunter vorallem die Gewährleistung der Zahlungsfähigkeit zu jedem Zeitpunkt[20] und/oder die Erhaltung der Kreditwürdigkeit verstanden wird.

Bei der Kapitalbeschaffung handelt es sich um die Bereitstellung von finanziellen Mitteln aller Art zur Durchführung beziehungsweise Verwertung der betrieblichen Leistungen sowie zur Vornahme finanztechnischer Vorgänge[21]. Als Gegenstück dazu werden bei der Kapitalverwendung die finanziellen Mittel im Wege der Investition zur Beschaffung von Sachvermögen, immateriellen Vermögenswerten sowie Finanzvermögen genutzt.

Die Möglichkeit einer echten Eigenfinanzierung besteht für den Hessischen Rundfunk nicht. Durch die Rechtsstellung des Senders bedingt existieren keine Eigentümer, die durch ihre Beteiligungen oder zusätzliche Einlagen die Eigenkapitalbasis verstärken und die Liquiditätslage unterstützen könnten. Als Äquivalent dazu lassen sich auch nicht die Gebühreneinnahmen der Landesrundfunkanstalt ansehen, diese beinhalten einen rechtlich völlig anderen Charakter[22].

Aufgrunddesssen empfiehlt sich eine Gliederung der Finanzierungsarten in anstaltsexterne und anstaltsinterne Finanzierungsquellen (siehe Abb. 1). Bei den von außen kommenden Mitteln sind die Rundfunkgebühr, die Einnahmen aus der Wirtschaftswerbung, die Erträge aus sonstiger erwerbswirtschaftlicher Betätigung, sowie die Kreditbeschaffung über den Kapitalmarkt und letztendlich die Subventionsfinanzierung durch den Staat zu beachten. Für die Betrachtung der internen Finanzierungsquellen des hr ist ebenfalls zwischen mehreren Varianten zu unterscheiden. Zunächst ist die Selbstfinanzierung von Interesse. Darunter

---

[19] Wöhe/Bilstein, Unternehmensfinanzierung, S. 2; Grochla, in: Büschgen (Hrsg.), Handbuch der Finanzwirtschaft, Sp. 413 ff.

[20] Müller-Merbach, Einführung in die Betriebswirtschaftslehre, S. 63.

[21] Wöhe/Bilstein, Unternehmensfinanzierung, S. 3.

[22] Siehe dazu unten S. 26 ff.

versteht man die Einbehaltung der erwirtschafteten Gewinne und deren Zuführung zu dem anstaltseigenen Kapital des Hessischen Rundfunks. Darüber hinaus muß die Verwertung nicht weiter dem Anstaltszweck dienender Vermögenswerte berücksichtigt werden. Auch sei auf die Finanzierung mittels Pensionsrückstellungen hingewiesen. Sie werden aufgrund von Pensionsverpflichtungen, die sich aus der Versorgungsordnung des hr ergeben, gebildet.

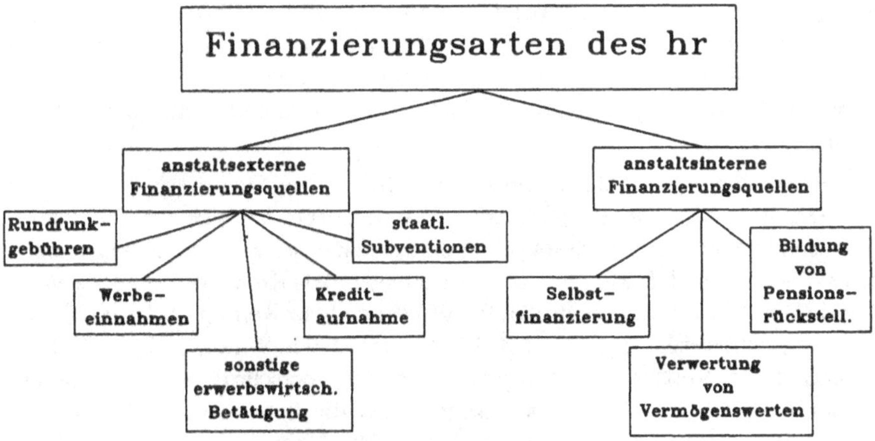

(Quelle: Eigene Darstellung)

Abb. 1: Überblick über die Finanzierungsarten des hr

IV. Gang der Untersuchung und ausgeklammerte Fragen

Die Darstellung der Finanzierungsmöglichkeiten des Hessischen Rundfunks orientiert sich an der Einteilung der unterschiedlichen Finanzierungsarten in anstaltsexterne und -interne Quellen. Im Zusammenhang mit den Einnahmen aus dem Verkauf der Sendezeiten für die Veranstaltung von Wirtschaftswerbung soll die Unterscheidung zwischen der instrumentalen und der medialen Werbung nur kurz angerissen werden. Die Erörterung der dort auftretenden Rechtsprobleme, insbesondere auf dem Gebiet des Wettbewerbsrechts, hat erst in jüngster Zeit begonnen und eine Vertiefung an dieser Stelle würde den Rahmen der vorliegenden Arbeit überschreiten.

Die Grundsätze und Methoden der Haushaltsführung des Hessischen Rundfunks bilden einen weiteren Schwerpunkt. In diesem Zusammenhang wurde der internen und externen Kontrolle der tatsächlichen Mittelverwendung besonderes Interesse gewidmet. Inwieweit die öffentlich-rechtliche Anstalt an bestimmte Maßstäbe im Rahmen ihrer Ausgabenpolitik gebunden ist, soll bei der Untersuchung nur kurz angeschnitten werden.

Die Finanzierungsquellen des Hessischen Rundfunks

Organisation und sachliche Ausgestaltung des Rundfunkwesens in der Bundesrepublik Deutschland fallen in die Zuständigkeit der Landesgesetzgeber. Für den Schutz der durch Art. 5 Abs. 1 Satz 2, 2. Fall GG gewährleisteten Rundfunk- und Programmfreiheit trägt das Landesparlament die Verantwortung. Dazu gilt es, eine gesicherte Finanzierung der öffentlich-rechtlichen Landesrundfunkanstalt sicherzustellen und die Rundfunkgesetzgebung entsprechend zu gestalten[23]. Diesem Verfassungsauftrag ist das Land Hessen durch zwei Maßnahmen nachgekommen.

Erstens sind in § 18 Abs. 2 HRG zwei Leitlinien zur Finanzierung aufgestellt worden. Zum einen regelt § 18 Abs. 2 Satz 1 HRG, daß sich die Einnahmen insbesondere aus den Rundfunkgebühren zusammensetzen. Zum anderen regelt § 18 Abs. 1 Satz 2 HRG die Fremdfinanzierung mittels Kreditaufnahme. *Zweitens* wurde durch das Gesetz vom 23. 9. 1987[24] der Staatsvertrag zur Neuordnung des Rundfunkwesens vom 1./3. 4. 1987 (RfStV) mit Wirkung ab 1. 12. 1987 ratifiziert. Der Vertrag enthält in Art. 3 unter der Überschrift „Finanzierung des öffentlich-rechtlichen Rundfunks" Regeln über die Finanzquellen der Landesrundfunkanstalten. Aufgrund der in Art. 3. Abs. 1 und 2 RfStV aufgeführten Bestimmungen finanziert sich der Hessische Rundfunk in erster Linie aus den Rundfunk-Teilnehmergebühren und durch die Ausstrahlung von Wirtschaftswerbung.

I. Externe Finanzierungsquellen

Im allgemeinen bezieht sich die Diskussion der Finanzierungsmöglichkeiten des Hessischen Rundfunks auf die gesetzlich normierten Mittel und die sich damit ergebenden Schwierigkeiten. Doch dürfen auch die sonst als nebensächlich angesehenen Finanzierungsquellen, die 1988 immerhin eine Größenordnung von ca. 6,77 % des gesamten Ertragsvolumens des hr erreichten, nicht außer acht

---

23 Vgl. u. a. Ipsen, Die Rundfunkgebühr, S. 72; siehe insbesondere BVerfG 12, 205, 262; Oppermann/Kilian, Rechtsgrundsätze der Finanzierung öffentlich-rechtlichen Rundfunks in der dualen Rundfunkverfassung der Bundesrepublik Deutschland, S. 87.

24 GVBl. Hessen 1987, S. 165.

gelassen werden[25]. In der folgenden Grafik (Abb. 2) sind die Anteile der einzelnen Finanzierungsquellen am gesamten Ertragsvolumen des hr unter Berücksichtigung der Bestandsverminderungen (2,6 Mio DM) für das Jahr 1988 dargestellt. Darin wird deutlich, daß mit zusammen rd. 345,4 Mio DM (ca. 66,9%) die Einnahmen aus dem Gebührenaufkommen den weitaus umfangreichsten Teil der Erträge umfassen. In diesem Zusammenhang sei auch auf das nach wie vor bestehende „2:1-Verhältnis" der Gebühreneinnahmen gegenüber den Erträgen aus Werbung und den sonstigen erwerbswirtschaftlichen Betätigungen hingewiesen.

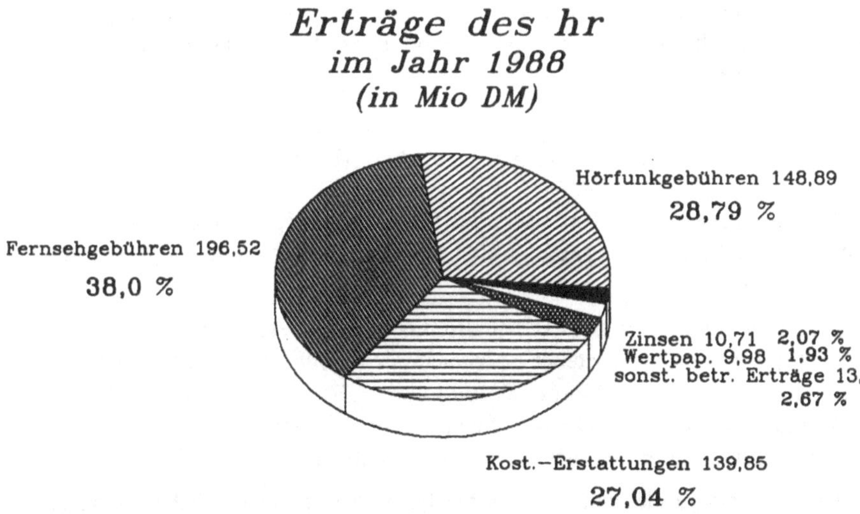

(Quelle: Eigene Darstellung anhand der Daten aus dem hr-Geschäftsbericht 1988, S. 57)

Abb. 2: Die Ertragstruktur des Hessischen Rundfunks

1. Die Einnahmen aus den Rundfunkgebühren

Die aufgrund der Staatsverträge der Länder und der Landesgesetze erhobene Rundfunkgebühr[26] stellt das finanzwirtschaftliche Rückgrad des Hessischen Rundfunks dar[27]. Auf deren normative Ausgestaltung, einschließlich der Bemessung und Erhöhung, hat die Rundfunkanstalt keinen unmittelbaren Einfluß. Sie

25 Dazu zählen neben den nicht unter die Werbeerträge fallenden Kostenerstattungen, ein Teil der sonstigen betrieblichen Erträge sowie die Erträge aus Wertpapieren und Zinsen.

26 Die Rundfunkgebühr setzt sich zusammen aus der Hörfunkgebühr (sog. Grundgebühr) und der Fernsehgebühr.

27 Vgl. Badura, Rundfunkfreiheit und Finanzautonomie, S. 7.

versucht daher anhand ihrer Programmplanung, unter der Hervorhebung personeller und sachlicher Kostenlasten, ihren Finanzbedarf entsprechend darzulegen und zu begründen. Dennoch bleiben die Landesrundfunkanstalten von der politischen Entscheidung der Gesamtheit der Landesregierungen abhängig.

a) Die Rechtsnatur der Rundfunkgebühr

Die rechtliche Eigenart der Rundfunkgebühr war in der einschlägigen Literatur wohl eines der am heftigsten umstrittenen Themen. Einigkeit bestand über die Ansicht, daß es sich bei der Rundfunkgebühr um eine öffentliche Abgabe handelt[28]. Darüber hinaus gab es jedoch kaum eine in Betracht kommende Variante, die nicht vertreten wurde.

aa) Die unterschiedlichen Meinungen

Die Rundfunkgebühr wurde u. a. als Zwecksteuer[29], als eine Verwaltungsgebühr[30], als Beitrag[31] oder auch als eine Anstaltsnutzungsgebühr mit Beitragselementen[32] beurteilt.

Zur Frage, ob es sich bei der Rundfunkgebühr um eine Zwecksteuer handelt, die mit der Kraftfahrzeugsteuer oder auch der Kirchensteuer vergleichbar wäre, sollte die in § 3 AO aufgeführte Definition der „Steuer" beachtet werden. Demnach sind Steuern Geldleistungen ohne besondere Gegenleistung, die dem einzelnen zur Finanzierung des öffentlichen Haushalts auferlegt werden[33].

Nach überwiegender und wohl auch richtiger Ansicht läßt sich die Rundfunkgebühr nicht darunter subsumieren. Denn einerseits wird sie als eine Gegenleistung für die besondere Sendeleistung der öffentlich-rechtlichen Rundfunkanstalten angesehen. Andererseits wird sie dem Hörer nicht zur Erzielung von Einkünften des erhebenden Gemeinwesens, d. h. zur allgemeinen Verstärkung der öffentlichen Haushaltsmittel, auferlegt. Sie wird vielmehr von Anfang an als konkrete Leistung des Rundfunkteilnehmers zur Deckung und Beitrag zu den Kosten der Sendeanstalt[34] verstanden.

---

28 Vgl. u. a. Thieme, AÖR 1988, 38, 49; Lerche, Rechtsprobleme des Werbefernsehens, S. 25; Ipsen, Die Rundfunkgebühr, S. 62 ff.; Zeidler, Probleme der Rundfunkgebühr, S. 21.

29 Vgl. Moser, JZ 1951, 70, 73.

30 Vgl. Kirchhof, Die Höhe der Gebühr, S. 25.

31 Vgl. Heydt, AÖR 100 (1975), 584, 595 f.

32 Ipsen, Die Rundfunkgebühr, S. 64; Kirchhof, Die Höhe der Gebühr, S. 34 f.

33 Steuer wird auch oftmals nur als allgemeines Finanzierungsmittel des Staates betrachtet vgl. Steimer, Grundprobleme der Rundfunkfinanzierung unter besonderer Berücksichtigung der Finanzierung des „ Zweiten Deutschen Fernsehens", S. 19.

34 Ipsen, Die Rundfunkgebühr, S. 66.

Im Rahmen einer Entscheidung des Bundesverwaltungsgerichts vom 15. 3. 1968[35] über die Kompetenz bei der Gebührenerhebung[36] wurde die lange Zeit umstrittene Frage geklärt, ob die Rundfunkgebühr als ein Entgelt für die Leistungen der Bundespost oder für die Sendeleistungen der Rundfunkanstalten anzusehen wäre. Aus den Urteilsgründen ergibt sich die Schlußfolgerung, daß die Rundfunkgebühr nicht für eine fernmelderechtliche Verleihung der technischen Empfangserlaubnis[37], sondern mit Rücksicht auf die Tätigkeit der Rundfunkanstalten für die Möglichkeit zum Empfang der Sendungen erhoben wird[38].

Mit dem Wort „Gebühr", wird im allgemeinen ein Leistungstausch verbunden[39]. Dabei steht insbesondere die Inanspruchnahme einer staatlichen Leistung im Vordergrund. Deshalb sahen einige Autoren, die Rundfunkgebühr als eine besondere Art der Verwaltungsgebühr (Anstaltsnutzungsgebühr) an[40]. Es bleibt noch die Frage offen, ob die Entrichtung dieser Gebühr in direktem Zusammenhang mit der Programmdarbietung gesehen werden kann. Denkbar ist, daß die Verwirklichung des Grundrechts auf mediale Selbstbestimmung derart umgestaltet werden muß, daß Zahlungsverpflichtungen nur in dem Verhältnis entstehen, in dem ein Sender empfangen wird[41]. Es ist nicht ohne weiteres nachvollziehbar, daß derjenige, der sich ein Rundfunk- bzw. Fernsehgerät nur beschafft, um durch Werbung finanzierte Privatsender zu empfangen oder um ein Abonnement für einen Spartenkanal zu erwerben, gleichzeitig zur Leistung der öffentlich-rechtlichen Pauschalgebühr verpflichtet wird.

Diese Problematik wurde u. a. in dem Urteil des Bundesverfassungsgerichts zur Umsatzsteuerpflicht der Rundfunkanstalten behandelt, nach dem die Rundfunkgebühr nicht als Leistung für eine Gegenleistung, sondern als das von den Ländern eingeführte Mittel zur Finanzierung der Gesamtveranstaltung[42] zu sehen sei. Dagegen äußerten die Richter Geiger, Rinck und Wand die abweichende Meinung, daß die Rundfunkgebühr als Entgelt für die Entgegennahme des Pro-

---

35 BVerwGE 29, 214.

36 Darin wurde nicht nur die Kompetenz der Bundesländer für die gesetzliche Regelungen der Rundfunkgebühr festgelegt, sondern auch die Gläubigerstellung der öffentlich-rechtlichen Rundfunkanstalten gegenüber dem Rundfunk-Teilnehmer.

37 Die Rundfunkgebühr ist demnach keine Gegenleistung dafür, daß dem Empfänger gem. § 2 FAG die Befugnis zur Errichtung und zum Betrieb einer Fernmeldeanlage verliehen worden ist, BVerwGE 29, 214, 215.

38 Vgl. Ipsen, Die Rundfunkgebühr, S. 55; siehe auch Art. 8 RfGebStV.

39 Grupp, Grundfragen des Rundfunkgebührenrechts, S. 42.

40 So u. a. Wufka, Die verfassungsrechtlich-dogmatischen Grundlagen der Rundfunkfreiheit, S. 118.

41 Vgl. dazu Owen, Economics and the freedom of Expression, Cambridge Mass., S. 141, „jedermann muß die Freiheit haben, seine Präferenzen durch Dollars auszudrükken"; siehe auch den Vorschlag der Monopolkommission, BT-Drucks. 11/2677, S. 232, Tz. 539.

42 BVerfGE 31, 314, 330 (Umsatzsteuer-Urteil vom 27. 7. 1971, das in der Literatur auch oftmals als 2. Rundfunk-Urteil bezeichnet wird).

gramms und die korrespondierende Verwaltungs- und Sendetätigkeit der Rundfunkanstalten anzusehen sei. Dies gelte unabhängig davon, ob die Höhe dieser Gebühr durch die Landesgesetzgeber geregelt wird oder nicht[43].

bb) Anstaltsnutzungsgebühr mit Beitrags-Charakter

Der Auffassung, es handele sich bei der Rundfunkgebühr um eine reine Anstaltsnutzungsgebühr, kann nicht bedenkenlos zugestimmt werden[44]. Denn eine Zahlungspflicht entsteht bereits durch den Besitz eines Rundfunkgeräts, auch falls von dem Empfangsrecht kein Gebrauch gemacht wird. Für die bloße Möglichkeit einer Benutzung ist nach herrschender Ansicht keine „Benutzungs"-Gebühr zu entrichten[45] und darüber hinaus stelle der Anschluß allein noch keine Benutzung dar. Die Rundfunkgebühr wäre somit eher als eine Art Beitrag des Gerätebesitzers zu interpretieren[46]. Der Beitragsbegriff wurde vom Bundesverwaltungsgericht in dessen Entscheidung vom 19. 10. 1966[47] wie folgt definiert. Darunter seien Geldleistungen zu verstehen, denen Leistungen gegenüberstehen, mit denen ein Leistungsaustausch jedoch nicht zwingend korrespondiert. Sie seien Entgelt für Leistungen, die wohl dem Pflichtigen besondere Vorteile gewähren, die dieser aber nicht wahrzunehmen braucht[48]. Auch aus der Rechtsprechung des BVerfG[49] („Umsatzsteuer-Urteil") geht die Beitragsfunktion der Rundfunkgebühr hervor. Es sollen die der Verwaltung entstehenden Aufwendungen ausgeglichen werden, ohne daß eine individuelle Zurechenbarkeit oder eine Gegenleistung gegeben sein muß[50].

Nach herrschender Meinung[51] steht jedoch die Nutzung der Leistungen der Sendetätigkeit der öffentlich-rechtlichen Rundfunkanstalten im Vordergrund. Da-

---

[43] BVerfGE 31, 314, 344; vgl. Badura, Rundfunkfreiheit und Finanzautonomie, S. 19 f.

[44] Vgl. Ipsen, Die Rundfunkgebühr, S. 62 f.

[45] Vgl. u. a. Badura, Rundfunkfreiheit und Finanzautonomie, S. 18; Steimer, Grundprobleme der Rundfunkfinanzierung unter besonderer Berücksichtigung der Finanzierung des „Zweiten Deutschen Fersehens", S. 27.

[46] Vgl. Steimer, Grundprobleme der Rundfunkfinanzierung unter besonderer Berücksichtigung der Finanzierung des „Zweiten Deutschen Fersehens", S. 31; siehe auch Lerche, Rechtsprobleme des Werbefernsehens, S. 26, wonach dem Rf-Teilnehmer das Recht verliehen werde, das ausgestrahlte Programm zu empfangen.

[47] BVerwGE 25, 147, 148 f.

[48] Heydt, AÖR 100, 584, 595.

[49] BVerfGE 31, 314 ff.

[50] BVerfGE 31, 314, 330; Grupp, Grundfragen des Rundfunkgebührenrechts, S. 42; Heydt, AÖR 100 (1975), 584, 595; Kirchhof, Die Höhe der Gebühr, S. 35.

[51] Lerche, Rechtsprobleme des Werbefernsehens, S. 26 f.; Ipsen, Die Rundfunkgebühr, S. 64; Oppermann/Kilian, Rechtsgrundsätze der Finanzierung öffentlich-rechtlichen Rundfunks in der dualen Rundfunkverfassung der Bundesrepublik Deutschland S. 43; Badura, Rundfunkfreiheit und Finanzautonomie, S. 18 ff.

her wird primär von einer Benutzungsgebühr, die allerdings beitragsähnliche Elemente enthält, ausgegangen. Die Rundfunkgebühr kann aus diesem Grunde als eine Anstaltsnutzungsgebühr mit Beitragscharakter angesehen werden[52].

b) Die Höhe der Rundfunkgebühr

Trotz der Befürchtung, die Festsetzung der Gebührenhöhe durch die Länder stelle einen indirekten Eingriff in die Programmbelange der öffentlich-rechtlichen Rundfunkanstalten dar, besteht nach wie vor die Kompetenz der Landesgesetzgeber für die Bemessung der Rundfunkgebühr[53].

Obwohl durch das föderalistische System der Bundesländer keine einheitliche Gebührenhöhe notwendig erscheint, wurde bisher stets eine länderkonforme Lösung angestrebt. Dazu handeln die Ministerpräsidenten der Länder einen Staatsvertrag aus, der schließlich von allen Landesparlamenten mehrheitlich genehmigt werden muß. Dieses komplizierte und langwierige Verfahren kann ggf. weiterhin durch eine Verzögerung der Hinterlegung der Ratifikationsurkunde durch ein Land blockiert werden[54].

Aufgrund des Umstands, daß bei der Entscheidung über eine Gebührenerhöhung die verschiedensten Interessen mitberücksichtigt werden müssen, um eine bundeseinheitliche Regelung zu erreichen, wurde häufig von einem „politischen Preis“ oder auch von einer „politischen Gebühr“ gesprochen[55]. Es werde demnach keine sachgerechte Beurteilung des Finanzgebarens der Rundfunkanstalten durchgeführt, sondern es bestehe eine starke Abhängigkeit von den Zufälligkeiten der parlamentarischen Mehrheiten und der öffentlichen Meinung, insbesondere im Hinblick auf bevorstehende Landtagswahlen[56]. Daraus folgt einerseits, daß evtl. wesentliche Gesichtspunkte des tatsächlichen Finanzbedarfs der Rundfunkanstalten vernachlässigt werden[57]. Andererseits könnte durch die Landesgesetzgeber die Rundfunkgebühr bereits nach kurzer Zeit erneut angehoben werden, um damit beabsichtigte Erweiterungen[58] des öffentlich-rechtlichen Programms zu unterstützen.

---

52 Ipsen, Die Rundfunkgebühr, S. 64; u. a. auch Grupp, Grundfragen des Rundfunkgebührenrechts, S. 42; Lerche, Rechtsprobleme des Werbefernsehens, S. 27; siehe auch Art. 8 Abs. 1 und 2 RfGebStV, aus dem die „Anstaltsnutzung“, sowie Art. 3 Abs. 2 RfGebStV, aus dem der „Beitragscharakter“ hervorgeht.

53 BVerwGE 29, 214, 217.

54 Vgl. Grupp, Grundfragen des Rundfunkgebührenrechts, S. 43; siehe Art. 3 Abs. 1 Satz 2 Staatsvertrag über die Höhe der Rundfunkgebühr.

55 Fünfgeld/Diemel/Gläser, Finanzplanung im Rundfunk-Geplante Defizite, S. 5; Herbers, in: Aufermann/Scharf/Schlie (Hrsg.), Fernsehen und Hörfunk für die Demokratie S. 69; Heydt, AÖR 100 (1975), 584, 595.

56 Vgl. Grupp, Grundfragen des Rundfunkgebührenrechts, S. 43 f.

57 Vgl. Fünfgeld/Diemel/Gläser, Finanzplanung im Rundfunk — Geplante Defizite, S. 51

aa) Der Zusammenhang zwischen der Entwicklung der Teilnehmerzahlen und den Gebührenerhöhungen

Bis in die Mitte der sechziger Jahre ließen die bis dahin fortwährenden Steigerungen der Teilnehmerzahlen keinerlei Finanzprobleme auftreten. Es bestand wenig Anlaß zu Diskussionen über mögliche Gebührenerhöhungen. So hatte sich beispielsweise die Zahl der Rundfunkteilnehmer in den 9 Jahren von 1955 bis 1964 verhundertfacht[59]. Aus diesem Grund betrug die Hörfunkgebühr von 1924 bis einschließlich 1969 monatlich unverändert 2,– DM und auch die seit Einführung des Fernsehens zu Anfang der fünfziger Jahre erhobene Fernsehgebühr von 5,– DM bedurfte keiner weiteren Erhöhung.

In dieser Zeit bereitete die Finanzierung des Auf- und Ausbaus neuer Produktionsstätten, sowie der Entwicklung der gesamten Studio- und Senderausstattung keinerlei Schwierigkeiten. Selbst aufwendige Investitionen, wie die Umstellung von Mono- auf Stereo-Ausstrahlung und auch Schwarzweiß- auf Farbfernseh-Übertragung, konnten ohne weiteres verkraftet werden[60].

Doch gegen Ende der 60er Jahre ließen sich die weiter steigenden Kosten nicht mehr vollständig durch wachsende Teilnehmerzahlen, deren Wachstumsraten aufgrund einer Annäherung an die Sättigungsgrenzen allmählich abflachten, kompensieren (siehe Abb. 6). Ähnliche Beobachtungen wurden auch in dem Verlauf der Einnahmen aus der Werbewirtschaft deutlich. Resultat dieser Entwicklung waren die erstmals 1968 in den Bilanzen einiger Rundfunkanstalten ausgewiesenen Verluste — deutliches Zeichen dafür, daß „die Zeit der Überschüsse“ sowie der „sorglosen Planungen und Investitionen“ vorbei zu sein schien[61].

Durch die Veröffentlichung der Zahlenwerte in den ARD-Jahrbüchern, die u. a. auch Prognosen über die weitere finanzielle Entwicklung der Rundfunkanstalten enthalten, versuchten diese auf ihre schlechte finanzielle Lage und die Notwendigkeit einer entsprechenden Gebührenerhöhung hinzuweisen. Die Ministerpräsideneten der Länder beschlossen daraufhin den ersten Staatsvertrag über die Höhe der Rundfunkgebühr vom 19. 2. 1969, der am 1. 1. 1970 in Kraft trat[62].

In den beiden folgenden Tabellen (Abb. 3 und 4) sind neben den jährlichen Beständen der angemeldeten Hörfunk- und Fernsehgeräte auch die Zuwächse

---

58 Angesichts des z. Zt. bestehenden Umfangs des Programmangebots kann jedoch eine weitere zeitliche Ausdehnung der Sendungen auf den frühen Nachmittag nicht ohne Bedenken als notwendig erachtet werden.

59 Herbers, in: Aufermann/Scharf/Schlie (Hrsg.), Fernsehen und Hörfunk für die Demokratie, S. 86.

60 Vgl. Fünfgeld, in: Bausch (Hrsg.) Königsteiner Gespräche S. 43, 44 f.; Herbers, in: Aufermann/Scharf/Schlie (Hrsg.), Fernsehen und Hörfunk für die Demokratie, S. 68.

61 Herbers, in: Aufermann/Scharf/Schlie (Hrsg.), Fernsehen und Hörfunk für die Demokratie, S. 68; vgl. Fünfgeld, in: Bausch (Hrsg.) Königsteiner Gespräche, S. 43, 45.

62 GVBl. Hessen 1969, S. 279.

HESSISCHER RUNDFUNK
Rundfunkgebührenabteilung

08.02.1989

Entwicklung der Hörfunk- und Fernsehanmeldungen

	HÖRFUNK				FERNSEHEN			
Stand am:	Hessen	Jahres- zuwachs	Bundes- republik	Jahres- zuwachs	Hessen	Jahres- zuwachs	Bundes- republik	Jahres- zuwachs
01.01.1947	503.142							
01.01.1948	555.613	52.471						
01.01.1949	622.148	66.535						
01.01.1950	685.806	63.658						
01.01.1951	833.625	147.819	9.018.488					
01.01.1952	907.293	73.668	10.456.128	1.437.640				
01.01.1953	973.182	65.889	11.562.521	1.106.393				
01.04.1953	-	-	-	-	-	-	1.524	-
01.01.1954	1.054.435	81.253	12.169.606	607.085	2.157	-	11.658	10.134
01.01.1955	1.098.094	43.659	12.799.871	630.265	8.919	6.762	84.278	72.620
01.01.1956	1.150.091	51.997	13.246.871	447.000	29.629	20.710	283.750	199.472
01.01.1957	1.214.380	64.289	13.811.328	564.457	65.306	35.677	681.839	398.089
01.01.1958	1.275.317	60.937	14.400.244	588.916	108.414	43.108	1.211.935	530.096
01.01.1959	1.334.855	59.538	15.263.002	862.758	181.005	72.591	2.132.519	920.584
01.01.1960	1.387.993	53.138	15.900.447	637.445	274.419	93.414	3.375.003	1.242.484
01.01.1961	1.368.654	-19.339	15.891.885	-8.562	374.554	100.135	4.634.762	1.259.759
01.01.1962	1.407.634	38.980	16.270.464	378.579	479.570	105.016	5.887.530	1.252.768
01.01.1963	1.446.889	39.255	16.696.460	425.996	598.520	118.950	7.213.486	1.325.956
01.01.1964	1.486.872	39.983	17.099.063	402.603	721.321	122.801	8.538.570	1.325.084
01.01.1965	1.525.138	38.266	17.493.960	394.897	860.773	139.452	10.023.988	1.485.418
01.01.1966	1.563.031	37.893	17.877.920	383.960	990.685	129.912	11.379.049	1.355.061
01.01.1967	1.602.106	39.075	18.232.133	354.213	1.122.391	131.706	12.719.599	1.340.550
01.01.1968	1.640.920	38.814	18.586.929	354.796	1.225.750	103.359	13.805.653	1.086.054
01.01.1969	1.670.868	29.948	18.987.819	400.890	1.323.323	97.573	14.958.148	1.152.495

(Quelle: Rundfunkgebührenabteilung hr)

Abb. 3: Entwicklung der Hörfunk- und Fernsehanmeldungen
(vom 1. 1. 1947 bis 1. 1. 1969)

Stand am:	HÖRFUNK Hessen	Jahres-zuwachs	Bundes-republik	Jahres-zuwachs	FERNSEHEN Hessen	Jahres-zuwachs	Bundes-republik	Jahres-zuwachs
01.01.1970	1.711.300	40.432	19.368.260	360.441	1.412.868	89.545	15.909.146	950.998
01.01.1971	1.739.119	27.819	19.622.443	254.183	1.486.389	73.521	16.674.742	765.596
01.01.1972	1.785.018	45.899	19.902.213	279.770	1.568.629	82.240	17.429.730	754.988
01.01.1973	1.832.759	47.741	20.289.571	387.358	1.635.850	67.221	18.063.892	634.162
01.01.1974	1.866.218	33.459	20.586.134	296.563	1.679.385	43.535	18.468.187	404.295
01.01.1975	1.902.053	35.835	20.908.462	322.328	1.728.938	49.553	18.920.063	451.876
01.01.1976	1.919.294	17.241	21.125.106	216.644	1.756.206	27.268	19.226.029	305.966
01.01.1977	1.976.331	57.037	21.689.784	564.678	1.819.252	63.046	19.905.237	679.208
01.01.1978	2.024.953	48.622	22.087.952	398.168	1.844.126	24.874	20.153.672	248.435
01.01.1979	2.051.595	26.642	22.284.898	196.946	1.862.466	18.340	20.344.838	191.166
01.01.1980	2.101.942	50.347	22.771.470	486.572	1.899.849	37.383	20.763.137	418.299
01.01.1981	2.155.652	53.710	23.323.023	551.553	1.938.784	38.935	21.189.806	426.669
01.01.1982	2.194.410	38.758	23.748.247	425.224	1.968.404	29.620	21.490.547	300.741
01.01.1983	2.236.608	42.198	24.158.484	410.237	2.009.442	41.038	21.835.778	345.231
01.01.1984	2.278.778	42.170	24.598.736	440.252	2.035.667	26.225	22.127.118	291.340
01.01.1985	2.320.202	41.424	25.045.832	447.096	2.060.038	24.371	22.433.993	306.875
01.01.1986	2.358.543	38.341	25.482.878	437.046	2.087.647	27.609	22.704.715	270.722
01.01.1987	2.391.683	33.140	25.916.013	433.135	2.117.172	29.525	23.010.526	305.811
01.01.1988	2.441.206	49.523	26.391.322	475.309	2.148.161	30.989	23.377.575	367.049
01.01.1989	2.492.886	51.680	26.892.362	501.040	2.182.745	34.584	23.742.566	364.991

(Quelle: Rundfunkgebührenabteilung hr)

Abb. 4: Entwicklung der Hörfunk- und Fernsehanmeldungen
(vom 1. 1. 1970 bis 1. 1. 1989)

der jeweiligen Jahre enthalten. Zu beachten gilt es hierbei, daß es sich jeweils um die Gesamtzahl der erfaßten anmeldepflichtigen, d. h. sowohl der gebührenpflichtigen, als auch der gebührenbefreiten Empfangsgeräte handelt. Aus diesem Grunde liegen die in dieser Tabelle aufgeführten Zahlen durchweg höher, als solche, die den effektiven gebührenwirksamen Gerätebestand — bzw. dessen Zuwachsraten — dokumentieren.

In der darauf folgenden Grafik (Abb. 5) läßt sich die Entwicklung der angemeldeten Empfangsgeräte der letzten 25 Jahre (1. 1. 1964 bis 1. 1. 1989) für den Bereich des Sendegebiets des hr entnehmen. Darin wird insbesondere die anhaltend steigende Tendenz sowohl der Hörfunk- als auch der Fernsehanmeldungen deutlich. Mit rd. 2,5 Mio bzw. rd. 2,2 Mio angemeldeten Geräten erreichte sie Ende 1988 jeweils ihren höchsten Stand seit Bestehen des Hessischen Rundfunk. Anhand der Statistik kann davon ausgegangen werden, daß sich an dieser Entwicklung auch in Zukunft nur wenig ändern wird.

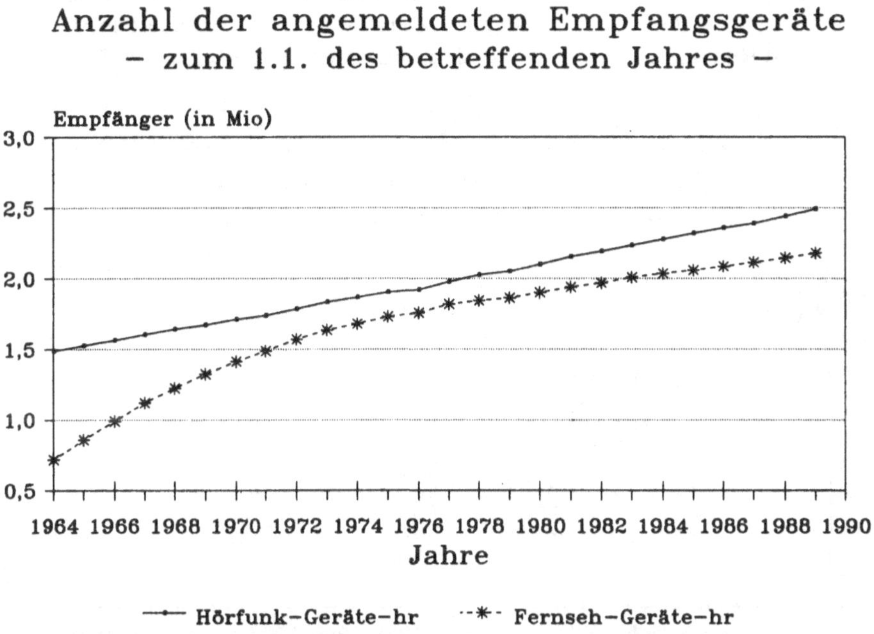

(Quelle: Eigene Darstellung anhand der Daten aus den Tabellen in Abb. 3 und 4)

Abb. 5: Die Entwicklung der angemeldeten Hörfunk- und Fernsehgeräte im Einzugsbereich des hr (von 1964 bis 1989)

Die Annahme, daß sich die gegen Ende der 60er Jahre stark zurückgehende Entwicklung der Teilnehmerzuwachsraten aufgrund einer Annäherung an die

Sättigungsgrenzen weiter fortsetzen würde, hat sich jedoch nicht bestätigt. Wie aus der Grafik in Abb. 6 ersichtlich, verzeichneten die jährlichen „Ist"-Zugänge (Differenz gegenüber dem Vorjahr) der angemeldeten Hörfunk- und Fernsehgeräte seitdem einen annähernd konstanten Verlauf (durchschnittlich ca. 400.000 Neu-Anmeldungen im gesamten Bundesgebiet). Hinzu kommt, daß der Rückgang der jährlichen Steigerungen des Gebührenaufkommens ausschließlich auf die Abnahme der Fernseh-Neu-Anmeldungen gegenüber den Jahren der Einführung des öffentlichen Fernsehens zurückzuführen ist. Betrachtet man weiterhin die in der darauffolgenden Abb. 7 dargestellten Grafik der Entwicklung der jährlichen Zuwachsraten der angemeldeten Hörfunk- und Fernsehgeräte in dem Einzugsbereich des hr, so erkennt man, daß sich zum 1. 1. 1988 und 1989 die Zahl der neu angemeldeten Rundfunkempfangsgeräte gegenüber den Vorjahren deutlich erhöhte. In dieser Zeit wurden auch der von der Sendeanstalt geplante jährliche Zuwachs übertroffen, der aus Abb. 7 als jeweils horizontal verlaufende „Soll"-Gerade entnommen werden kann. Demnach rechnet der hr auch für die kommenden Jahre mit einer gleichbleibenden jährlichen Zunahme von etwa 45.000 Hörfunk- bzw. 30.000 Fernsehanmeldungen. Daran wird besonders deutlich, daß der Hessische Rundfunk — ebenso wie die Landesrundfunkanstalten der ARD und

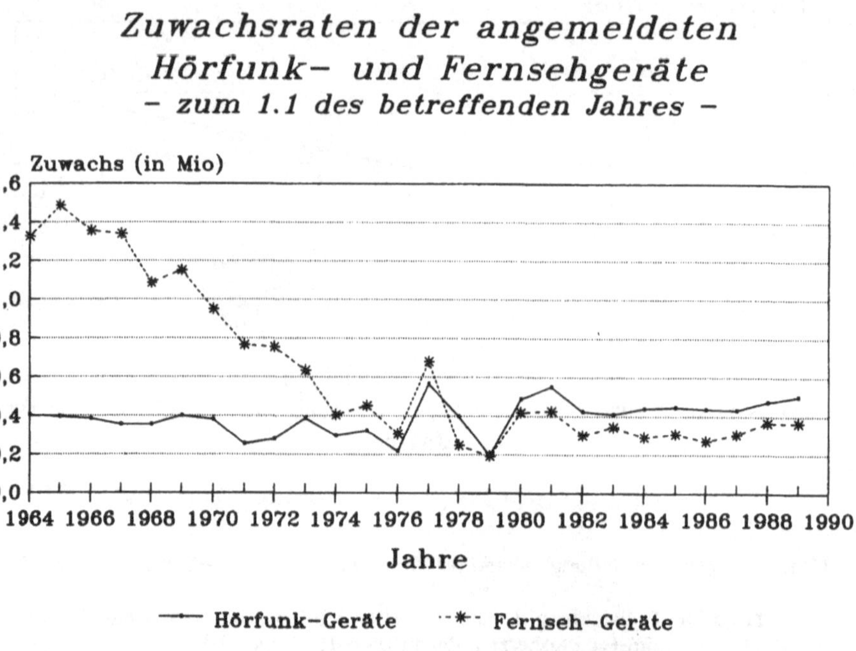

(Quelle: Eigene Darstellung anhand der Daten aus den Tabellen in Abb. 3 und 4)

Abb. 6: Entwicklung der jährlichen Zuwachsraten der angemeldeten Hörfunk- und Fersehgeräte für den Bereich aller ARD-Anstalten und des ZDF das ZDF — keineswegs von einem konstant bleibenden Umfang der angemeldeten Empfangsgeräte und der damit verbundenen Einnahmen ausgeht. Insofern wird auch in den Planungen der Sendeanstalt eine weiter anhaltende Vergrößerung des Bestands der zahlenden Rundfunkteilnehmer angenommen.

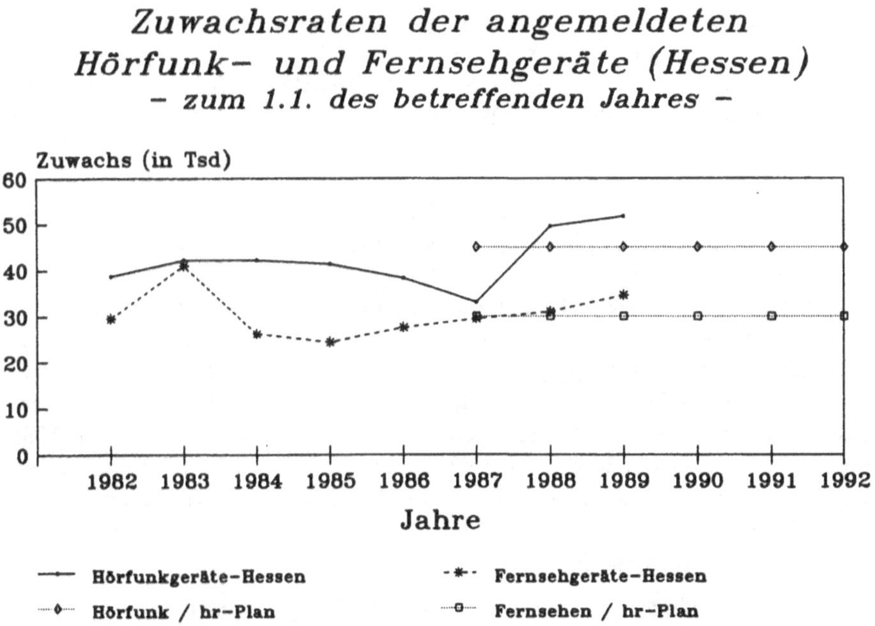

(Quelle: Eigene Darstellung anhand der Daten aus den Tabellen in Abb. 3 und 4 sowie Hessischer Rundfunk)

Abb. 7: Entwicklung der jährlichen Zuwachsraten der angemeldeten Hörfunk- und Fersehgeräte für den Bereich des Hessischen Rundfunks

Aus dem Verlauf der Diagramme kann auch entnommen werden, daß seit 1987 wieder eine leicht steigende Tendenz der Zuwachsraten zu verzeichnen ist. Die Gründe dieser Entwicklung sind einerseits die zunehmende Bildung von Einpersonenhaushalten[63] und andererseits der Zustrom von Aus- und Übersiedlern, mit dem in diesem Maße niemand gerechnet hatte. Dazu kommt letztendlich noch ein Rückgang der Steigerungsquote der Sozialhilfeempfänger, die von der Rundfunkgebührenpflicht befreit sind. Auch in den kommenden Jahren dürften die von der Sendeanstalt geplanten Zugänge (hr-Plan) übertroffen werden. Ausschlaggebend könnte u. a. der weiter anhaltende Zustrom von DDR-Übersiedlern

[63] Durch die Aufteilung der privaten Haushalte, in dem junge Leute das Elternhaus verlassen, entstehen neue zahlungspflichtige Rundfunkteilnehmer.

sein. Aufgrund der geografischen Lage Hessens und der dort eingerichteten Aufnahmelager ist davon auszugehen, daß die meisten von ihnen auch weiterhin im Sendegebiet des Hessischen Rundfunks ihren Wohnsitz beibehalten dürften.

Finanzielle Schwierigkeiten der Rundfunkanstalten können demnach nicht durch den Hinweis auf rückläufige Zuwachsraten der Teilnehmerzahlen begründet werden. Daher waren die Hauptargumente der Gebührenerhöhungen der letzten Staatsverträge vorwiegend die größeren Kostensteigerungen des Programm-Produktionsbereichs, die u. a. auf die verschärfte Konkurrenzsituation durch die privaten Rundfunk-Veranstalter zurückzuführen seien.

bb) Die Probleme bei der Festlegung einer angemessenen Gebührenerhöhung

Anhand der im Vorfeld der aktuellen Rundfunkgebühren-Erhöhung, die am 1. 1. 1990 in Kraft trat[64], geführten öffentlichen Diskussionen und der darin enthaltenen Meinungsäußerungen läßt sich die Problematik dieses Themas sehr anschaulich darstellen. Nachdem die KEF in ihrem 6. Bericht eine Gebührenanpassung in Höhe von 2,– DM auf monatlich 18,60 DM bereits ab dem 1. 1. 1989 für den Zeitraum bis Ende 1992 empfohlen hatte[65], sahen die Landesrundfunkanstalten darin dennoch eine Einengung ihrer Möglichkeiten. Um den ihnen übertragenen Programmauftrag erfüllen zu können, hatten sie mit einer annähernd doppelt so hohen Anhebung gerechnet.

Im Zusammenhang mit dieser Auseinandersetzung treten häufig sehr stark voneinander abweichende Bedarfsrechnungen auf. Bei der letzten Untersuchung der KEF ergab sich, daß die Anstalten bis Ende 1990 nach ihrer Berechnungsgrundlage einen Gesamt-Fehlbetrag im Finanzbedarf von fast 1,9 Mrd DM ausweisen[66], die KEF hingegen auf einen Überschuß von über 533 Mio DM kommt[67]. Diese Differenz läßt sich hauptsächlich auf mächtige Streichungen der von den Rundfunkanstalten der ARD und des ZDF geplanten zusätzlichen Programmaufgaben zurückführen. Diese waren bis 1990 mit Ausgaben von rd. 2,1 Mrd DM[68] angesetzt worden, von denen die KEF allenfalls 800 Mio DM für „vertretbar" hielt[69].

---

64 Demnach beträgt ab 1. 1. 1990 monatlich die Hf-Gebühr 6.– DM und die Fs-Gebühr 13,– DM (insgesamt 19,– DM).

65 6. KEF-Bericht, Tz. 348.

66 6. KEF-Bericht, Tz. 22.

67 6. KEF-Bericht, Tz. 277 sowie Tz. 346; vgl. die Pressenotiz von Kamman, „Besinnung auf das Wesentliche", in: epd, Nr. 95, vom 5. 12. 1987, S. 2.

68 6. KEF-Bericht, Tz. 281 und Tz. 282.

69 6. KEF-Bericht, Tz. 343 und Tz. 346; vgl. auch die Pressenotiz von Kammann, „Besinnung auf das Wesentliche", in: epd, Nr. 95, vom 5. 12. 1987, S. 2.

Die vorgesehenen Innovationen im Programm- und Sachgüterbereich, zu denen auch die Anfang der 90er Jahre geplanten Bautätigkeiten des Hessischen Rundfunks gehören, schienen nun nicht mehr ohne weiteres realisierbar. Desweiteren wurde von Seiten der Rundfunkanstalt bemängelt, daß die Kostensteigerungen im Bereich der Lizenzen und Übertragungsrechte, die im Einzelfall Steigerungen von 300%-400% erfahren haben, nicht bei der Ermittlung des Finanzbedarfs der öffentlich-rechtlichen Rundfunkanstalten mitberücksichtigt worden seien[70]. Daraus könne sich in Zukunft nur ein Verzicht auf entsprechend aktuelle Sendungen oder die Reduzierung von Neuproduktionen[71] beim Hessischen Rundfunk ergeben.

Derart pessimistische Äußerungen waren jedoch schon immer im Zusammenhang mit den Fragestellungen einer notwendigen Gebührenanpassung zu vernehmen. Angesichts der von den Sendern vorgelegten Planungsdaten und -ergebnisse schienen die Befürchtungen, sie könnten ihre Tätigkeit nicht weiter fortsetzen, ohne entsprechende Verluste zu erzielen, durchaus gerechtfertigt. Dennoch liegt aufgrund der Feststellungen der KEF die Vermutung nahe, daß auch ohne diese Reihe der Gebührenerhöhungen ein Fortbestehen der Landesrundfunkanstalt durchaus gesichert gewesen wäre.

Die Bemessung der Gebührenerhöhungen wird stets auf einen Zeitraum von etwa 5 Jahren angesetzt. Die in den ersten Jahren entstehenden Überschüsse sollen — durch Zuführung zum anstaltseigenen Kapital — die in den folgenden Jahren (gegen Ende der Gebühren-Periode) entstehenden Verluste kompensieren. Ein Vergleich der in den Haushaltsplänen der ARD-Anstalten und des ZDF ausgewiesenen Überschüsse/Defizite mit den tatsächlichen Ergebnissen der betreffenden Jahresabschlüsse in der Zeit von 1984 bis 1988 (siehe Abb. 8) läßt jedoch die Vermutung nahe liegen, daß es sich bei den Planungen durchaus um einen „Finanz-Pessimismus" mit Methode handelt, um entsprechende Nachbesserungen bei der Rundfunkgebühr fordern zu können[72].

Dabei läßt sich im Grunde folgende Regel feststellen. In den „fetten" Jahren kurz nach einer Gebührenerhöhung fallen die Überschüsse deutlich höher aus, während in den „mageren" Jahren die Defizite fast durchweg niedriger liegen als geplant[73]. Die von den Rundfunkanstalten vorgelegten Planungsergebnisse verlieren dadurch immer mehr an Glaubwürdigkeit. In der Realität konnten durch entsprechende Wirtschaftlichkeitsüberlegungen und Einsparungen doch bessere

---

70 Vgl. die Pressenotiz von Stolte, „KEF-Empfehlung geht an der Realität vorbei", in: epd vom 2. 12. 1987, S. 5.

71 Vgl. die Pressenotiz von Stolte, „KEF-Empfehlung geht an der Realität vorbei", in: epd vom 2. 12. 1987, S. 5.

72 Vgl. die Pressenotiz „Pessimismus mit System", in: Medienspiegel, hrsg. vom Institut der deutschen Wirtschaft, Nr. 15 vom 10. April 1989, S. 3.

73 Vgl. die Pressenotiz „Pessimismus mit System", in: Medienspiegel, hrsg. vom Institut der deutschen Wirtschaft, Nr. 15 vom 10. April 1989, S. 3.

ÜBERSCHÜSSE BZW. DEFIZITE IN DEN BETRIEBSHAUSHALTEN DER ÖFFENTLICH-RECHTLICHEN RUNDFUNKANSTALTEN 1984 - 1988 (in Mio. DM)

Sender	1984[1]		1985		1986		1987		1988	
	soll	ist	soll	ist	soll	ist	soll	ist	soll	ist[2]
BR	14,9	65,3	0,7	43,1	-35,2	10,7	-40,9	9,8	-53,6	-
HR	20,6	30,8	23,9	29,9	-13,6	- 3,1	-11,1	- 1,8	-32,4	-
NDR	40,3	107,1	0,5	10,9	-30,5	-24,9	-61,6	-41,6	-68,7	-
RB	7,1	5,1	2,2	1,6	- 1,9	0,2	- 6,4	- 4,9	-11,3	-
SR	16,3	21,6	10,0	18,6	2,9	- 3,7	- 4,1	- 9,5	-11,5	-
SFB	0,9	- 6,9	-11,6	- 0,2	-22,3	0,9	-18,9	- 8,5	-25,2	-
SDR	12,0	32,6	- 4,1	57,7	-12,9	-13,3	-36,6	-46,5	-59,9	-
SWF	35,8	80,5	29,6	74,1	11,7	39,3	+/-0	15,1	-33,2	-
WDR	50,3	102,9	78,0	99,2	-42,6	-50,4	-88,3	-48,7	-82,2	-
ZDF	47,2	69,8	24,4	129,2	13,3	13,7	+/-0	8,8	-64,9	-

[1] erstes Jahr, in dem die letzte Gebührenerhöhung voll wirksam wurde, [2] Ergebnisse liegen noch nicht vor
Soll = geschätzter Überschuß/Fehlbetrag aus Haushaltsplan, Ist = tatsächlicher Überschuß/Fehlbetrag
Quelle: ARD/ZDF-Jahrbücher, Haushaltspläne der Sender und MS-Recherche

(Quelle: Medienspiegel, Jahrgang 13, Nr. 15, vom 10. April 1989, S. 3)

Abb. 8: Gegenüberstellung der geplanten und der realen Ergebnisse der Landesrundfunkanstalten und des ZDF (in der Zeit von 1984 bis 1988)

Ergebnisse erzielt werden, als man vorher bereit war einzukalkulieren und man sich eine entsprechende Gebührenerhöhung erhoffte[74].

In diesem Zusammenhang stellt sich die Frage, ob der geplante Bedarf[75] auch wirklich gedeckt werden muß, oder ob die Landesrundfunkanstalten nicht nur versuchen, den Zufluß der finanziellen Mittel derart zu vergrößern, um auch weiterhin über diese in entsprechend großzügiger Weise verfügen zu können[76].

---

[74] Eine Ausnahme stellt jedoch das Ergebnis des hr für das Jahr 1988 dar (— 40,69 Mio DM), das somit erstmals schlechter als geplant ausfiel.

[75] Siehe 6. KEF-Bericht vom 6. 10. 1987, Tz. 281; darin waren u. a. für die Ausstrahlung von Eins Plus bis 1990 weitere 273,5 Mio DM geplant; für den deutsch/französischen Kulturkanal wurden über 200 Mio DM oder auch für einen Teil des Satelliten-Hörfunks rd. 240 Mio DM angesetzt.

[76] Vgl. die Pressenotiz von Kamman, „Besinnung auf das Wesentliche", in: epd Nr. 95 vom 5. 12. 1987, S. 3.

cc) Staatsvertragliche Regelungen über die Hörfunk- und Fernsehgebühren

Durch den Staatsvertrag über die Regelung des Rundfunkgebührenwesens (RfGebStV)[77] konnte erstmals ein für alle Bundesländer einheitliches Rundfunkgebühren-Recht festgelegt werden. Die bis zu seinem Inkrafttreten am 1. 1. 1970, in den Ländern z. T. unterschiedlich und oftmals mißverständlich formulierten Gesetzesregelungen basierten meist noch auf veralteten Bestimmungen der Deutschen Bundespost[78]. Daher wurden in Art. 1 und 2 RfGebStV grundlegende Definitionen von Begriffsbestimmungen, wie „Rundfunk", „Rundfunkempfangsgeräte" und „Rundfunkteilnehmer", sowie die materiellen Voraussetzungen der Rundfunkgebührenpflicht (Beginn, Ende etc.), in dem RfGebStV geregelt.

Zur Zeit gültig ist die Neufassung des RfGebStV vom 5. 12. 1974[79] geändert gemäß Artikel 13 des Staatsvertrags zur Neuordnung des Rundfunkwesens (RfStV) vom 1./3. April 1987[80]. Demnach gliedert sich die Rundfunkgebühr in eine „Grundgebühr" und eine „Fernsehgebühr" auf. Sie ist nach Art. 5 Abs. 1 RfGebStV i. V. m. Art. 3 Abs. 1 Satz 4 RfStV grundsätzlich zu entrichten, sobald ein entsprechendes Empfangsgerät bereit gehalten wird. Ausnahmeregelungen, insbesondere die Befreiung von der Rundfunkgebührenpflicht sind in den Artikeln 6 und 7 RfGebStV näher aufgeführt.

Aufgrund der Bestimmungen des Art. 8 Abs. 1 und 2 RfGebStV steht das Aufkommen aus den Hörfunk- und Fernsehgebühren primär den Landesrundfunkanstalten zu. Darüber hinaus wurde in dieser Norm die Festsetzung der Höhe der Rundfunkgebühr einem besonderen Staatsvertrag vorbehalten, damit nicht bei jeder Gebührenerhöhung die allgemeinen rundfunkpolitischen Grundsatzentscheidungen erneut zur Disposition stehen.

Die Ministerpräsidenten der Länder einigten sich zunächst in dem Staatsvertrag über die Höhe der Rundfunkgebühr und zur Änderung des Staatsvertrags über einen Finanzausgleich zwischen den Rundfunkanstalten vom 6. 7./26. 10. 1982[81] auf die Festlegung einer monatlichen Rundfunkgebühr in Höhe von 16,25 DM, die sich aus einer Grundgebühr von 5,05 DM und einer Fernsehgebühr von 11,20 DM zusammensetzte.

---

77 Staatsvertrag über die Regelung des Rundfunkgebührenwesens, GVBl. Hessen 1969, S. 276.

78 Vgl. Grupp, Grundfragen des Rundfunkgebührenrechts, S. 48; Herbers, in: Aufermann/Scharf/Schlie (Hrsg.), Fernsehen und Hörfunk für die Demokratie, S. 66.

79 GVBl Hessen 1975, S. 136.

80 GVBl Hessen 1987, S. 166, 171.

81 GVBl. Hessen 1983, S. 76; zum Rundfunkfinanzausgleich siehe Oppermann/Kilian, Rechtsgrundsätze der Finanzierung öffentlich-rechtlichen Rundfunks in der dualen Rundfunkverfassung der Bundesrepublik Deutschland S. 44; Börner, Organisation, Programm und Finanzierung der Rundfunkanstalten im Lichte der Verfassung S. 43.

Dieser Vertrag wurde jedoch zum erstmöglichen Termin im Dezember 1986 von den Ländern Baden-Württemberg, Bayern, Niedersachsen und Rheinland-Pfalz zum Jahresende 1987 gekündigt. Um die „Gefahr einer medienpolitischen Zersplitterung“[82] zu bannen, handelten die Ministerpräsidenten der Länder zwischenzeitlich den Staatsvertrag zur Neuordnung des Rundfunkwesens aus. Darin wurde u. a. in Art. 13 Abs. 2 Ziff. 1 RfStV eine weitere Gebührenanpassung zum 1. 1. 1988 aufgeführt und die Rundfunkgebühr zunächst — bis Ende 1989 — auf die Höhe von 16,60 DM (5,16 DM und 11,44 DM) festgelegt. Für die Landesrundfunkanstalten stellte diese Erhöhung um monatlich 0,35 DM jedoch keine direkte Liquiditätsverbesserung dar. Dieser Betrag wurde gebraucht, um der Verpflichtung gemäß Art. 3 Abs. 1 RfGebStV[83] nachzukommen. Denn der 2%-Anteil der Rundfunkgebühr soll den nach Landesrecht zuständigen Stellen[84] zur Beaufsichtigung der privaten Rundfunkanstalten in Form einer entsprechenden Abschlagszahlung der Rundfunkgebühren zukommen.

Diese zweckgebundene Gebührenerhöhung trat allerdings bereits zu einem Zeitpunkt (dem 1. 1. 1988) in Kraft, zu dem in Hessen noch keine derartige Einrichtung existierte, an die der betreffende 2%-Anteil hätte abgeführt werden können. Erst gegen Ende des Jahres 1988 wurde die Hessische Landesanstalt für Privaten Rundfunk in Kassel errichtet. Der bis zu diesem Zeitpunkt nicht in Anspruch genommene Anteil des Gebührenaufkommens verblieb somit beim Hessischen Rundfunk und bildete zunächst eine beträchtliche zusätzliche Ertragsposition (etwa 8,5 Mio DM). Gesetzliche Grundlage dafür bildet der Art. 6 Abs. 2 RfStV sowie § 47 Abs. 4 des Gesetzes über den privaten Rundfunk in Hessen (HPRG)[85]. Dabei sollte u. a. die Auflage beachtet werden, daß diese Beträge nur für kulturelle Darbietungen und Veranstaltungen oder auch zum Ausbau des Rundfunksinfonieorchesters des hr verwendet werden dürfen[86].

Dem Hessischen Rundfunk wurde darüber hinaus durch die Regelungen des § 47 Abs. 2 und 3 HPRG zugebilligt, bis zum 31. 12. 1991 nur die Hälfte — bzw. für die Zeit danach nur noch 20 % — dieses 2%-Anteils der Rundfunkgebühren an die Landesanstalt für privaten Rundfunk zufließen zu lassen. Entgegen der bundeseinheitlichen Bestimmung des Art. 3 Abs. 1 Satz 1 des StV über die Höhe der Rundfunkgebühr[87] hat der Hessische Rundfunk somit die Möglichkeit, über weitere finanzielle Mittel zu verfügen.

[82] ARD-Jahrbuch 1987, S. 113.

[83] In der durch Art. 13 Abs. 2 Ziff. 3 RfStV geänderten Fassung.

[84] Dies sind in der Regel die Anstalten zur Beaufsichtigung der privaten Rundfunkanstalten der betreffenden Bundesländer.

[85] Hessisches Privatrundfunkgesetz (HPRG) vom 30. 11. 1988, das vorwiegend Bestimmungen über die Aufgaben und Finanzierung der Hessischen Landesanstalt für privaten Rundfunk enthält (GVBl. Hessen, S. 385).

[86] Vgl. die Pressenotiz „Hessisches Kabinett billigt Entwurf eines Mediengesetzes“, in: FAZ vom 22. 6. 1988.

[87] In der durch Art. 13 Abs. 2 Ziff. 3 RfStV geänderten Fassung.

Die Zweckbindung eines Teils der Rundfunkgebühr für die nach Landesrecht zuständigen Stellen wurde auch in den z. Zt. gültigen Staatsverträgen über die Höhe der Rundfunkgebühr und zur Änderung des Staatsvertrags über einen Finanzausgleich zwischen den Rundfunkanstalten (RfFinStV)[88], der am 1. 1. 1989 in Kraft trat, mit übernommen. Darin wurde u. a. die von den Rundfunkanstalten lang ersehnte effektive Gebührenerhöhung zum 1. 1. 1990 in die Tat umgesetzt. Durch die monatliche Gebühr von insgesamt 19,— DM (6,— DM Hörfunk- und 13,— DM Fernsehanteil) sollte die Finanzierung der Landesrundfunkanstalten bis Ende 1992 gesichert sein.

Die folgende Tabelle (siehe Abb. 9) liefert eine Übersicht der Entwicklung der Gebührenerhöhungen. Dabei wird u. a. auch eine Tendenz zu stärkeren Erhöhungen deutlich, obwohl nach wie vor weitere Teilnehmerzunahmen zu verzeichnen sind.

Zeitraum	Hf-Geb.	Fs-Geb.	Summe	ZDF-Anteil
bis 1969	2,—	5,—	7,—	1,50
ab 1. 1. 1970	2,50	6,—	8,50	1,80
ab 1. 1. 1974	3,—	7,50	10,50	2,25
ab 1. 1. 1979	3,80	9,20	13,—	2,76
ab 1. 7. 1983	5,05	11,20	16,25	3,36
ab 1. 1. 1988	5,16	11,44	16,60	3,43
ab 1. 1. 1990	6,—	13,—	19,—	3,90

(Quelle: GVBl. Hessen 1948, S. 123; 1969, S. 279; 1973, S. 464; 1978, S. 299; 1983, S. 76; 1987, S. 166; 1988, S. 407)

Abb. 9: Die Entwicklung der Gebührenerhöhungen

Die Abwicklung des Zahlungsvorgangs erfolgt gem. Art. 5 Abs. 1 Satz 2 RfGebStV fortlaufend jeweils zur Mitte eines Quartals. Der dreimonatige, mit dem Kalendervierteljahr nicht notwendigerweise identische Zahlungszeitraum wurde hauptsächlich zur Vermeidung von Spitzenbelastungen bei den Kreditinstituten gewählt. Die Rundfunkgebühr ist gem. Art. 8 Abs. 4 RfGebStV als eine Schickschuld anzusehen, die entweder direkt an die jeweilige Sendeanstalt, oder auch an „eine andere Stelle", die mit der Einziehung beauftragt wurde, entrichtet werden kann. Dadurch war es möglich, das Gebühreneinzugsverfahren, dessen Kosten die Landesrundfunkanstalten zu tragen haben, erheblich zu erleichtern[89].

---

[88] Rundfunkfinanzierungsstaatsvertrag, GVBl. Hessen 1988, S. 407.

[89] Nähere Erläuterungen zum Einzugsverfahren und den verschiedenen Zahlungsmöglichkeiten siehe S. 48 f.

Es besteht generell nach Art. 4 Abs. 1 sowie Art. 9 Abs. 1 Ziff. 1 RfGebStV die Pflicht, das Aufstellen eines Rundfunkempfangsgerätes innerhalb eines Monats anzuzeigen, da bereits von diesem Moment an eine unkontrollierbare Nutzung der Leistungen der Sendeanstalt möglich ist[90].

Eine Unterlassung der Meldepflicht von Seiten des „potentiellen" Teilnehmers, sowie ein Versäumen des Zahlungstermins um mehr als sechs Monate, werden gem. Art. 9 Abs. 1 Ziff. 2 RfGebStV als ordnungswidrige Handlungen betrachtet und können demnach mit einer Geldbuße[91] geahndet werden, deren Höhe sich im allgemeinen auf etwa 70,— DM für einen Hörfunkteilnehmer bzw. 100,— DM für den Hörfunk- und Fernsehteilnehmer beläuft. Interessant erscheint es, daß der hr selbst größten Wert darauf legt, den Bestand der anmeldepflichtigen Geräte vollständig zu erfassen. Deutlich wird dies an den Kosten, für den Rundfunkgebühren-Ermittlungsdienst, für den beispielsweise im Jahr 1988 über 3,5 Mio DM[92] aufgewendet wurden.

Im Zusammenhang mit den Entscheidungen einer weiteren Gebührenerhöhung werden meist auch die Bestimmungen über den Finanzausgleich zwischen den Rundfunkanstalten erneut festgelegt. In dem z. Zt. gültigen RfFinStV wurde aus diesem Grunde auch eine Regelung der Verteilung eines Teils des Gebührenaufkommens mitaufgenommen. Demnach wurde der Artikel 3 des Staatsvertrags über einen Finanzausgleich zwischen den Rundfunkanstalten vom 20. 9. 1973[93] durch Art. 5 Ziff. 1 RfFinStV insofern geändert, daß die Finanzausgleichsmasse, die zur Unterstützung der drei kleinsten Landesrundfunkanstalten[94] gebildet wird, ab dem 1. 1. 1990 jährlich mindestens 222 Mio DM beträgt[95]. Dazu kommen noch die Zuwendungen an den DLF, die mit weiteren insgesamt 52,125 Mio DM bemessen wurden[96]. Im Rahmen dieses Verfahrens war der hr bisher mit einem jährlichen Anteil in Höhe von etwa 12 bis 13,5 Mio DM[97] (ca. 6,5% der gesamten Finanzausgleichsmasse) beteiligt.

---

[90] Vgl. Steimer, Grundprobleme der Rundfunkfinanzierung unter besonderer Berücksichtigung der Finanzierung des „Zweiten Deutschen Fersehens", S. 27.

[91] Gem. § 17 Abs. 1 OWiG beträgt die Geldbuße 5,– DM bis 1.000,–DM.

[92] Vorläufige Abrechnung des Ertrags- und Aufwandsplanes 1988, Untertitel „45921 — Kosten des Rundfunkgebühren-Ermittlungsdienstes".

[93] Teilweise geändert durch den StV über die Höhe der Rundfunkgebühr und zur Änderung des StV über einen Finanzausgleich zwischen den Rundfunkanstalten vom 6. 7. / 26. 10. 1982 (GVBl. Hessen 1983, S. 76).

[94] Die drei kleinsten Rundfunkanstalten sind der Sender Freies Berlin, Radio Bremen und der Saarländische Rundfunk; dazu kommt noch der Deutschlandfunk, der ebenfalls im Rahmen des Finanzausgleichs mit berücksichtigt wird.

[95] Nach 1974 betrug die Finanazausgleichsmasse 116 Mio DM (GVBl. Hessen 1973, S. 464), ab Juli 1983 waren es 148,5 Mio DM (GVBl. Hessen 1983, S. 76) und ab 1989 sind es 193 Mio DM (Vereinbarung über den Finanzausgleich zwischen den Landesrundfunkanstalten, abgedruckt in: ARD-Jahrbuch 1988, S. 385).

[96] Ab Anfang 1974 betrugen diese noch 33,6 Mio DM (GVBl. Hessen 1973, S. 465) und wurden seit Juli 1983 (GVBl. 1983, S. 76) nicht weiter erhöht.

Der Intendant des Hessischen Rundfunks, Prof. Hartwig Kelm, hatte in diesem Zusammenhang bereits nach Bekanntwerden des 6. KEF-Berichts[98], der u. a. als Entscheidungsgrundlage dieses RfFinStV gesehen werden kann, zu bedenken gegeben, daß der hr selbst im ersten Jahr nach der Anpassung nicht in der Lage sei, aus der Verlustzone herauszukommen. Der hr würde es daher sehr begrüßen, als viertkleinste ARD-Anstalt von seinen Verpflichtungen im Rahmen des Finanzausgleichs befreit zu werden[99].

dd) Der Umfang der Gebühreneinnahmen des Hessischen Rundfunks

Der Umfang des jährlichen Gebührenaufkommens in der Bundesrepublik Deutschland sowie dessen Verteilung auf die jeweiligen Landesrundfunkanstalten und das ZDF werden anhand der beiden folgenden Abbildungen 10 und 11 deutlich. Aus dem Gebührenschlüssel läßt sich entnehmen, daß dem hr im Jahre 1988 nach Abzug des 30%-Anteils der Fernsehgebühren an das ZDF rd. 345,449 Mio DM zugeflossen sind. Dies entspricht einem Anteil von etwa 7,5% des gesamten bzw. 9,3% des ausschließlich den ARD-Anstalten zufließenden Rundfunkgebührenaufkommens. In diesem Betrag ist jedoch der vom hr an die Hessische Landesanstalt für privaten Rundfunk 1988 abgeführte Anteil von rd. 44.087 DM noch mit enthalten. Im Gegensatz dazu wurde dieser bei den Angaben in der Ertrags- und Aufwandsrechnung des hr (Abb. 29) bereits abgezogen.

Anhand des aufgeführten Gebührenschlüssels läßt sich die in Abb. 11 grafisch dargestellte Verteilung der Gebühreneinnahmen nachvollziehen. Dabei werden zunächst in den Spalten 1 und 4 die gesamten Hörfunk- und Fernsehgebühren der einzelnen Landesrundfunkanstalten gesondert aufgeführt. Nach Abzug des ZDF-Anteils (30% der Fernsehgebühren in Spalte 3) ergeben sich die in Spalte 2 enthaltenen Nettobeträge. Die Spalte 5 enthält schließlich die Gesamtbeträge der Rundfunkgebührenanteile der jeweiligen Landesrundfunkanstalten.

Das am unteren Rand der Gebührenschlüssel-Tabelle aufgeführte Verhältnis der Hörfunk- zu den Fernsehgebühren aller Landesrundfunkanstalten, läßt den 2/3-Anteil (65,39%) der aus den Fernsehgebühren stammenden Einnahmen deutlich erkennen. Eine ähnliche Zusammensetzung der Gebühreneinnahmen des Hessischen Rundfunks läßt sich auch aus den folgenden beiden Grafiken entnehmen.

---

97 Im Jahr 1988 waren für den Finanzausgleich vom HR 8,52 Mio DM (5,39 %) und als Zuwendungen an den DLF 4,86 Mio DM (9,33 %) gezahlt worden; Quelle: ARD-Jahrbuch 1989, S. 356.

98 Darin wurde nur eine Erhöhung der monatlichen Rundfunkgebühr von 2,– DM bereits zum 1. 1. 1989 vorgeschlagen — später einigten sich die Ministerpräsidenten in dem RfFinStV auf eine Erhöhung um 2,40 DM, die ab dem 1. 1. 1990 wirksam wurde.

99 Vgl. die Pressenotiz „Intendanten: Programminnovationen sind drastisch zusammengestrichen worden“, in: Handelsblatt, Nr. 229, vom 30. 11. 1987; Anm.: Jährlich sind dies für den HR zusammen ca. 13 Mio DM.

GEBÜHRENSCHLÜSSEL 1988

	HÖRFUNKGEBÜHREN		FERNSEHGEBÜHREN				G E S A M T	
	Landesrundfunkanstalten		Landesrundfunkanst.	ZDF-Anteil	Zusammen		Landesrundfunkanst. (Sp.1+2)	
	DM	%	DM	DM	DM	%	DM	%
	1		2	3	4		5	
BR	289.126.819,60	18.2447	377.435.288,02	157.175.601,65	534.610.889,67	17,8592	666.562.107,62	18,0244
HR	148.885.523,05	9,3951	196.563.440,92	81.855.031,23	278.418.472,15	9,3008	345.448.963,97	9,3412
NDR	290.123.681,20	18,3077	392.678.591,66	163.523.380,43	556.201.972,09	18,5804	682.802.272,86	18,4636
RB	18.168.368,17	1,1465	24.765.544,62	10.313.130,67	35.078.675,29	1,1718	42.933.912,79	1,1610
SR	26.999.844,97	1,7038	37.055.785,27	15.431.162,88	52.486.948,15	1,7534	64.055.630,24	1,7321
SFB	56.068.660,56	3,5381	78.343.009,64	32.624.426,73	110.967.436,37	3,7070	134.411.670,20	3,6346
SDR	162.242.334,78	10,2380	201.386.862,21	83.863.650,55	285.250.512,76	9,5291	363.629.196,99	9,8328
SWF	199.585.652,16	12,5944	252.490.525,12	105.144.779,63	357.635.304,75	11,9471	452.076.177,28	12,2245
WDR	393.510.364,22	24,8317	552.679.832,57	230.152.798,33	782.832.630,90	26,1512	946.190.196,79	25,5858
Summe	1.584.711.248,71	100,0000	2.113.398.880,03	880.083.962,10	2.993.482.842,13	100,0000	3.698.110.128,74	100,0000
							3.698.110.128,74	80,7766
				→			880.083.962,10	19,2234
		34,6143				65,3857	4.578.194.090,84	100,0000

(Quelle: Rundfunkgebührenabteilung des hr)

Abb. 10: Gebührenschlüssel

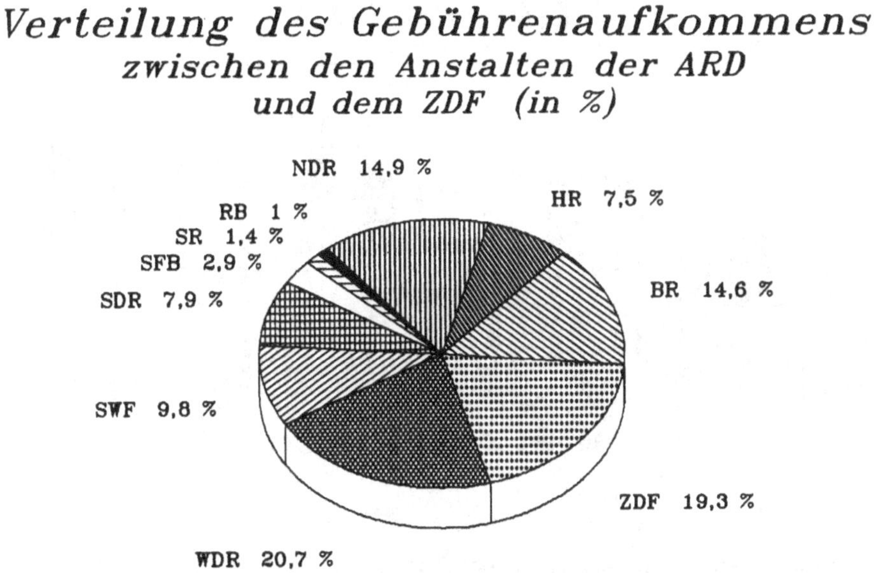

(Quelle: Eigene Darstellung anhand der Daten aus dem GEZ-Geschäftsbericht 1988, Anlage 10)

Abb. 11: Grafik der Anteile der ARD-Rundfunkanstalten und des ZDF am Gesamtaufkommen der Rundfunkgebühren 1988

Die in Abb. 12 aufgeführte Entwicklung der Erträge des hr aus den Hörfunk- und Fernsehgebühren kann neben den Gebührenerhöhungen auch auf die weiter zunehmenden Teilnehmerzahlen zurückgeführt werden. Aus dem Diagramm wird ersichtlich, daß die Sendeanstalt im Jahre 1988 rd. 148,8 Mio DM aus den Hörfunk- und ca. 196,5 Mio DM aus den Fernsehgebühren erhielt. Die Einnahmen aus dem Gebührenaufkommen erreichten damit den höchsten Stand der letzten 11 Jahre und mit insgesamt ca. 345,4 Mio DM auch den weitaus größten Wert seit Bestehen des Hessischen Rundfunks.

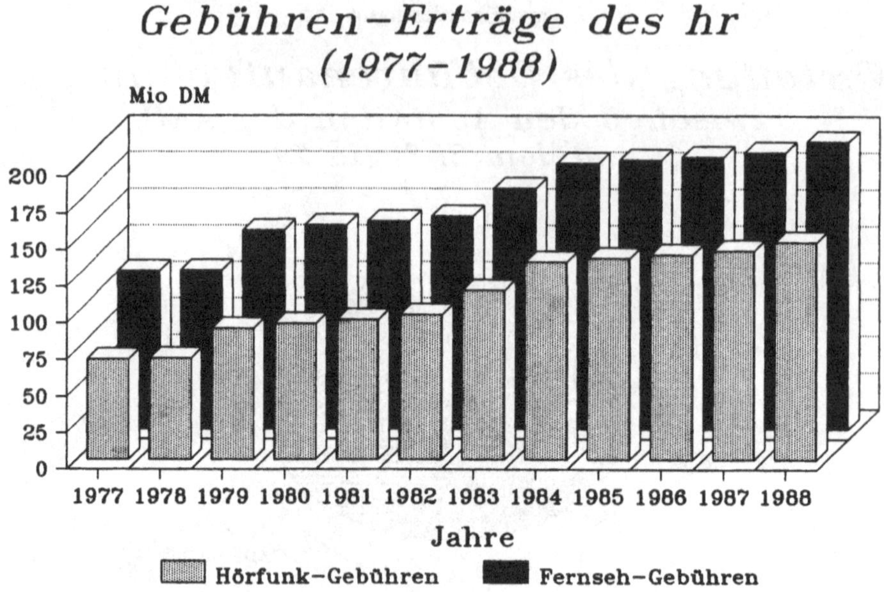

(Quelle: Eigene Darstellung anhand der Daten in den ARD-Jahrbüchern von 1978 - 1989)

Abb. 12: Die Entwicklung der Gebührenerträge des hr (für die Zeit von 1977 bis 1988 in Mio DM)

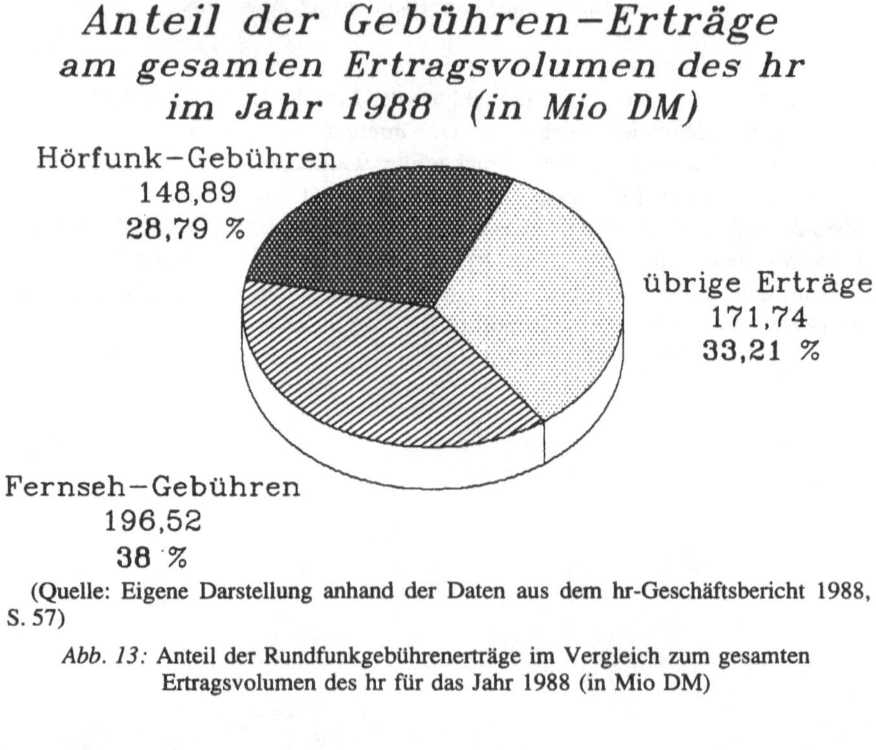

(Quelle: Eigene Darstellung anhand der Daten aus dem hr-Geschäftsbericht 1988, S. 57)

Abb. 13: Anteil der Rundfunkgebührenerträge im Vergleich zum gesamten Ertragsvolumen des hr für das Jahr 1988 (in Mio DM)

c) Die Verfahrensweise des Gebühren-Einzugs

Durch die in Art. 8 Absatz 1 bis 3 RfGebStV aufgeführten Regelungen stehen die Einnahmen aus dem Gebührenaufkommen den jeweiligen Landesrundfunkanstalten zu. Darüber hinaus wird in Absatz 4 dieser Bestimmung die Möglichkeit erwähnt, eine andere Stelle mit der Einziehung der Teilnehmergebühren zu beauftragen. In den älteren rundfunkgesetzlichen Regelungen, wie z. B. dem § 17 Abs. 3 Satz 2 HRG, bestand lediglich die Alternative des Gebühreneinzugs durch die DBP, die auch bis Anfang 1976 mit dieser Aufgabe betraut wurde. Doch wurde das alte dezentrale System der Gebühren-Abrechnungsstellen durch ein modernes, personal- und kostensparendes Gebühren-Einzugssystem unter Einsatz elektronischer Datenverarbeitung ersetzt[100].

aa) Die Einrichtung der Gebühren-Einzugs-Zentrale (GEZ)

Durch den Beschluß der Intendanten der Landesrundfunkanstalten am 11. 9. 1973 wurde die Gebühren-Einzugs-Zentrale (GEZ) als eine öffentlich-rechtliche nicht rechtsfähige Verwaltungsgemeinschaft mit Sitz in Köln-Bocklemünd mit Wirkung vom 1. 1. 1974 gegründet. Die neun Landesrundfunkanstalten und das ZDF haben sich zum Zwecke des gemeinsamen Gebühreneinzugs zusammengeschlossen und ihre Zusammenarbeit in der Verwaltungs-Vereinbarung GEZ vom 14. 5./16. 6. 1975 geregelt, die rückwirkend zum 1. 1. 1974 in Kraft trat. Die Abwicklung des Einzugs der Rundfunkgebühr, die bislang von der DPB vorgenommen wurde, sollte ab dem 1. 1. 1976 von den Rundfunkanstalten im eigenen Namen und für eigene Rechnung über das gemeinsame Rechenzentrum wahrgenommen werden[101]. Dazu waren intensive Verfahrensvorbereitungen erforderlich. Insbesondere mußten Programm- und Verfahrensfehler des EDV-Systems so weit wie möglich unterbunden werden. Ansonsten sind bei einem derartigen Massenverfahren umfangreiche Fehlbearbeitungen nicht ausgeschlossen, deren notwendige Korrekturen mit erheblichen Kosten verbunden gewesen wären[102].

Darüber hinaus wurde befürchtet, daß sich viele Rundfunkteilnehmer aus Unwissenheit dem neuen Verfahren nicht anschließen würden. Auf diese Weise hätte die Finanzierung der Landesrundfunkanstalten über die Gebühren-Einnahmen in Gefahr geraten können. Immerhin rechneten die Verantwortlichen der GEZ in einer „worst-case“-Studie mit einem Quartals-Ausfall von rd. 56 Mio DM[103]. Befürchtungen in dieser Richtung haben sich in der Realität jedoch nicht

---

100 Vgl. Nagel, FuR 1968, 164, 166; Grupp, Grundfragen des Rundfunkgebührenrechts, S. 61.

101 § 1 Ziff. 1 Verwaltungs-Vereinbarung GEZ.

102 Vgl. Herbers, in: Aufermann / Scharf / Schlie (Hrsg.), Fernsehen und Hörfunk für die Demokratie, S. 68; Grupp, Grundfragen des Rundfunkgebührenrechts, S. 62.

verwirklicht. Durch entsprechende Informationen, hauptsächlich mittels Hörfunk- und Fersehspots, wurde die Bevölkerung veranlaßt, ihre Geräte anzumelden und sich somit an diesem Verfahren zu beteiligen.

Wichtigste Voraussetzung für die Durchführung eines rationellen Gebühren-Einzugs in eigener Regie war die in Art. 8 Abs. 4 RfGebStV getroffene Regelung, daß es sich fortan bei der Rundfunkgebühr nicht mehr um eine Holschuld, sondern um eine Bring- bzw. Schickschuld handelt[104]. Dadurch konnten die hohen Kosten für die Dienstleistungen der DBP umgangen werden. Als Folge zeichnete sich zunächst ein deutlicher Finanzierungseffekt ab[105]. Aufgrund des Einzugsverfahrens, das nunmehr nur noch eine dreimonatliche Zahlungsweise zuläßt, konnte die Zahl der Bearbeitungsvorgänge erheblich reduziert werden. Damit verbunden waren Einsparungen in Höhe von etwa 100 Mio DM pro Jahr mit der Folge einer Reduktion der Kosten auf 30% des herkömmlichen Verfahrens[106].

Für den Rundfunkteilnehmer gibt es inzwischen mehrere Möglichkeiten, die Gebühren zu entrichten[107]:

1. die gesetzliche Zahlungsweise, bei der vierteljährlich, jeweils zur Quartalsmitte, fortlaufend (d. h. es muß sich dabei nicht um ein Kalendervierteljahr handeln) die Gebühren fällig werden.
2. die Möglichkeit, viertel-, halb- oder auch ganzjährlich — jeweils zum Monatsanfang — im voraus zu zahlen. Mehr als die Hälfte der Teilnehmer[108] nutzt diese Zahlungsvariante, die nicht mit in die rundfunkgesetzlichen Regelungen aufgenommen wurde. Sie kann als Form eines zinslosen Vorschusses betrachtet werden, wodurch der hr eine wesentliche Verbesserung seiner Liquiditätslage erfährt.
3. das Lastschrifteinzugsverfahren, bei dem die GEZ jeweils zum Zeitpunkt der Fälligkeit der Rundfunkgebühren berechtigt ist, diese abzubuchen. Laut Urteil des BGH vom 3. 12. 1976[109] wird die Geldschuld in diesem Fall wieder zur Holschuld. Der Gläubiger (GEZ) ist damit verpflichtet, von seiner Einzugsermächtigung rechtzeitig Gebrauch zu machen[110]. Die Möglichkeit der Last-

---

103 Vgl. Die Pressenotiz „Rundfunkgebühren, Knick im Äther", in: Der Spiegel, 1976, Nr. 4, S. 44.

104 Siehe unten 3.

105 Vgl. Grupp, Grundfragen des Rundfunkgebührenrechts, S. 61 f.

106 Herbers, in: Aufermann / Scharf / Schlie (Hrsg.), Fernsehen und Hörfunk für die Demokratie, S. 68.

107 Vgl. § 5 der Satzung des Hessischen Rundfunk über das Verfahren zur Leistung der Rundfunkgebühren vom 28. 11. 1975, StAnz Hessen 1975, S. 2359.

108 Beim HR sind dies ca. 52 %, siehe Abb. 14.

109 BGHZ 69, 361, 366, 367.

110 BGH, WM 1984, 163, 164 (=NJW 1984, 871, 872); siehe auch Hadding, WM 1978, 1366 ff.; Hadding / Häuser, Rechtsfragen des bargeldlosen Zahlungsverkehrs, S. 24.

schriftüberweisung kann sowohl für die gesetzliche, als auch für die im voraus geleistete Zahlung der Rundfunkgebühren vereinbart werden.

Aus der folgenden Tabelle (Abb. 14) ist jeweils die Anzahl der Rundfunk-Teilnehmer zu entnehmen, die in den ersten 5 Monaten des Jahres 1989 die betreffenden Zahlungsmöglichkeiten wahrgenommen haben. Die an dieser Stelle aufgeführte Nummerierung der Zahlungsarten entspricht folgender Zuordnung:

1. Lastschrift vom Bank-/Sparkassengirokonto
2. Lastschrift vom Postscheckkonto
3. Dauerüberweisungsauftrag vom Bank-/Sparkassengirokonto
4. Dauerüberweisungsauftrag vom Postscheckkonto
5. Einzelüberweisung oder Bareinzahlung über Bank/Sparkasse
6. Einzelüberweisung oder Bareinzahlung über Post

Im weiteren gehen aus der Tabelle die gewählten Zahlungszeiträume hervor. Dazu gehören einerseits die gesetzliche Zahlungsvereinbarung (zur Mitte eines Dreimonatszeitraums) und andererseits die 3-, 6- oder 12-monatigen im voraus zu entrichtenden Zahlungen.

Anhand des Datenmaterials ist aus der Tabelle zu entnehmen, daß sich der weitaus größte Teil der Rundfunk-Teilnehmer im Zuständigkeitsbereich des hr an dem Lastschrifteinzugsverfahren beteiligen. Ferner belief sich die Zahl der halb- oder ganzjährlich im voraus zahlenden Teilnehmer in den Monaten Januar bis Mai 1989 auf insgesamt 232.428 (10,4%).

Die Aufgaben der GEZ umfassen u. a. die Entgegennahme der An- und Abmeldungen der Rundfunk-Teilnehmer, sowie die Verwaltung des Teilnehmerbestandes einschließlich des Änderungsdienstes. Weiterhin gehören dazu die Annahme und Kontrolle des Gebühreneingangs und die Erstattung von Rundfunkgebühren. Daraus ergaben sich für das Jahr 1988 insgesamt rund 149 Mio zu bearbeitende Geschäftsvorfälle[111].

Neben der Abwicklung des umfangreichen Zahlungsverkehrs und der Pflege des Teilnehmerbestandes, besteht jedoch nach wie vor als Hauptaufgabe die „Ausschöpfung des Teilnehmerpotentials“[112]. So verzeichnete die GEZ in ihrem Geschäftsjahr 1988 ebenfalls wieder einen weiteren Anstieg der anmeldepflichtigen Hörfunk- und Fernsehgeräte um rd. 875.000 (23%) gegenüber dem Vorjahr[113].

---

[111] GEZ Geschäftsbericht 1988, S. 7.

[112] GEZ Geschäftsbericht 1988, S. 19.

[113] Die Anzahl der gemeldeten gebührenpflichtigen Hf- und Fs-Geräte stieg auch wieder 1988 gegenüber dem Vorjahr um rd. 496.000 (2,05 % bezogen auf den Jahresanfangsbestand) bzw. 375.000 (1,74 %); vgl. GEZ-Geschäftsbericht 1988, S. 22; siehe hierzu insbesondere die Abb. 3 bis 7.

GEBUEHRENEINZUGSZENTRALE — RUNDFUNKTEILNEHMERKONTEN JE ZAHLUNGSART UND ZAHLUNGSZEITRAUM — KOELN, DEN 02.06.89

LISTE 16.4.3 — LRA: HESSISCHER RUNDFUNK — STAND 31.05.89

ZAHL. ART	Z-ZEITRAUM (MONATE)	NUR HOERFUNK ANZAHL	% ARD	% LRA	FERNSEHEN ANZAHL	% ARD	% LRA	GESAMT ANZAHL	% ARD	% LRA
1	3 GESETZL.	73.848	3,66	3,31	603.617	30,19	27,08	677.465	33,85	30,40
	3 VORAUS	30.709	1,78	1,38	804.929	35,97	36,12	835.638	37,75	37,50
	6 VORAUS	14.320	0,60	0,64	148.522	4,86	6,66	162.842	5,45	7,31
	12 VORAUS	12.036	0,57	0,54	29.985	1,38	1,35	42.021	1,95	1,89
	SUMME(1)	130.913	6,60	5,87	1.587.053	72,39	71,21	1.717.966	78,99	77,09
2	3 GESETZL.	9.923	0,36	0,45	72.697	3,20	3,26	82.620	3,56	3,71
	3 VORAUS	7.731	0,24	0,35	87.726	2,32	3,94	95.457	2,56	4,28
	6 VORAUS	1.339	0,07	0,06	4.728	0,31	0,21	6.067	0,38	0,27
	12 VORAUS	1.602	0,07	0,07	2.449	0,14	0,11	4.051	0,21	0,18
	SUMME(2)	20.595	0,75	0,92	167.600	5,96	7,52	188.195	6,71	8,44
	SUMME(1-2)	151.508	7,35	6,80	1.754.653	78,36	78,73	1.906.161	85,71	85,53
3	3 GESETZL.	53	0,00	0,00	998	0,09	0,04	1.051	0,10	0,05
	3 VORAUS	22	0,00	0,00	410	0,03	0,02	432	0,04	0,02
	6 VORAUS	3	0,00	0,00	23	0,00	0,00	26	0,00	0,00
	12 VORAUS	0	0,00	0,00	2	0,00	0,00	2	0,00	0,00
	SUMME(3)	78	0,01	0,00	1.433	0,13	0,06	1.511	0,13	0,07
4	3 GESETZL.	53	0,00	0,00	568	0,03	0,03	621	0,03	0,03
	3 VORAUS	27	0,00	0,00	229	0,01	0,01	256	0,01	0,01
	6 VORAUS	3	0,00	0,00	13	0,00	0,00	16	0,00	0,00
	12 VORAUS	1	0,00	0,00	4	0,00	0,00	5	0,00	0,00
	SUMME(4)	84	0,00	0,00	814	0,04	0,04	898	0,05	0,04
	SUMME(3-4)	162	0,01	0,01	2.247	0,17	0,10	2.409	0,18	0,11
5	3 GESETZL.	22.181	0,87	1,00	127.178	5,52	5,71	149.359	6,39	6,70
	3 VORAUS	3.162	0,17	0,14	28.909	1,33	1,30	32.071	1,50	1,44
	6 VORAUS	1.107	0,05	0,05	5.117	0,21	0,23	6.224	0,26	0,28
	12 VORAUS	2.135	0,09	0,10	4.008	0,18	0,18	6.143	0,27	0,28
	SUMME(5)	28.585	1,19	1,28	165.212	7,24	7,41	193.797	8,43	8,70
6	3 GESETZL.	12.872	0,51	0,58	92.630	4,26	4,16	105.502	4,78	4,73
	3 VORAUS	1.820	0,08	0,08	13.928	0,63	0,62	15.748	0,70	0,71
	6 VORAUS	565	0,02	0,03	1.722	0,07	0,08	2.287	0,09	0,10
	12 VORAUS	1.156	0,04	0,05	1.588	0,07	0,07	2.744	0,12	0,12
	SUMME(6)	16.413	0,66	0,74	109.868	5,03	4,93	126.281	5,69	5,67
	SUMME(5-6)	44.998	1,85	2,02	275.080	12,26	12,34	320.078	14,11	14,36
	SUMME(1-6)	196.668	9,21	8,82	2.031.980	90,79	91,18	2.228.648	100,00	100,00

(Quelle: GEZ, Köln)

Abb. 14: Übersicht über die Zahlungsart und den Zahlungszeitraum der Rundfunk-Teilnehmer des hr, Stand: 31. 5. 1989

Einen nicht geringen Teil haben auch die in den Rundfunkanstalten eingerichteten Stellen des Gebühreneinzugs zu dieser Entwicklung beigetragen. Die damit verbundenen Kosten, wie z. B. für den Einsatz der Kontrolleure und anderer Bedienstete, werden nicht über die GEZ abgerechnet und bleiben Teil der anstaltseigenen Kostenrechnung.

Da die Kosten des Gebühreneinzugs, gemäß § 4 Abs. 4 Verwaltungs-Vereinbarung GEZ[114], von den Rundfunkanstalten getragen werden, gelten bei der GEZ ebenfalls wie bei den öffentlich-rechtlichen Rundfunkanstalten die Grundsätze der Sparsamkeit und Wirtschaftlichkeit im Bereich der Finanzwirtschaft; § 4 Abs. 1 Verwaltungs-Vereinbarung GEZ. Maßstab für die Umlage der Kosten sind die jeweiligen Summen der im betreffenden Haushaltsjahr den Rundfunkanstalten zufließenden Gebühren.

bb) Die Übermittlung des Anteils des Gebührenaufkommens an den Hessischen Rundfunk

Die über das Rechenzentrum der GEZ eingehenden Zahlungen werden den einzelnen Landesrundfunkanstalten jeweils unverzüglich durch einen Überweisungsvorgang weitergeleitet. Das Risiko eines Ausfalls des Gebührenaufkommens in ihrem Einzugsbereich tragen somit allein die Landesrundfunkanstalten. Durch die unterschiedlichen Zahlungseingänge ergibt sich zwangsläufig eine etwas ungleichmäßige über das Jahr verteilte Übermittlung des Gebührenaufkommens an den Hessischen Rundfunk. Dieser enthält entsprechend der ihm zustehenden Gebühreneingänge zweimal monatlich die Überweisungen von den jeweiligen Hauptbanken der GEZ. Jeweils zum 10. und zum 18. eines jeden Monats gehen die entsprechenden Überweisungen ein. Betrachtet man die Übersicht der Zahlungsweisen der Rundfunk-Teilnehmer (siehe Abb. 15) so ist doch durch den sehr hohen Anteil von über 85 % der sich am Lastschrifteinzugsverfahren beteiligenden Gebührenzahler das Risiko eines nennenswerten Zahlungsausfalls sehr gering.

2. Die Werbeeinnahmen

Durch Art. 3 Abs. 2 bis 6 RfStV wird der Hörfunk- und Fernseh-Werbung der öffentlich-rechtlichen Rundfunkanstalten eine große Bedeutung zugemessen. Aufgrund der Tatsache, daß annähernd ein Viertel der gesamten Erträge des Hessischen Rundfunks durch Werbeeinnahmen gedeckt werden, ist eine genauere Untersuchung dieser Finanzierungsquelle von besonderem Interesse.

[114] Verwaltungs-Vereinbarung GEZ.

Übersicht über die Zahlungsweise der Rundfunkteilnehmer

Stand	Lastschrift		Dauerauftrag		Barzahlung Einzelüberweisung		Teilnehmerzahl insgesamt
	Anzahl	%	Anzahl	%	Anzahl	%	
1. 1. 1976	9 879 271	50,51	–*)	–	9 678 958	49,49	19 558 229
1. 1. 1977	14 923 354	74,78	360 825	1,81	4 670 995	23,41	19 955 174
1. 1. 1978	15 674 369	77,20	286 411	1,41	4 343 290	21,39	20 304 070
1. 1. 1979	16 143 641	79,02	273 298	1,34	4 011 951	19,64	20 428 890
1. 1. 1980	16 926 642	81,16	167 952	0,81	3 760 801	18,03	20 855 395
1. 1. 1981	17 447 758	82,23	110 422	0,52	3 661 153	17,25	21 219 333
1. 1. 1982	17 867 687	83,23	99 219	0,46	3 500 125	16,31	21 467 031
1. 1. 1983	18 301 041	83,88	90 740	0,42	3 425 451	15,70	21 817 232
1. 1. 1984	18 751 934	84,46	26 051	0,12	3 422 882	15,42	22 200 867
1. 1. 1985	19 165 312	84,99	41 638	0,19	3 342 136	14,82	22 549 086
1. 1. 1986	19 469 874	85,20	50 890	0,22	3 330 765	14,58	22 851 529
1. 1. 1987	19 760 120	85,35	62 777	0,27	3 330 202	14,38	23 153 099
1. 1. 1988	20 089 410	85,57	55 457	0,24	3 330 681	14,19	23 475 548
1. 1. 1989	20 425 842	85,67	38 603	0,16	3 377 356	14,17	23 841 801

(Quelle GEZ-Geschäftsbericht 1988, Anlage 2)

Abb. 15: Übersicht über die Zahlungsweise der Rundfunkteilnehmer von 1976 bis 1989

a) Arten der Werbung

Bei näherer Betrachtung der Werbung im Hörfunk und Fernsehen lassen sich zwei unterschiedliche Formen erkennen. So spielt es eine bedeutende Rolle, ob für den Hörer oder Zuschauer Werbung als solche klar erkennbar ist oder nicht.

aa) Mediale Werbung

Als medial wird diejenige Werbung bezeichnet, die als solche nicht erkennbar ist. In diesen Bereich fallen Maßnahmen, die die starre Grenze zwischen Werbung und Programm verwischen. Mittlerweile sind die unterschiedlichsten Arten bekannt geworden[115]. Stellvertretend für die Vielzahl der Möglichkeiten steht das product placement, das sich in zwei Erscheinungsformen bereits beobachten läßt:

— gezielter Einsatz von Marken und Produkten in den Produktionen der Rundfunkanstalt. Dabei wird von dem berühmten Hauptdarsteller beispielsweise ein bestimmtes, deutlich erkennbares Getränk bevorzugt.

— Darstellung und Vermitteln eines mit einer bestimmten Produktgruppe verbundenen Lebensgefühls; z. B. wird das Motorradfahren als entspannende Freizeitgestaltung im Rahmen einer beliebten Fernsehserie vorgestellt.

Die Veränderungen im Bereich des Rundfunkwesens erforderten die Entwicklung neuer Formen der Werbung. Gründe dafür waren *erstens* die starre Regelung, daß Rundfunk- und Fernsehwerbung lediglich in Blöcken betrieben werden darf. Dazu kamen *zweitens* die in neuerer Zeit bestehenden Werbemöglichkeiten bei konkurrierenden privaten Rundfunkanstalten sowie *drittens* das Phänomen des Programmwechsels zu Beginn eines Werbeblocks. Um die Zuschauer subtiler und effizienter als bisher zu erreichen, wurde hierzu als Marketinginstrument die absatzförderne Kommunikation entwickelt. Mit ihrer Hilfe werden kurzfristig erreichbare „psychographische" Ziele angestrebt. Der Bekanntheitsgrad oder das Image eines Produktes oder einer Produktgruppe soll durch dessen Verwendung in einer Produktion der Rundfunkanstalt verbessert werden[116]. In letzter Zeit mehren sich die Anzeichen, daß diese Art von Werbung nicht nur in Kauf genommen wird. Vielmehr beginnt sich der öffentlich-rechtliche Rundfunk aktiv

---

115 Zum Beispiel werbend ausgerichtete Betriebsreportagen, Ausstellungs- und Messeberichterstattungen über Konsumgüter, Warentests, Übertragung von „gesponserten" Sportveranstaltungen, Interviews mit der Möglichkeit, auf den Sponsor hinzuweisen, Verwendung kostenlos zur Verfügung gestellter Videoclips, Verlosung namentlich erwähnter Preise in Unterhaltungssendungen, Übertragung von Randnutzungsrechten an Dritten (z. B. Lizenzen für Bücher und Schallplatten zur Vermarktung von Produktionen); vgl. hierzu Henning-Bodewig, BB 1986, Beilage 18.

116 Zu den neuen Formen der Werbung im Rundfunk siehe Rüggeberg, GRUR 1988, 873; Henning-Bodewig, GRUR 1988, 867; dies., GRUR Int. 1987, 538; dies., BB 1986, Beilage 18; Fuchs, GRUR 1988, 736; Bork, GRUR 1988, 264; für die Niederlande Ruijsenaars, GRUR Int. 1987, 550.

an der Vermarktung des Programmteils für Werbezwecke zu beteiligen. Auch wird bereits offen zugegeben, daß die Möglichkeiten zur medialen Werbung durch Geld bzw. geldwerte Leistungen vergütet werden[117].

Das in Punkt 2 der ARD-Richtlinien über die Trennung von Werbung und Programm geregelte Verbot der Schleichwerbung ist dafür offensichtlich kein Hindernis. Da für den Hessischen Rundfunk der Umfang dieses Bereichs — soweit ersichtlich — in keiner Quelle zugänglich ist, kann eine weitergehende Untersuchung[118] an dieser Stelle nicht vorgenommen werden. Es ist allerdings nicht ausgeschlossen, daß aus diesem Bereich dem Hessischen Rundfunk Einnahmen zufließen.

bb) Instrumentale Werbung

Die gebräuchlichere Form der Werbung, auf die sich auch die öffentlichen Diskussionen beziehen, stellt die sog. instrumentale Werbung dar[119]. Diese Bezeichnung soll verdeutlichen, daß der Rundfunk nur als Instrument der Übermittlung der Werbeaussage eingesetzt wird und keinerlei Einfluß auf die inhaltliche Gestaltung dieser Programmteile hat. Das wird durch eine deutliche Trennung der Werbeblöcke vom übrigen Programm dokumentiert. Dies schließt jedoch nicht aus, daß die Sender eine Auswahl der Werbespots vornehmen können und das Recht haben, bei einem Verstoß gegen die allgemeinen Gesetze der guten Sitten, die Ausstrahlung zu verweigern[120].

b) Die Zulässigkeit der Werbung im Hörfunk- und Fernsehen

In der Literatur ist die Frage der rechtlichen Beurteilung der Rundfunk-Werbung stark umstritten. Einerseits wird die Auffassung vertreten, die instrumentale Werbung sei eine mit der Sendetätigkeit der Rundfunkanstalten verbundene Aufgabe[121], andererseits wird die Werbung eher als erwerbswirtschaftlich-fiskalische Tätigkeit[122] angesehen.

---

117 Hennig-Bodewig, BB 1986, Beilage 18, 2.

118 Zur wettbewerbsrechtlichen Haftung der Fernsehanbieter für unzulässige Werbung im Fernsehprogramm durch die Fernsehveranstalter siehe ausführlich Bork, Werbung im Programm S. 101 ff.

119 Vgl. Lerche, Rechtsprobleme des Werbefernsehens, S. 2 und S. 12.

120 Vgl. Steimer, Grundprobleme der Rundfunkfinanzierung unter besonderer Berücksichtigung der Finanzierung des „Zweiten Deutschen Fersehens", S. 67.

121 Z. B. Ipsen, NJW 1963, 2049, 2052; Ulrich / Thomsen, DöV 1962, 245 und NJW 1964, 574.

122 Z. B. Schneider, Werbung im Rundfunk, S. 15; Lerche, Rechtsprobleme des Werbefernsehens, S. 18.

aa) Hörfunk- und Fernsehwerbung als Teil des Aufgabenbereichs öffentlich-rechtlicher Rundfunkanstalten

Die rechtliche Einordnung der Werbung wäre unproblematisch, sofern die Frage geklärt wäre, ob die Ausstrahlung von Werbesendungen zu dem Aufgabenbereich des Programmrundfunks gezählt werden könne.

Es wird häufig die Meinung vertreten, die Werbeveranstaltungen seien den anderen Rundfunksendungen gleichzusetzen und als eine Aufgabe der öffentlichen Verwaltung anzusehen[123]. Diese Ansicht könne auch der Rechtsprechung des BVerfG entnommen werden[124]. Demnach zähle das Werbefernsehen zu den allgemeinen Leistungen der öffentlich-rechtlichen Rundfunkanstalten und sei rechtlich dem normalen Programm gegenüber indifferent[125].

Untersucht man die als Beleg herangezogene Entscheidung stellt sich allerdings heraus, daß im Fernsehurteil eine Vielzahl anderer Programmteile für die Funktion des Rundfunks als „eminenter Faktor"[126] der öffentlichen Meinungsbildung als wichtig angesehen werden. Dazu zählen u. a. Nachrichtensendungen, politische Kommentare oder auch Hörfunk- und Fernsehspiele sowie musikalische Darbietungen[127]. Nach Art und Inhalt unterscheiden sich diese Sendungen deutlich von einer Veranstaltung von Werbesendungen.

Der Schluß, das Werbeprogramm als einen Teil der öffentlichen Verwaltung einzuordnen, ist demnach nicht sicher. Vielmehr erscheint bei näherer Betrachtung eine Zuordnung der Werbeveranstaltungen zu dem rundfunkrechtlichen Funktionsbereich und damit zu den Aufgaben der Rundfunkanstalten nicht gerechtfertigt. In Anbetracht der Verfahrensweise, mit der diese Einnahmen erwirtschaftet werden, muß die Frage genauer untersucht werden, ob es sich nicht um eine erwerbswirtschaftlich-fiskalische Betätigung der Rundfunkanstalten handeln könnte.

bb) Die Werbung in Form erwerbswirtschaftlicher Betätigung

Von den rechtlich unbedenklichen Aufgaben der öffentlichen Hand[128] unterscheidet sich die erwerbswirtschaftliche Betätigung durch ihre primäre Gewinnerzielungsabsicht. Dennoch besteht kein generelles Verbot für öffentliche Anstalten derartige privatwirtschaftliche Handlungen vorzunehmen. Im Rahmen der Vor-

---

123 BVerfGE 12, 205, 244 und 246; vgl. Badura, Rundfunkfreiheit und Finanzautonomie, S. 20; Forsthoff, DÖV 1957, 97, 98.

124 Ipsen, NJW 1963, 2049, 2052.

125 Vgl. Steimer, Grundprobleme der Rundfunkfinanzierung unter besonderer Berücksichtigung der Finanzierung des „Zweiten Deutschen Fersehens", S. 70.

126 BVerfGE 12, 205, 260.

127 BVerfGE 12, 205, 260.

128 Dazu zählen auch die Landesrundfunkanstalten.

schriften der §§ 121 ff. HessGO werden Art und der Umfang der wirtschaftlichen Betätigung der Gemeinden geregelt. Diese Vorschriften könnten im wesentlichen auch auf den hr Anwendung finden, woraus sich ergeben würde, daß gegen die Erträge aus der Veranstaltung von Werbesendungen nichts einzuwenden wäre. Begründet wird diese Annahme dadurch, daß die Ausstrahlung von Wirtschaftswerbung keinen Hauptzweck des Senders darstellt und auch nicht zu dem in § 2 HRG geregelten Aufgabenbereich der Rundfunkanstalt zählt. Darüber hinaus weisen die mit den Werbeinteressenten abgeschlossenen Verträge keinerlei hoheitlichen Charakter auf, sondern sind vielmehr dem Privatrecht zuzuordnen[129]. Aus diesem Grunde wird die Veranstaltung von Wirtschaftswerbung als rein erwerbswirtschaftliche Tätigkeit der Rundfunkanstalten angesehen.

Durch die Ausstrahlung der Werbespots darf jedoch der primäre Zweck der öffentlich-rechtlichen Rundfunkanstalten nicht beeinträchtigt werden. Das bedeutet, daß die Gestaltung des Werbe-Rahmenprogramms stets im Hinblick auf ein ausgewogenes Gesamtprogramm vorgenommen werden muß. Eine Beurteilung dieser Frage hängt nicht zuletzt vom Geschmack und den Interessen der Rundfunkteilnehmer ab. Im allgemeinen stößt eine qualitative Bewertung des Werbe-Rahmenprogramms allerdings sehr schnell an die Grenzen der verfassungsrechtlich geschützten Programmfreiheit. Dennoch sollte einer möglichen Verflachung des Programminhalts in gewissem Maße Einhalt geboten werden[130].

cc) Die gesetzlichen Regelungen über die Zulässigkeit der Werbung

Die Zulässigkeit[131] der Werbung ergibt sich aus den Bestimmungen des Art. 3 Abs. 2 bis 8 RfStV. Diese Vorschriften beziehen sich vorwiegend auf Art und Umfang der instrumentalen Werbung in den Programmen der öffentlich-rechtlichen Rundfunkanstalten. Darin wird u. a. auf den § 22 Abs. 3 ZDF-Staatsvertrag[132] Bezug genommen, dessen Regelungen somit auch auf die Anstalten der ARD analog anzuwenden sind. Während sich Art. 3 Abs. 2 RfStV vorwiegend auf die Ausgestaltung der Werbung innerhalb des öffentlich-rechtlichen Fernsehprogramms beziehen, wird in dem Absatz 3 Satz 1 und 2 dieser Bestimmung

---

129 Vgl. u. a. Schneider, Werbung im Rundfunk, S. 15.

130 Vgl. Lerche, Rechtsprobleme des Werbefernsehens, S. 23.

131 Auf die verfassungs- und wettbewerbsrechtlichen Fragestellungen wird nicht gesondert eingegangen. Hierzu ist auf das umfangreiche Gutachten von Emmerich / Steiner, Möglichkeiten und Grenzen der wirtschaftlichen Betätigung der öffentlich-rechtlichen Rundfunkanstalten sowie auf Schneider / Radeck, Verfassungsprobleme der Rundfunkfinanzierung aus Werbeeinnahmen zu verweisen.

132 Staatsvertrag über die Errichtung der gemeinnützigen Anstalt des öffentlichen Rechts „Zweites Deutsches Fernsehen", abgedruckt in: Fuhr / Winter, ZDF-Staatsvertrag, S. 17-28; durch die Regelung des § 23 ZDF-StV wird dem ZDF zunächst generell die Möglichkeit der Zusatzfinanzierung durch die Fernseh-Werbung zur Schließung von Finanzierungslücken geboten.

dem Umfang der Fernsehwerbung besondere Bedeutung zugemessen. Die Werbespots dürfen demnach nur in Blöcken gesendet werden und Fernsehsendungen von mehr als 60 Minuten höchstens einmal unterbrechen. Für den Bereich des Hessischen Rundfunks wird ferner gem. Art. 3 Abs. 8 RfStV die konkrete Ausgestaltung anhand der ARD-Richtlinien über die Trennung von Werbung und Programm vorgenommen.

Angesichts der zeitlichen Beschränkungen für die Ausstrahlung der Wirtschaftswerbung wird deutlich, daß der Gesetzgeber die Einnahmen aus diesem Bereich nur als eine Art subsidiäre Zusatzfinanzierung der öffentlich-rechtlichen Sendeanstalten vorgesehen hat[133]. Ursprünglich sollte dadurch eine Abhängigkeit der Landesrundfunkanstalten von den staatlichen Gebührenfestlegungen unterbunden werden[134]. Doch wurde im weiteren auch die Überlegung mit einbezogen, durch die Zulässigkeit der Werbeeinnahmen eine unverhältnismäßige Verteuerung der Gebühren zu vermeiden[135].

Bei den Einnahmen aus den Rundfunkgebühren besteht eine Abgabepflicht aufgrund des öffentlich-rechtlichen Teilnehmerverhältnisses zwischen den Rundfunkanstalten und den Besitzern eines Empfangsgerätes, während bei dem Verkauf der Sendezeiten für die Ausstrahlung von Wirtschaftswerbung marktwirtschaftlichen Mechanismen, wie Angebot und Nachfrage und auch Gewinnerzielungsaspekte von herausragender Bedeutung sind. Daraus könnte das Problem eines Abhängigkeitsverhältnisses der Rundfunkanstalten gegenüber der werbenden Wirtschaft resultieren[136]. Angesichts ihres Umfangs hat diese Finanzierungsquelle für die öffentlich-rechtlichen Sendeanstalten derart an Wichtigkeit gewonnen, daß sie kaum mehr vernachlässigt werden kann[137]. Eine Anpassung des programmlichen Umfelds an die Interessen der Werbetreibenden sollte gerade im Hinblick auf den öffentlichen Sendeauftrag des hr vermieden werden. Dies bedeutet, daß bei den Werbeaktivitäten der Sendeanstalt keinesfalls das Öffentlichkeits- und Gemeinwohlinteresse bei den Programmplanungen außer acht

133 Vgl. Lerche, Rechtsprobleme des Werbefernsehens, S. 18; Ipsen, DÖV 1964, 793, 795; siehe auch Badura, Rundfunkfreiheit und Finanzautonomie, S. 20.

134 Siehe § 23 Abs. 2 ZDF-StV, in dem die Werbeeinnahmen zur Schließung einer auftretenden Finanzierungslücke dienen sollen; vgl. Lange, in: Lüder (Hrsg.), Rundfunk im Umbruch: Stand und Entwicklung der finanziellen und wirtschaftlichen Situationen der öffentlich-rechtlichen Rundfunkanstalten, S. 183, 193 f.

135 Vogel, in: Lüder (Hrsg.), Rundfunk im Umbruch: Stand und Entwicklung der finanziellen und wirtschaftlichen Situationen der öffentlich-rechtlichen Rundfunkanstalten, S. 14, 19.

136 Vgl. Herbers, in: Aufermann / Scharf / Schlie (Hrsg.), Fernsehen und Hörfunk für die Demokratie, S. 80; insbesondere Ipsen, Die Rundfunkgebühr, S. 70, wonach die Anstalten ihre Freiheit statt (wie bisher) an die Hörer, dann an die werbende Wirtschaft verlieren würden.

137 Vgl. Badura, Rundfunkfreiheit und Finanzautonomie, S. 20.

gelassen werden darf[138]. Gleiches ergibt sich auch aus den Bestimmungen des Art. 3 Abs. 2 RfStV, wonach die Werbung nur als solche gekennzeichnet — vom übrigen Programm getrennt — ausgestrahlt werden darf. Dadurch soll eine inhaltliche Beeinflussung des Programms durch die „Werbebotschaften" verhindert werden.

In Art. 3 Abs. 5 RfStV sind ferner genauere Festlegungen für die Ausstrahlung der Werbung in den Dritten Fernsehprogrammen mit aufgenommen worden. Demnach soll der zeitliche Umfang, d. h., die Begrenzung auf die Zeit vor 20 Uhr und die Beschränkung auf Werktage beibehalten werden. Der Hessische Rundfunk veranstaltet z. Zt. als einziger Sender regelmäßig auch in seinem Dritten Fernsehprogramm Werbung. Damit soll sein neu eingerichtetes viertes Hörfunk-Programm (hr-4) finanziert werden. Aus diesem Grunde wurde in Art. 3 Abs. 1 zusätzlich die Bestimmung mitaufgenommen, daß der hr die Werbung in seinem Dritten Fernsehprogramm einzustellen habe, sobald die Mittel für eine Finanzierung des hr-4 im Rahmen des Gebührenaufkommens zur Verfügung stehen. In diesem Zusammenhang wurde auch eine Änderung des HRG vorgenommen, wobei durch die Aufnahme der Bestimmungen des § 3 a Abs. 1 HRG, die Reklamesendungen mit Ablauf des 31. 12. 1992 eingestellt[139] werden sollen.

Für die bisher noch ohne gesetzliche Einschränkungen bestehende Hörfunk-Werbung, gelten nun gem. Art. 3 Abs. 6 Satz 1 RfStV die gleichen Bestimmungen wie für die Dritten Fernsehprogramme (Begrenzung auf die Zeit vor 20 Uhr und die Beschränkung auf Werktage). Eine Ausnahme bildet jedoch nach Art. 3 Abs. 6 Satz 2 RfStV die Berechtigung der Länder, den Landesrundfunkanstalten bis zu 90 Minuten werktäglich im Jahresdurchschnitt, Werbung im Hörfunk einzuräumen. Darüber hinaus wurde dem Hessischen Rundfunk durch § 3 a Abs. 2 HRG die Möglichkeit gegeben, seine Hörfunkreklamesendungen bis zu 128 Minuten werktäglich im Jahresdurchschnitt auszudehnen[140]. Bislang bestand allerdings noch kein Anlaß, diesen Umfang voll auszunutzen.

Die Kompetenz der Landesgesetzgeber in Sachen Finanzierung der öffentlich-rechtlichen Rundfunkanstalten wird an diesem Punkt besonders deutlich. Neben der Festsetzung einer angemessenen Gebührenhöhe soll durch die Regelung der Werbezeiten und/oder des Werbeeinnahmevolumens, das mittlerweile bereits einen erheblichen Anteil der Finanzierung der Rundfunkanstalten ausmacht, dem Finanzbedarf der Rundfunkanstalten Rechnung getragen werden. Die Ministerpräsidenten der Länder behalten sich diese Möglichkeit ausdrücklich durch die

---

138 Ansonsten würde gegen die verfassungsrechtlich garantierte Unabhängigkeit des Rundfunks verstoßen werden.

139 § 3a Abs. 1 HRG, eingefügt durch § 3 Ziff. 1 des Zusimmungsgesetzes zum RfFinStV vom 21. 12. 1988, GVBl. Hessen 1988, S. 406.

140 Dadurch solle die Finanzierung des Senders, die durch das Verbot der Werbung in seinem Dritten Fernsehprogramm (ab dem 31. 12. 92) eingeschränkt wurde, gesichert werden.

Bestimmungen des Art. 5 Satz 1 RfStV vor, wonach sie Änderungen der Gesamtdauer der Werbung und auch der tageszeitlichen Begrenzung vereinbaren können.

Es wäre demnach auch ein generelles Verbot der Werbesendungen denkbar. Diese zählen nicht als Teile des allgemeinen Programms und sind daher auch nicht durch die Bestimmung des Art. 5 Abs 1 Satz 2 GG geschützt[141]. Doch angesichts des Problems, eine alternative Finanzierungsquelle ausfindig zu machen und bereitzustellen, wird mit weiteren Einschränkungen auf diesem Gebiet nicht zu rechnen sein. In Zukunft ist eher von einer weiteren Ausdehnung des Umfangs des Werbeprogramms der öffentlich-rechtlichen Rundfunkanstalten auszugehen. Denn in Art. 5 Satz 2 RfStV wird auch die Möglichkeit in Erwägung gezogen, zusätzlich an Sonn- und Feiertagen, Werbung zu erlauben, sobald dies im Programm der privaten Veranstalter erfolgt.

Bislang erfolgen im Vorabendprogramm vor den Nachrichtensendungen und in besonderem Maße im Dritten Hörfunkprogramm des Hessischen Rundfunks zu jeder halben Stunde Werbesendungen. Zwar besteht aufgrund der deutlichen Trennung der Werbeblöcke keine inhaltliche Beeinflussung des übrigen Programms, wohl aber kann eine Beeinträchtigung des Gesamteindrucks aller Darbietungen nicht mehr ausgeschlossen werden.

c) Die Organisation der Wirtschaftswerbung im Hessischen Rundfunk

Werbefunk und Werbefernsehen der ARD-Anstalten werden im Gegensatz zum ZDF, das sein Werbepogramm selbst produziert, von rechtlich selbstständigen Werbegesellschaften durchgeführt. Die Aufgaben der kaufmännischen Verwaltung und organisatorischen Abwicklung der Rundfunk-Werbung übernimmt für den Hessischen Rundfunk die hr-werbung GmbH[142]. Darüber hinaus gestaltet sie auch redaktionell das Werbe-Rahmenprogramm, in dem Serien und andere Unterhaltungssendungen — teils eigenproduziert, teils aufgekauft — gesendet werden, um entsprechende Einschaltquoten des Regionalprogramms des Hessischen Rundfunks zu erzielen.

Die Werbegesellschaften haben sich zum Zwecke der gegenseitigen Unterstützung und Beratung zu der Arbeitsgemeinschaft Rundfunkwerbung (ARW) zusammengeschlossen. Deren Aufgaben bestehen hauptsächlich in der Beschaffung und Sicherstellung eines qualitativ hochstehenden gemeinsamen Fernseh-Programmpools, der für die Gestaltung des Rahmenprogramms zur Verfügung steht und durch Eigenproduktionen oder Fremdfilme entsprechend versorgt werden muß[143].

---

141 Vgl. Badura, Rundfunkfreiheit und Finanzautonomie, S. 21; Herrmann, Fernsehen und Hörfunk in der Verfassung der Bundesrepublik Deutschland, S. 85-87.

142 Die Werbetochter des Hessischen Rundfunks firmierte bis Anfang 1989 „Werbung im Rundfunk GmbH" (WIR).

143 Vgl. ARD-Jahrbuch 1988, S. 268.

Die hr-werbung GmbH, die als 100%-Tochter des Hessischen Rundfunks juristisch völlig eigenständig ist, unterliegt nicht dem für die Mutteranstalt maßgeblichen Kostendeckungsprinzip[144]. Ihre Tätigkeit ist vielmehr mit der Absicht der Gewinnerzielung verbunden.

Durch die Aquisition und den Verkauf der Werbezeiten[145] läßt sich eine entsprechende Abhängigkeit gegenüber den Werbeauftraggebern der freien Wirtschaft nicht ausschließen. In diesem Zusammenhang stellt sich die Frage, ob nicht auch für den Hessischen Rundfunk eine mittelbare Werbeabhängigkeit existiert, die den Inhalt des Programms beeinflussen könnte. In der Literatur wird jedoch häufig die Ansicht vertreten, daß dies rechtlich unbedenklich sei, da die Werbetochter ausschließlich Vorarbeiten erledigen würde und das Senden des Programms nach wie vor der Anstalt überlassen bliebe[146].

Dieser Argumentation ist entgegenzuhalten, daß die Landesrundfunkanstalten sehr wohl auf die Einnahmen und auch die Gewinne ihrer Werbetöchter angewiesen sind[147]. Diese gelangen im wesentlichen auf zwei Wegen zu den öffentlich-rechtlichen Mutteranstalten:

Erstens über Kostenerstattungen, unter die z. B. die Kosten für die in Anspruch genommene Programmzeit des Hessischen Rundfunks und für die redaktionelle Gestaltung eines Teils des Rahmenprogramms fallen. Weiterhin zählen dazu Entgelte für die Inanspruchnahme bereitgestellter Räume, Studios und technischer Geräte für die betreffenden Produktionen (Ausstrahlungs- und Abspielkosten) sowie anteilig weiterverrechnete Post-Leitungskosten.

Diese Einnahmen, die in dem Jahresabschluß als Teil der Erträge aus Kostenerstattungen ausgewiesen werden, ergeben jedoch keinen echten finanziellen Zuwachs, da es sich dabei nur um einen Ausgleich für die entsprechenden Aufwendungen handelt. Dies gilt jedoch nur für den Fall, daß die Leistungen realistisch, d. h. zu Marktpreisen abgerechnet werden.

Zweitens durch die konzerninterne Gewinnabführung der Tochterunternehmen an den hr. Diese Variante hatte in den Jahren 1987 und 1988 allerdings kaum praktische Bedeutung. Aufgrund der 1987 vorgenommenen Umstellung des Kostenverrechnungsverfahrens zwischen dem Hessischen Rundfunk und seiner Tochtergesellschaft hr-werbung GmbH auf die ARD einheitliche Abrechnungsmethode ergaben sich durch die vermehrten Kostenerstattungen[148] keine Gewinne, die an den hr hätten abgeführt werden können.

---

144 Vgl. Seeger, DÖV 1972, 253, S. 262.

145 Kollek, Rechtsfragen der Rundfunkfinanzierung, S. 113.

146 Vgl. Forsthoff, DÖV 1957, 97, 98; Ipsen, NJW 1963, 2049, 2052-2053; ders., NJW 1963, 2102, 2103.

147 Vgl. Kollek, Rechtsfragen der Rundfunkfinanzierung, S. 113.

148 Hier besteht über die Kostenverrechnung die Möglichkeit einer verdeckten Gewinnausschüttung i. S. d. Steuerrechts.

Ob man nun von einer Werbe-Abhängigkeit oder nur -Orientierung des hr sprechen möchte, ist unerheblich. Jedenfalls ist festzustellen, daß zumindest eine inhaltliche Einflußnahme auf das Rahmenprogramm der Sendeanstalt erfolgt, um die Absatzwirksamkeit für die Werbe-Inserenten durch entsprechende Einschaltquoten zu erhalten oder noch weiter zu steigern.

d) Der Umfang der Werbeeinnahmen

Die Finanzierung aus den Werbeeinnahmen hat in den letzten Jahren einen stetigen Zuwachs erfahren (siehe Abb. 16). Vorläufiger Höhepunkt war das Jahr 1988, in dem dem hr ca. 132 Mio DM Erträge aus der Werbung zuflossen. Der Unterschied zu den in der Ertrags- und Aufwandsrechnung ausgewiesenen ca. 140 Mio DM für Kostenerstattungen resultiert daraus, daß in diese Position noch weitere Untertitel einfließen. Das sind im einzelnen die Erträge aus Programm-, Produktions- und Sendehilfen, Kostenerstattungen von anderen Rundfunkanstalten, sonstige Kostenerstattungen, sowie Erträge aus Konzerten und öffentlichen Veranstaltungen.

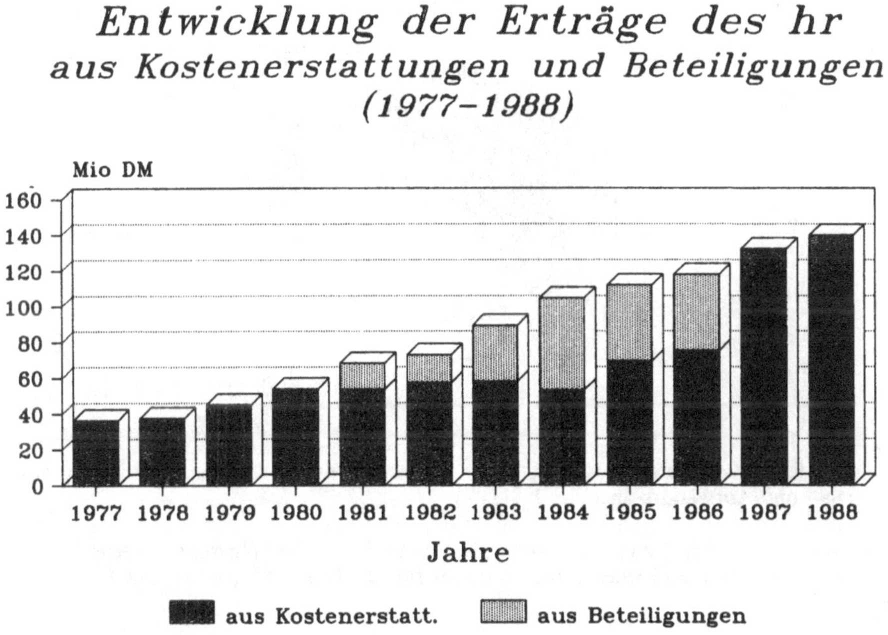

(Quelle: ARD-Jahrbücher 1978-1989)

Abb. 16: Die Entwicklung der Erträge des hr aus Kostenerstattungen und aus Gewinnabführungen der hr-werbung GmbH für den Zeitraum von 1977 bis 1988 (in Mio DM)

Bei der Analyse der Grafik sollte berücksichtigt werden, daß in den Kostenerstattungen nicht nur Einnahmen durch die Veranstaltung von Wirtschaftswerbung enthalten sind. Die in der Abb. 16 zum Ausdruck kommende Tendenz und vor allem die in diesem Bereich sprunghaft angestiegenen Erträge sind jedoch vorwiegend auf das neue Kostenverrechnungsverfahren zwischen dem hr und seiner Werbetochter zurückzuführen. Die Darstellung der reinen Werbeerträge würden daher einen gleichartigen Verlauf aufweisen.

In der nachfolgenden Grafik (Abb. 17) wird insbesondere die Relation der Werbeerträge zu dem Gebührenaufkommen im Jahre 1988 deutlich. Dabei ist zu beobachten, daß durch die Ausstrahlung von Werbesendungen rd. 27% der Gesamterträge des Hessischen Rundfunks erzielt wurden. Aufgrund eines Wegfalls dieses Anteils könnte daher der Sender in erhebliche finanzielle Schwierigkeiten geraten, sofern er den Anstaltszweck auch weiterhin im bisherigen Umfang verfolgen möchte.

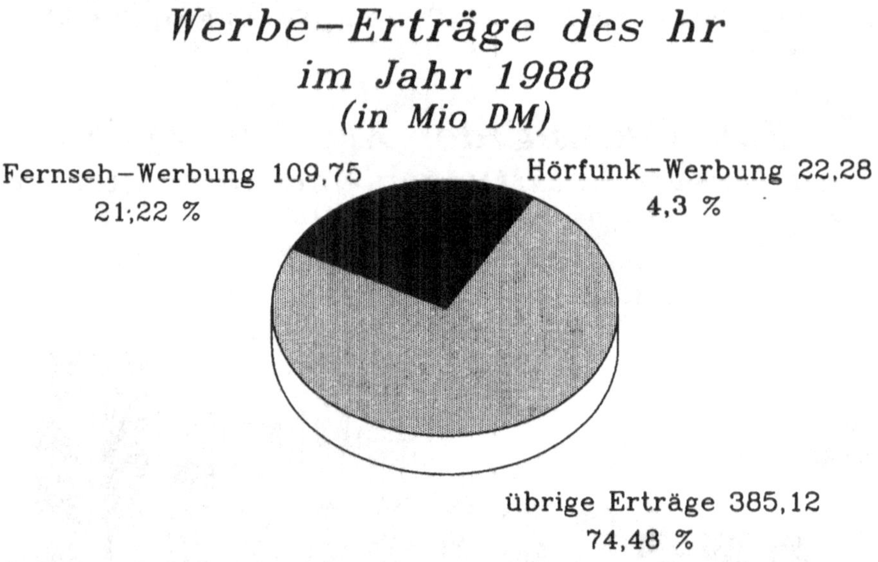

(Quelle: Eigene Darstellung anhand der Daten aus der Vorläufigen Abrechnung des Ertrags- und Aufwandsplanes des hr 1988)

Abb. 17: Anteil der Erträge durch die Veranstaltung von Wirtschaftswerbung am gesamten Ertragsvolumen des hr für das Jahr 1988 (in Mio DM)

3. Einnahmen aus sonstiger erwerbswirtschaftlicher Betätigung

Die Möglichkeit einer Finanzierung der öffentlich-rechtlichen Rundfunkanstalten durch Nebengeschäfte, die nicht direkt mit der Hauptaufgabe in Verbindung stehen, wird im allgemeinen nur am Rande erwähnt. Grund dafür ist im wesentlichen das geringe Ausmaß der Erträge, die auf diesem Wege den Landesrundfunkanstalten zufließen. Zu diesen Nebeneinnahmen zählen u. a. Erträge durch die Veranstaltung von Konzerten, Produktion von Schallplatten, Beteiligungen an Verlagen und Filmateliers sowie Vermietung und Verpachtung eigener Ateliers.

a) Die Zulässigkeit privatwirtschaftlicher Aktivitäten öffentlich-rechtlicher Rundfunkanstalten

Zu klären ist die Frage, ob die Erwirtschaftung sonstiger Erträge der Rundfunkanstalten nicht gewissen Beschränkungen unterliegen und inwiefern darauf evtl. in der Praxis geachtet werden muß.

Generell sind erwerbswirtschaftliche Betätigungen der Öffentlichen Hand gem. § 121 HessGO verboten, sofern diese nicht durch einen besonderen öffentlichen Zweck rechtfertigt werden. Nach § 121 Abs. 1 Ziff. 2 HessGO müssen Art und Umfang der Nebenbetätigungen in einem angemessenem Verhältnis zu der Leistungsfähigkeit der Gemeinde stehen. Diese Vorschrift kann in gewissem Sinne auch auf den Hessischen Rundfunk bezogen werden, der gem. § 1 HR-Satzung[149] unmittelbar und ausschließlich gemeinnützigen Zwecken dienen soll. Es gilt nun zu erwägen, ob durch die privatwirtschaftlichen Nebentätigkeiten eine Gefährdung der Gemeinnützigkeit der Anstalt besteht. In diesem Zusammenhang wurde in der Literatur vielfach überprüft, ob evtl. eine Überschreitung der Grenzen des Funktionsbereichs der öffentlich-rechtlichen Rundfunkanstalten vorliegt[150]. Dieser Funktionsbereich entspricht in erster Linie dem durch das Rundfunkgesetz gem. § 2 HRG für den hr festgelegten Aufgabenbereich.

Aufgrund des Spielraums, der den öffentlich-rechtlichen Rundfunkanstalten durch ihr Selbstverwaltungsrecht zugebilligt wird, erscheint eine all zu enge Betrachtung des Funktionsbereichs des Hessischen Rundfunks als nicht angemessen[151]. Es stellt sich dennoch die Frage, ob der Umfang der erwerbswirtschaftlichen Betätigung des hr noch innerhalb des gesetzlichen Rahmens liegt[152].

Betrachtet man dazu die Ertragsstruktur des Senders, so erscheint diese Fragestellung angesichts des Verhältnisses der Erträge aus sonstiger erwerbswirtschaftlicher Betätigung zu den öffentlich-rechtlichen Einnahmen der Anstalt unbedenklich. Hinzu kommt, daß bestimmte Nebenaktivitäten der Rundfunkanstalten auch

---

149 Satzung des Hessischen Rundfunks vom 2. 7. 1949 i. d. F. v. 17. 12. 1982 (StAnz)-Hessen, 1949, S. 357; 1983, S. 887).

150 Vgl. Forsthoff, DÖV 1957, 97, 99; Lerche, Rechtsprobleme des Werbefernsehens, S. 22.

151 Vgl. Seeger, DÖV 1972, 253, 258; Ipsen, NJW 1963, 2049, 2054; Forsthoff, DÖV 1957, 97, 98.

152 Siehe dazu ausführlich: Emmerich / Steiner, Möglichkeiten und Grenzen der wirtschaftlichen Betätigung der öffentlich-rechtlichen Rundfunkanstalten.

als „Nutzung unausgelasteter Kapazitäten" bezeichnet werden, die allerdings noch zu dem Aufgabenbereich der Rundfunkanstalten zählen müssen. Darunter fällt z. B. auch die vorübergehende Vermietung von Fernsehateliers[153], wobei es aber von Bedeutung ist, daß diese zulässigerweise für Fernsehproduktionen angeschafft wurden[154]. Es darf auf keinen Fall durch die Begründung der Kapazitätsauslastung eine evtl. Überschreitung der Funktionsgrenzen der Rundfunkanstalten gerechtfertigt werden. Durch entsprechende organisatorische Maßnahmen wäre es möglich, beispielsweise Ateliers effektiver zu nutzen, um auf diesem Wege einige Produktionen als „Konserve" herzustellen[155] oder auch die Zusammenarbeit der öffentlich-rechtlichen Rundfunkanstalten zu fördern.

b) Umfang und Bedeutung der Finanz-Nebentätigkeiten im Vergleich zu den Haupt-Finanzierungs-Elementen

Um einen Überblick über die Zusammensetzung und das Volumen der Erträge aus den Nebentätigkeiten des hr zu erhalten, sollen im folgenden einige Positionen aus der vorläufigen Abrechnung des Ertrags- und Aufwandsplanes des hr von 1988 — nach Untertiteln geordnet — aufgeführt werden.

Im wesentlichen zählen dazu:

— Erträge aus Konzerten und öffentlichen Veranstaltungen ...	1.474.899 DM
— Erträge aus Koproduktionen	2.593.902 DM
— Erträge aus Verkaufserlösen der Junior-Film	188.818 DM
— Erträge aus der Verwertung von Ko- und Auftragsproduktionen	37.294 DM
— Erträge aus sonst. Programmverwertungen	136.190 DM
— Erträge aus der Kabelverwertung (Ausland)	735.449 DM
— Erträge aus Sendermitbenutzung	123.635 DM
— Erträge aus Mieten und Pachten	1.043.762 DM
— Zinserträge aus Sondervermögen	9.982.742 DM
— Zinserträge	708.552 DM

(Quelle: Vorläufige Abrechnung des Ertrags- und Aufwandsplanes des hr 1988)

Abb. 18: Ausgewählte Positionen der sonstigen erwerbswirtschaftlichen Betätigung des hr

153 Ipsen, NJW 1963, 2102, 2108.
154 Michel-Bericht, S. 234.
155 Vgl. Seeger, DÖV 1972, 253, 263.

Neben einigen zu den „Sonstigen betrieblichen Erträgen“ zählenden Ertragspositionen fallen auch ein Teil der „Erträge aus Kostenerstattungen“[156] sowie die Erträge aus Wertpapieren und Zinsen unter die hier aufgeführten „Erträge aus sonstiger erwerbswirtschaftlicher Betätigung“. Die Summe dieser Erträge ist aus diesem Grunde nicht mit der Position „Sonstige betriebliche Erträge“ in der Abrechnung des Ertrags- und Aufwandsplanes in Abb. 30 identisch.

Aus der folgenden Grafik kann das Verhältnis der gesamten Erträge aus sonstiger erwerbswirtscahftlicher Betätigung des hr im Jahre 1988 entnommen werden. Ferner wird ersichtlich, daß die Erträge aus den Nebenbetätigungen der Sendeanstalt mit einem Umfang von ca. 34,9 Mio DM in diesem Jahr einen Anteil von rd. 6,77 % des gesamten Ertragsvolumens des hr betragen haben.

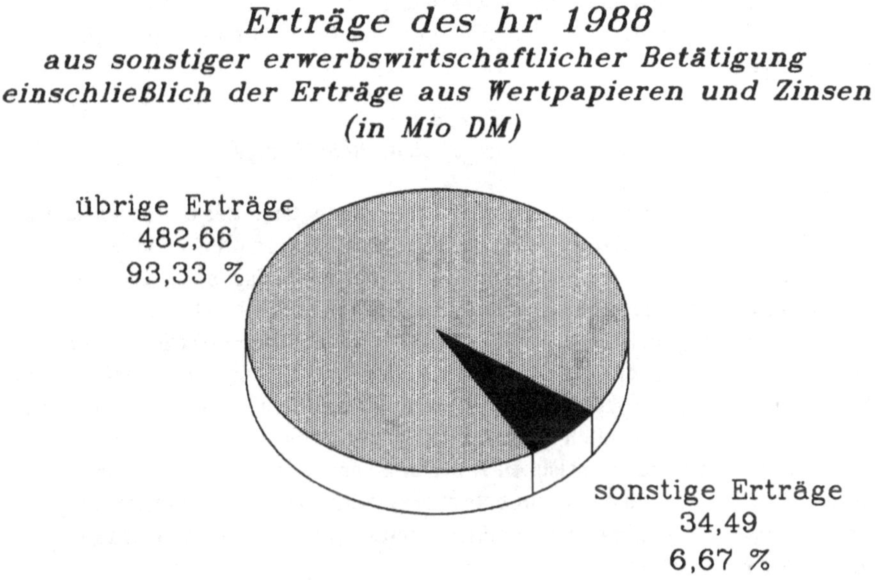

(Quelle: Eigene Darstellung anhand der Daten aus dem hr-Geschäftsbericht 1988, S. 57)

Abb. 19: Der Anteil der Erträge aus den Nebenbetätigungen im Vergleich zum gesamten Ertragsvolumen des hr für das Jahr 1988 (in Mio DM)

---

156 Die ebenfalls durch erwerbswirtschaftliche Aktivitäten erzielten Werbeerträge werden nicht zu den Erträgen aus „sonstiger“ erwerbswirtschaftlicher Betätigung gerechnet.

4. Die Formen der erwerbswirtschaftlichen Betätigungen des Hessischen Rundfunks

Für die Wahrnehmung verschiedenster Aufgaben werden teils aus rechtlichen, teils aus wirtschaftlichen Gründen abhängige Gesellschaften mit der Abwicklung privatrechtlicher Hilfs- und Nebengeschäfte beauftragt. Diese Art der Konzernorganisation ist nicht völlig unproblematisch. Im Rahmen einer Konzernbildungskontrolle sollten die gesetzlichen Grundlagen des Hessischen Rundfunks bzw. die aufgrund des HRG beschlossenen Satzung untersucht werden. Eine Ausgliederung von privatwirtschaftlich organisierten Tochtergesellschaften wird ausdrücklich — anders als etwa in den §§ 121 ff. HessGO für die Gemeinden — weder durch Gesetz noch durch die Satzung geregelt. Bedenken an der Zulässigkeit können insofern bestehen, als die ausgelagerten Aktivitäten einerseits einen wesentlichen Umfang haben[157] und andererseits sich einer Kontrolle durch den HRH entziehen. Im folgenden soll jedoch von der Zulässigkeit einer Konzernbildung ausgegangen werden.

a) Gesellschaftsrechtliche Beteiligungen

Die Verlagerung der privatwirtschaftlichen Aktivitäten der öffentlich-rechtlichen Rundfunkanstalten in von ihnen abhängige Gesellschaften hat unterschiedliche Gründe. In vielen Fällen besteht lediglich der Anlaß einer gemeinsamen Einrichtung, an der sich alle Landesrundfunkanstalten der ARD — ihren Größenverhältnissen entsprechend — beteiligen. Diese zur Erfüllung von Gemeinschaftsaufgaben eingerichteten Gesellschaften stellen im allgemeinen jedoch nur die Form von Zuschußbetrieben dar, d. h. sie erwirtschaften keine Gewinne, die an die Landesrundfunkanstalten ausgeschüttet werden könnten. Eine Ausnahme bietet die Beteiligung des Hessischen Rundfunks am Wasserverband Großer Feldberg. Sie mußte aufgrund der dort betriebenen Sendeanlagen zwangsläufig eingegangen werden und soll bei den folgenden Betrachtungen nicht weiter miteinbezogen werden.

Das wohl wichtigste Tochterunternehmen des Hessischen Rundfunks stellt die hr-werbung GmbH dar. Diese übernimmt die vollständige Abwicklung der Geschäfte, die in Verbindung mit den Werbesendungen und dem Großteil des Werberahmenprogramms getätigt werden. Auf diesem Wege liefert sie dem hr die sich ergebenden Werbeeinnahmen.

Generell besteht der Grundsatz, daß diese Unternehmen keine Tätigkeiten ausführen dürfen, die nicht auch rechtmäßig von der Mutteranstalt vorgenommen werden könnten[158]. Dies ist deshalb von Bedeutung, da sie für die Rundfunkanstal-

---

[157] Für die AG vgl. BGHZ 83, 122.

[158] Thieme, Rundfunkfinanzierung im Bundesstaat, S. 25.

ten eine weitere Finanzierungsquelle darstellen und entstehende Gewinne ausschließlich der Sendeanstalt zugute kommen. Bei der Gründung dieser Gesellschaften privaten Rechts muß mithin beachtet werden, daß die Verfolgung des Anstaltszwecks Handlungsmaxime bleibt[159].

aa) Die Struktur der Abhängigkeitsverhältnisse

Das folgende Schaubild bietet einen Überblick über die wesentlichsten Beteiligungen des Hessischen Rundfunks.

Name der Gesellschaft	Kapital (in DM)	Anteil am Kapital
hr-werbung GmbH, Frankfurt/Main	175.000	100 %
Wasserverband Großer Feldberg, Schmitten/Ts.	650.000	27 %
Rundfunk Betriebstechnik GmbH, Nürnberg	820.100	21,9 %
Institut für Rundfunktechnik GmbH, München	220.500	6,8 %
Schule für Rundfunktechnik, Nürnberg	450.500	7,7 %
Deutsches Rundfunkarchiv, Frankfurt/Main	60.200	8,3 %
Trans-Tel	250.000	4 %

(Quelle: Hessischer Rundfunk sowie hr-Geschäftsbericht 1988, S. 66)

Abb. 20: Die Beteiligungsverhältnisse des hr
Stand: 31. 12. 1988

Darüber hinaus bestehen über das Tochterunternehmen hr-werbung GmbH noch weitere mittelbare Abhängigkeitsverhältnisse zwischen dem Hessischen Rundfunk und der Taunus-Film GmbH, der Degeto GmbH sowie der Junior-Film GmbH.

159 Seeger, DÖV 1972, 253, 264.

Name der Gesellschaft	Kapital (in DM)	Anteil am Kapital
Junior-Film GmbH, Frankfurt/Main	50.000	100 %
Degeto-Film GmbH, Frankfurt/Main	225.000	11,1 %
Taunus-Film GmbH, Wiesbaden	2.501.000	100 %

(Quelle: hr-Geschäftsbericht 1988, S. 66 sowie Hessischer Rundfunk)

Abb. 21: Die mittelbaren Beteiligungen des hr
Stand: 31. 12. 1988

bb) Aufgabenbereiche der Gemeinschaftsunternehmen

Die Gesellschaften für die Erfüllung von Gemeinschaftsaufgaben, wurden von den Landesrundfunkanstalten vorwiegend aus Gründen der Kostenersparnis errichtet. Dies erfolgte durch die Konzentration einiger genau festgelegter Nebenaufgaben, die ansonsten parallel und nicht mit der entsprechenden Effektivität in den Rundfunkanstalten durchgeführt werden müßten.

Im folgenden sollen einzelne Institutionen und deren Tätigkeiten kurz vorgestellt werden[160]:

Die Degeto[161]-Film GmbH mit Sitz in Frankfurt und München dient der Beschaffung, dem Erwerb und der Auswertung von Film- und Fernsehproduktionen im Auftrag der Landesrundfunkanstalten und deren Werbetöchter. Im Rahmen des MGM/UA-Vertrags erwirbt sie jährlich Filme aus den USA im Wert von mehreren Millionen Mark[162]. Daneben zählen auch die Verbreitung und der Vertrieb von Film- und Fernsehproduktionen zu ihren Aufgaben.

Das Deutsche Rundfunkarchiv (DRA) in Frankfurt, das als Stiftung des bürgerlichen Rechts gemeinnützigen Zwecken dient, sammelt und archiviert Ton-, Bild- und Schriftdokumente der ARD-Anstalten und z. T. auch des ZDF. Es wird durch Kostenverrechnungen mit den Landesrundfunkanstalten finanziert.

160 ARD-Jahrbuch 1988, S. 189 - S. 272.

161 Deutsche Gesellschaft für Ton und Bild.

162 1986 für 4 Mio DM, 1987 für 11 Mio DM und 1988 für 17 Mio DM; Quellen: ARD-Jahrbuch 1987, S. 134; 1988, S. 115; 1989, S. 164.

Das Institut für Rundfunktechnik GmbH (IRT) in München betreibt Forschung und Entwicklung für den Rundfunk auf technischem Gebiet; speziell wird Studio- und Sendertechnik für eine allgemeine Rundfunkversorgung entwikkelt.

Die Rundfunk Betriebstechnik GmbH (RBT) in Nürnberg wird als einzige von nur 7 der 9 Landesrundfunkanstalten und dem ZDF getragen (der WDR und der NDR gehören nicht zu den Gesellschaftern). Die Aufgaben beziehen sich auf die Prüfung und Abnahme rundfunktechnischer Geräte und Anlagen, sowie Senderplanungen für eine ausreichende Rundfunkversorgung.

Die Schule für Rundfunktechnik (SRT) ist eine Stiftung, die sich ebenfalls in Nürnberg befindet. Sie soll der Aus- und Weiterbildung der Mitarbeiter des technischen Betriebs der Rundfunkanstalten dienen.

Aufgrund dieser kurzen Aufzählung lassen sich keine eindeutigen Schlüsse ziehen, ob die eine oder andere privatrechtliche Gesellschaft oder Stiftung Geschäfte wahrnimmt, die mit dem allgemeinen Aufgabenbereich der öffentlichrechtlichen Landesrundfunkanstalten nicht vereinbar wäre. Es sollte aber bedacht werden, daß Beeinflussungen über diese Institutionen auf die vermeindlich unabhängigen Sendeanstalten nicht völlig ausgeschlossen sind. So sei beispielsweise auf die Verwertungstätigkeit der Degeto-Film GmbH für Fernsehproduktionen hinzuweisen, die indirekt eine Einflußnahme auf den Inhalt der Sendungen des ARD-Gemeinschaftsprogramms bewirken könnte. Schließlich sollen die ARD-Fernsehproduktionen auf einem Markt verkauft werden, der nicht die Interessenvielfalt nachfragt, die die Sendungen der öffentlich-rechtlichen Rundfunkanstalten aufgrund ihres gesellschaftlichen Auftrags abdecken sollen.

Es stellt sich die Frage, ob all diese Funktionen, die durch die verschiedenen Gemeinschaftsinstitutionen wahrgenommen werden, tatsächlich notwendig sind. Dabei ist nicht völlig ausgeschlossen, daß eine einmal vorhandene Einrichtung unnötig beibehalten wird, um deren Kosten alsbald bei der Begründung einer erneuten Gebührenanpassung anführen zu können.

b) Privatwirtschaftliche Hilfsgeschäfte in Form von Einzelverträgen

Zu den erwerbswirtschaftlichen Betätigungen der öffentlich-rechtlichen Rundfunkanstalten gehören auch Einzelverträge und Verträge im Zusammenhang mit verschiedenen Koproduktionen. Diese zu den „normalen" Tätigkeiten der Rundfunkanstalten zählenden privatrechtlichen Vertragsabschlüsse werden im allgemeinen nicht als ein Eingriff in die Programmfreiheit der Sendeanstalten betrachtet[163]. Begründet wird diese Ansicht damit, daß die betreffenden Verträge jederzeit beendet werden könnten und die Gefahr eines Abhängigkeitsverhältnisses der

163 Vgl. Seeger, DÖV 1972, 253, 266.

öffentlich-rechtlichen Rundfunkanstalten nicht gegeben sei. Desweiteren werde dadurch auch nicht die gesetzliche Rundfunkorganisation unterhöhlt, deren Aufgaben in der Beaufsichtigung und Kontrolle der Geschäftsführung liegen[164]. Die unterschiedlichen Beeinflussungen bei den Vertragsverhandlungen, die zu Abhängigkeitsverhältnissen führen könnten, werden in diesem Zusammenhang nur der menschlichen Unzulänglichkeit zugeordnet und als kein gravierenderes Problem betrachtet. Davon betroffen sind vorallem die Bereiche der Programmverwertung und der Lizenzverkäufe, die dennoch einen beträchtlichen Anteil[165] an den sonstigen Erträgen des hr umfassen. Von einer Gefahr der Beeinflussung des Gesamtprogramms kann allerdings hinsichtlich des Umfangs des gesamten Programmvermögens[166] (etwa 62,5 Mio DM) keine Rede sein.

Als weitere Nebenproduktionstätigkeiten seien an dieser Stelle auch solche erwähnt, die an andere öffentlich-rechtliche gemeinnützige Einrichtungen weitergegeben werden. Da in diesen Fällen nur eine Erstattung der berteffenden Kosten erfolgt, werden sie nicht als eine Finanzierungsquelle angesehen. Dazu gehören beispielsweise Produktionen für die staatsbürgerliche Weiterbildung oder für Wissenschaft und Forschung, die im Rahmen des Art. 35 Abs. 1 GG der gegenseitigen Unterstützung der Behörden dienen sollen.

5. Die Finanzierung in Form von Kreditaufnahmen über den Kapitalmarkt

a) Die Zulässigkeit einer Verschuldung des Hessischen Rundfunks als öffentlich-rechtliche Rundfunkanstalt

Durch die gesetzliche Regelung des § 18 Abs. 2 HRG dürfen Kredite nur zum Erwerb, zur Erweiterung und Verbesserung der Betriebsanlagen aufgenommen werden. Desweiteren muß gem. § 18 Abs. 2 Satz 3 HRG die Verzinsung und Tilgung durch die Mittel der Betriebseinnahmen auf Dauer gewährleistet erscheinen. Aus dieser Vorschrift lassen sich zwei Schlußfolgerungen ziehen. Zum einen dürfen Kredite nur zur Beschaffung von Sachvermögen, d. h. zum Zwecke der Investition aufgenommen werden. Zum anderen ist eine „willkürliche" Kreditaufnahme — beispielsweise allein mit dem Ziel einer kurzfristigen Liquiditätsverbesserung — rechtlich für den Hessischen Rundfunk nicht ohne weiteres zulässig.

---

164 Vgl. Seeger, DÖV 1972, 253, 266.

165 1988 waren dies ca. 634.000 DM; das waren rd. 4,6 % der sonstigen betrieblichen Erträge des hr.

166 Das Programmvermögen wird seit 1987 im Jahresabschluß gesondert ausgewiesen.

b) *Die aktuelle Verschuldungssituation des Hessischen Rundfunks*

Die Möglichkeiten der Finanzierung in Form von Kreditaufnahmen werden momentan vom Hessischen Rundfunk nicht genutzt. In absehbarer Zeit sind jedoch umfangreiche Baumaßnahmen geplant zu deren Verwirklichung es erforderlich sein wird, Kredite in Anspruch zu nehmen. Zu den bereits angesparten und bis Baubeginn zu Anfang der 90er Jahre anzusparenden Mitteln, die etwa 40% der Investitionssumme abdecken sollen, müssen dann die restlichen 60% auf dem Kapitalmarkt beschafft werden[167].

Während in dem Geschäftsbericht 1987 noch ausführlich auf die geplanten Baumaßnahmen und deren Finanzierung hingewiesen wurde, werden in dem Geschäftsbericht 1988 — in dem Zusammenhang mit der voraussichtlichen erstmaligen Verschuldung der Sendeanstalt — vorwiegend Investitionen für die Fortführung der bestehenden Programmaufgaben sowie den erforderlichen Einstieg in die Entwicklungen mit neuen Übertragungswegen und umfangreicher werdenden Programmangeboten[168] erwähnt.

Der Umfang dieser beabsichtigten Kreditaufnahme wird schätzungsweise 135 Mio DM betragen. Im Vergleich zu dem Ende 1988 noch vorhandenen Eigenkapital in Höhe von rd. 63,2 Mio DM, das sich lt. Angaben des Intendanten des Hessischen Rundfunks, Prof. Hartwig Kelm, noch weiter verringern wird, besteht gewisser Anlaß zu der Besorgnis über die Durchführung eines derartigen Projekts.

6. Staatliche Unterstützungsmaßnahmen zur Deckung des finanziellen Bedarfs des Hessischen Rundfunks

a) *Die staatliche Gewährleistungspflicht der finanziellen Unabhängigkeit des Hessischen Rundfunks*

Aus der Sicht des Hessischen Rundfunks ist die Gebührenerhöhung zum 1. 1. 1990 zu gering ausgefallen. Dies sei der Grund für die in den nächsten Jahren zu erwartenden Defizite der Sendeanstalt. Anstatt die zu erwartenden Ausgaben mittels Kreditaufnahme zu finanzieren, könnte auch die Möglichkeit einer staatlichen Unterstützung in Erwägung gezogen werden.

Zwar besteht generell kein direkter Anspruch der öffentlich-rechtlichen Rundfunkanstalten an den Staat, ihnen eine bestimmte Finanzierungsquelle, wie beispielsweise die Rundfunkgebühr, zu eröffnen[169]. In gewissen Extremsituationen,

---

167 hr-Geschäftsbericht 1987, S. 51.

168 hr-Geschäftsbericht 1988, S. 53.

169 Vgl. Thieme, Rundfunkfinanzierung im Bundesstaat, S. 26 f.; Steimer, Grundprobleme der Rundfunkfinanzierung unter besonderer Berücksichtigung der Finanzierung des „Zweiten Deutschen Fersehens“, S. 14.

in denen die finanzielle Unabhängigkeit der Rundfunkanstalten in Gefahr gerät, kann aber die Möglichkeit einer Gewährung entsprechender staatlicher Mittel genutzt werden[170]. Eine solche Situation könnte infolge einer Nichtberücksichtigung eines finanziellen Sonderbedarfs einer einzelnen Landesrundfunkanstalt bei der Festlegung der Gebührenhöhe entstehen. Dabei wird die Annahme zu Grunde gelegt, daß alle Landesrundfunkanstalten einen etwa gleichartigen Mittelbedarf haben. Einzelne Bauprojekte oder Maßnahmen der Regionalisierung des Programms bleiben aber beispielsweise in den Bedarfsrechnungen der KEF außer Betracht[171].

Zur Gewährung derartiger Mittel bedarf es im allgemeinen eines begründeten Antrags, sowie entsprechender Abstimmungen und Stellungnahmen im Landtag. Dabei könnte sich wiederum das Problem einer Beeinflussung der Programmgestaltung ergeben, da die Bewilligung finanzieller Mittel oftmals nur als politische Antwort auf die Anstaltspolitik gesehen werden kann[172]. Die Mitglieder des Rundfunkrats müßten somit — in ihrer Funktion als öffentliche Vertreter — stets überlegen, welche Konsequenzen sich ergeben könnten, sofern Maßnahmen durchgeführt werden, die der Mehrheit des Landtags mißfallen. Nicht zuletzt aus diesem Grunde wäre entsprechende Vorsicht im Zusammenhang mit staatlichen Subventionierungen angebracht[173].

b) Formen der staatlichen Unterstützungsmaßnahmen

Bisher bestanden keine Anlässe, staatliche Finanzmittel für die Verbesserung der finanziellen Lage des hr in Anspruch zu nehmen. Lediglich für die Durchsetzung kultureller und bildungspolitischer Ziele der Landesregierung wird der hr hin und wieder beauftragt, Schulfunk und Schulfernsehen zu senden. Dazu erhält die Sendeanstalt jährlich Zuschüsse des Hessischen Innenministeriums in Höhe von ca. 75.000 DM bzw. ca. 540.000 DM, deren Verwendung jedoch zweckgebunden ist. Zusätzlich können noch Zuschüsse für Umwelt- oder Gesundheitsspots in Betracht kommen, deren Höhe sich im Geschäftsjahr 1988 auf insgesamt 180.000 DM belief[174]. Der Umfang dieses Programms beträgt allerdings nur knapp 2% im Vergleich zum gesamten Programmvolumen des Senders. Auch der Anteil der Zuschüsse kann mit seinen rd. 0,15% des gesamten Ertragsvolumens des hr lediglich als unbedeutend betrachtet werden.

---

170 Vgl. Heydt, AÖR 100 (1975), 584, 594; Thieme, Rundfunkfinanzierung im Bundesstaat, S. 32 f.

171 Rombach, in: Lüder (Hrsg.) Rundfunk im Umbruch: Stand und Entwicklung der finanziellen und wirtschaftlichen Situation der öffentlich-rechtlichen Rundfunkanstalten, S. 51, 69.

172 Vgl. Thieme, Rundfunkfinanzierung im Bundesstaat, S. 30.

173 Vgl. Thieme, Rundfunkfinanzierung im Bundesstaat, S. 33.

174 Siehe Vorläufige Abrechnung des Ertrags- und Aufwandsplanes des hr für das Jahr 1988, Untertitel 33013 und 33014.

c) Untersuchung der staatlichen Unterstützungsmaßnahmen im Hinblick auf die finanzielle Unabhängigkeit des Hessischen Rundfunks

Staatliche Unterstützungsmaßnahmen zur Erhaltung der Unabhängigkeit der öffentlich-rechtlichen Rundfunkanstalten können nur dann rechtlich ohne Einwände gesehen werden, sofern sie mit keinerlei Auflagen verbunden sind. Das Problem, daß bei größeren staatlichen Bürgschaften oder Zuschüssen Vertreter der Behörden von Anfang an bei den projektbezogenen Fragen mitbestimmen können, hat sich in den meisten Fällen als unbedenklich erwiesen. Denn es handelte sich dabei häufig um technische Neuerungen, durch deren programmneutralen Charakter[175] die Rundfunkfreiheit nicht beeinträchtigt wurde.

Sollte eine Anstalt jedoch des öfteren auf die Unterstützung der Länder angewiesen sein, wie z. B. die drei nehmenden Sender des Rundfunkfinanzausgleichs (SFB,RB und SR), so stellt sich doch die Frage eines sich evtl. ergebenden Abhängigkeitsverhältnisses.

Die Neuerungen in der Rundfunktechnik und die Entwicklungen der Kostensteigerungen im Lizenz- und Übertragungsrechtebereich, die im Hinblick auf die Konkurrenzsituation der privaten Veranstalter, immer teurer werden, könnten in der nächsten Zeit auch den Hessischen Rundfunk in finanzielle Schwierigkeiten bringen und ihn auf staatliche Unterstützungsmaßnahmen angewiesen sein lassen. Die Vergangenheit hat allerdings gezeigt, daß sich die „Negativ-Prognosen" des Senders nur selten als realistisch erwiesen haben und diese Befürchtungen entsprechend interpretiert werden sollten.

II. Interne Finanzierungsquellen des Hessischen Rundfunks

Neben dem großen Bereich der externen Finanzierungsquellen, deren Bereitstellung vorwiegend gesetzlichen Regelungen unterworfen sind, stellt die interne Finanzierung der Rundfunkanstalten nur noch eine Art Ausgleichsfunktion dar, um evtl. offene Finanzierungslücken zu schließen.

1. Die Finanzierung durch den Abbau des Kapitalstocks

a) Die Entwicklung des Kapitalstocks im Zeitraum zwischen den Gebührenerhöhungen

Durch die periodisch erfolgenden Gebührenerhöhungsmaßnahmen, die im Abstand von etwa 5 bis 6 Jahren erfolgen, läßt sich eine entsprechende Entwicklung des anstaltseigenen Kapitals beobachten (siehe Abb. 22). Aufgrund der Tatsache,

175 Thieme, Rundfunkfinanzierung im Bundesstaat, S. 37.

daß die Gebührenanpassungen auf den jeweils gesamten dazwischen liegenden Zeitraum bezogen werden, ergeben sich zu Beginn Überschüsse, die in den folgenden Jahren zur Deckung der Verluste herangezogen werden sollen. Da die Überschüsse nicht wie bei privaten Unternehmen an deren Gesellschafter ausgeschüttet werden können, verbleiben diese der Anstalt und werden direkt dem anstaltseigenen Kapitalstock zugeführt. Entsprechend umgekehrt verändert sich die Eigenkapitalstruktur des Senders in den Verlustjahren[176].

Aus der folgenden Abbildung 22 lassen sich die Eigenkapitalbestände der Anstalt in dem Zeitraum von 1977 bis 1988 entnehmen. Dabei wird deutlich, daß selbst in den Jahren mit besonders starken Verlusten (siehe dazu die jährlichen Ergebnisse in Abb. 23) eine Zahlungsunfähigkeit bzw. Überschuldung nicht zu befürchten war. Aus heutiger Sicht besteht kein Anhaltspunkt dafür, daß das anstaltseigene Kapital wegen ständiger Verluste aufgezehrt wird. Deshalb ist die Frage der Konkursfähigkeit des Hessischen Rundfunks z. Zt. nicht akut. So

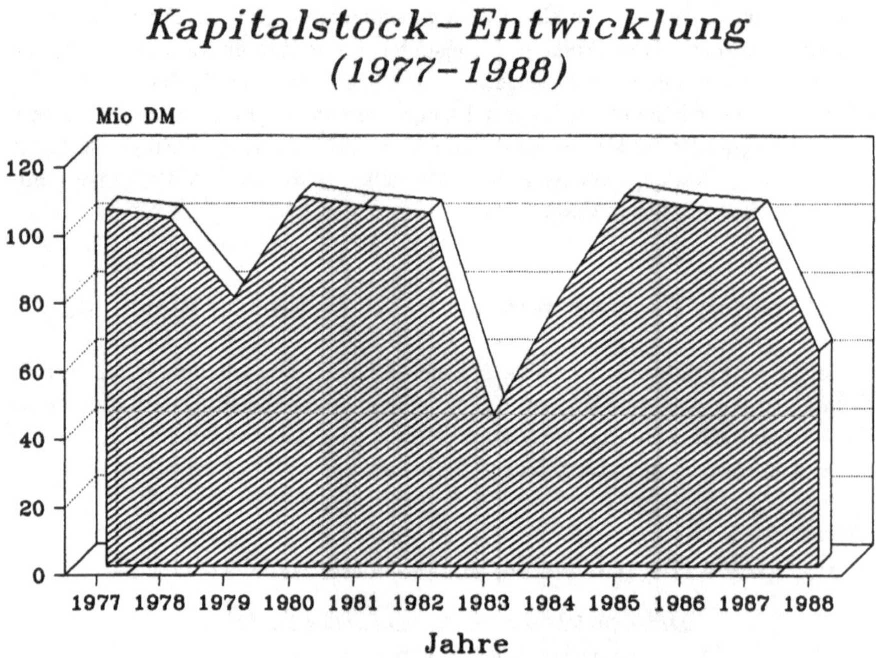

(Quelle: Eigene Darstellung anhand der Daten der ARD-Jahrbücher 1978 - 1989)

Abb. 22: Die Entwicklung des anstaltseigenen Kapitalstocks des hr in dem Zeitraum von 1977 bis 1988 (in Mio DM)

176 Vgl. ARD-Jahrbuch 1988, S. 126.

beläuft sich der Kapitalstock trotz des Rekordverlusts von rd. 40,69 Mio DM im Jahre 1988 immernoch auf ca. 63,2 Mio DM.

b) Die Beeinflussung des Kapitalstocks durch die Jahresergebnisse

Durch die gleichbleibend steigende Ertragslage des hr, der jedoch eine stärker steigende Entwicklung der Aufwendungen gegenübersteht[177], erzielte die Sendeanstalt in den Jahren 1977 bis 1988 die in Abb. 23 aufgeführten Ergebnisse. Die darin enthaltenen Schwankungen sind u. a. auf den Zyklus der Gebührenerhöhungen (1979 und 1983) zurückzuführen. Obwohl auch im Jahr 1988 durch eine Anhebung der Gebühren sowie durch den Teilnehmerzuwachs die Erträge gegenüber dem Vorjahr um weitere 13,56 Mio DM zunahmen, erzielte der Hessische Rundfunk in diesem Abrechnungszeitraum dennoch das größte Defizit der letzten 11 Jahre (40,69 Mio DM).

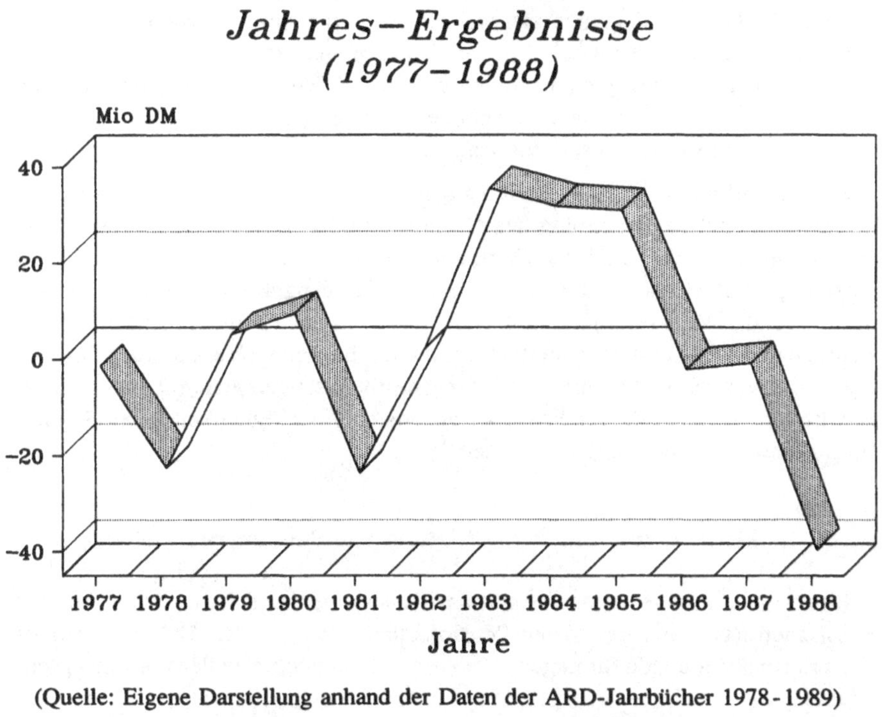

(Quelle: Eigene Darstellung anhand der Daten der ARD-Jahrbücher 1978 - 1989)

Abb. 23: Ergebnisse der Jahresabschlüsse des hr für den Zeitraum von 1977 bis 1988 (in Mio DM)

177 Vgl. ARD-Jahrbuch 1988, S. 127.

Im Geschäftsjahr 1987 ergab sich — entgegen aller Erwartungen — ein nur sehr geringes Defizit von ca. 1,8 Mio DM. Begründet wurde dies durch ein neues Kostenverrechnungsverfahren zwischen dem Hessischen Rundfunk und seiner Tochter hr-werbung GmbH. Durch diese Umstellung erhielt die Anstalt 1987 (aufgrund der nachträglichen Anwendung der ARD-einheitlichen Kostenverrechnung für die Jahre 1976 bis 1982) einen außerordentlichen Ertrag in Höhe von rd. 46,93 Mio DM[178]. Auch im Jahre 1988 sind in den Erträgen aus Kostenerstattungen weitere Nachbelastungen in Höhe von ca. 54,4 Mio DM enthalten[179].

2. Die Verwertung nicht weiter dem Anstaltszweck dienender Vermögenswerte

Zu den in Bezug auf den Aufgabenbereich der öffentlich-rechtlichen Rundfunkanstalten sachfremden Hilfsgeschäften rechnen auch die vom hr selbst getätigten Programmverwertungen und Lizenzverkäufe. Sofern jene Geschäfte vorwiegend im Rahmen der für den öffentlichen Haushalt geltenden Bestimmungen des § 63 BHO, ohne Gewinnerzielungsabsicht vorgenommen werden, fallen sie nicht unter die erwerbswirtschaftlichen Betätigungen. Beim Verkauf soll daher nur der den Aufwendungen entsprechende „volle" Wert der Eigen- oder Fremdproduktionen — inkl. der damit verbundenen Rechte und Lizenzen — im Sinne des reinen Kostendeckungsprizips veranschlagt werden[180].

Eine Beeinflussung der Tätigkeit der öffentlich-rechtlichen Anstalt über diesen Markt sei durch die Beachtung des Grundsatzes der Substanzerhaltung weitgehend ausgeschlossen[181]. Dieser These kann nur zugestimmt werden, für den Fall einer organisatorischen Trennung zwischen der Programmgestaltung und der nachfolgenden Verwertung. Zudem bestehen dabei auch keinerlei Bedenken hinsichtlich des Zusatzerwerbs von Rechten, die für die weitere Veräußerung notwendig sind. Dennoch sollten die Verwertungsvorbereitungen generell erst nach der Produktion erfolgen, da der Erwerber ansonsten die Möglichkeit haben könnte, Einfluß auf das Programm zu nehmen[182].

3. Die Finanzierung durch die Bildung von Pensionsrückstellungen

Einen nicht unbedeutenden Anteil der Passivseite der Bilanz stellen die vom Hessischen Rundfunk gebildeten Pensionsrückstellungen dar. Dabei handelt es sich um Rückstellungen für ungewisse Verbindlichkeiten. Die Pensionsansprüche

---

178 hr-Geschäftsbericht 1987, S. 61.

179 hr-Geschäftsbericht 1988, S. 63.

180 Vgl. Seeger, DÖV 1972, 253, 268.

181 Vgl. Seeger, DÖV 1972, 253, 267 f.

182 Seeger, DÖV 1972, 253, 269.

entstehen durch die in der Versorgungsordnung des hr enthaltene rechtsverbindliche Zusage eines Ruhegeldes an die fest angestellten Arbeitnehmer für die Zeit nach dem Ausscheiden aus dem aktiven Dienst. Der Anspruch der Arbeitnehmer ist durch den Umstand der Arbeitsunfähigkeit bzw. des Eintritts in den Ruhestand i. S. d. § 158 Abs. 1 BGB aufschiebend bedingt. Da die Inanspruchnahme aus den Pensionsverpflichtungen ungewiß ist, kann deren Höhe jeweils nur geschätzt werden. Dennoch muß, um das Betriebsvermögen und den Ertrag in der Rechnungslegung korrekt ausweisen zu können, die Rückstellung quantifizierbar sein, d. h. die Schätzung sollte mit Hilfe versicherungsmathematischer Berechnungsweisen fundamentiert werden.

Die Pensionsrückstellungen des Hessischen Rundfunks haben in den letzten Jahren ein erhebliches Volumen angenommen. Wie aus der folgenden Grafik entnommen werden kann, erreichten sie im Jahre 1988 einen Gesamtbetrag von über 500 Mio DM[183]. Sie decken somit in der Vermögensrechnung von 1988

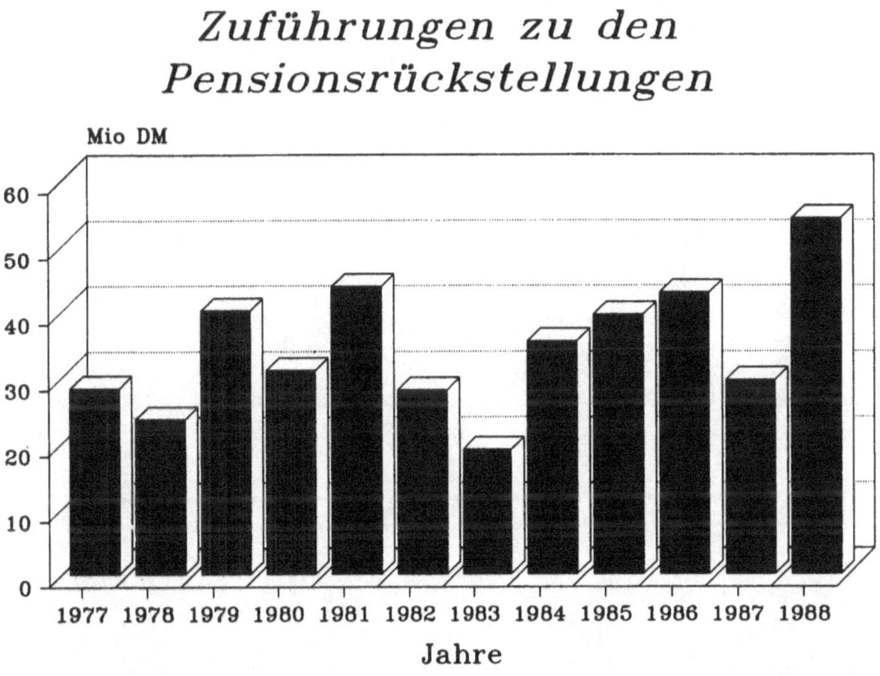

(Quelle: Eigene Darstellung anhand der Daten der ARD-Jahrbücher 1978 - 1989)

Abb. 24: Die Entwicklung der Zuführung zu den Pensionsrückstellungen des hr in dem Zeitraum von 1977 bis 1988 (in Mio DM)

[183] hr-Geschäftsbericht 1988, S. 55; siehe auch Abb. 28 (Vermögensrechnung).

100% des buchmäßigen Bestands des Anlagevermögens, das vollständige Programmvermögen, sowie etwa 24,8% des Umlaufvermögens.

Bereits im Jahr 1987 erhöhte sich der Bestand der Pensionsrückstellungen um ca. 29 Mio DM auf 463,18 Mio DM[184]. Im Geschäftsjahr 1988 erfolgte mit weiteren 54,2 Mio DM die bislang umfangreichste Zuführung der letzten 11 Jahre. Darin sind vor allem rd. 24,5 Mio DM enthalten, die aufgrund eines 1988 abgeschlossenen Tarifvertrags gebildet werden mußten. Dabei schlug die Vereinbarung eines 14. Monatsgehalts stark zu Buche. Vergleicht man die Summe der Zuführungen mit dem ausgewiesenen Defizit, stellt man fest, daß sich die Zahlen ungefähr entsprechen.

Diese Rückstellungen, die im Grunde für die Altersversorgung zweckgebunden sind, bewirken dennoch aufgrund der vorläufigen Steuerersparnis einen deutlichen Finanzierungseffekt. Angesichts des Durchschnittsalters der hr-Mitarbeiter von 40 Jahren und der ausgewogenen Alterstruktur[185] werden bzgl. dieses Zustands auf Jahre hinaus auch keine bemerkenswerten Veränderungen zu erwarten sein.

---

184 hr-Geschäftsbericht 1987, S. 53.

185 Vgl. hr-Geschäftsbericht 1988, S. 39.

Dritter Abschnitt

Die Verwendung der Finanzmittel und die Haushaltsführung des Hessischen Rundfunks

I. Die Maßstäbe zur Beurteilung der Ausgabenpolitik

Bevor eine genaue Beurteilung der Ausgabenpolitik des Hessischen Rundfunks vorgenommen werden kann, sollen zunächst die gesetzlichen Regelungen erwähnt werden, die den gezielten Einsatz eines Teils der zur Verfügung stehenden Finanzmittel zum Inhalt haben.

1. Gesetzliche Bestimmungen zur Finanzierung besonderer Aufgaben

Unter der Überschrift „Finanzierung besonderer Aufgaben" sind in Art. 6 RfStV Sonderregelungen über die Kapitalverwendung enthalten. Darin bestimmt Art. 6 Abs. 3 Satz 1 RfStV, daß eine Finanzierung privater Veranstalter aus der Rundfunkgebühr unzulässig ist. Nach Art. 6 Abs. 1 RfStV kann jedoch ein zusätzlicher Anteil der Rundfunkgebühr in Höhe von 2 % für die Finanzierung der nachfolgend angeführten Aufgaben aufgewendet werden:

1. Für die Zulassungs- und für die Aufsichtsfunktionen der für private Veranstalter nach Landesrecht zuständigen Stellen (im Bereich des hr ist es die Hessische Landesanstalt für privaten Rundfunk in Kassel),
2. für die Förderung öffentlicher Kanäle,
3. für die Förderung von landesrechtlich gebotener technischer Infrastruktur zur terrestrischen Versorgung des gesamten Landes (für den Zeitraum von 4 Jahren ab Inkrafttreten des Staatsvertrages).

Gem. § 47 Abs. 2 Satz 1 HPRG wird die Hessische Landesanstalt für den privaten Rundfunk bis zum 31. 12. 1991 zunächst mit der Hälfte des nach Art. 6 Abs. 1 RfStV festgelegten zusätzlichen 2%-Anteils der Rundfunkgebühr finanziert. In den Jahren von 1989 bis 1991 kann die Landesregierung allerdings durch Rechtsverordnung weitere 20% des zusätzlichen Anteils der Rundfunkgebühr der Landesanstalt zuweisen.

Ab dem 1. 1. 1992 soll die Landesanstalt nach § 47 Abs. 3 HPRG lediglich 20% des zusätzlichen Anteils an der Rundfunkgebühr erhalten. Die Landesregierung kann jedoch auch dann weitere Mittel — bis zur durch Art. 6 Abs. 1 RfStV gezogenen Grenze — durch Rechtsverordnung zuweisen, sofern es die Verfolgung der gesetzlich normierten Zwecke erfordert. Infolgedessen wurde die Kapitalverwendung für den beschriebenen Teilbereich gesetzlich vorgegeben. Wenn der für die obigen Aufgaben zur Verfügung stehende Anteil am Gebührenaufkommen nicht in Anspruch genommen wird, steht er gem. Art 6 Abs. 2 Satz 1 RfStV sowie gem. § 47 Abs. 4 HPRG dem Hessischen Rundfunk zu.

2. Die Grundsätze einer wirtschaftlichen Finanzgebarung

Bezüglich der übrigen Verwendung der Finanzmittel enthält das Gesetz über den Hessischen Rundfunk in § 18 Regelungen, die als Kriterien für eine Bewertung der Ausgabepolitik herangezogen werden können. Zunächst wird in § 18 Abs. 1 HRG bestimmt, daß das Haushalt-, Kassen- und Rechnungswesen den Anforderungen wirtschaftlicher Finanzgebarung zu genügen hat. Durch § 18 Abs. 3 HRG wird die Verwendung von Betriebsüberschüssen normiert. Diese dürfen nur für kulturelle Einrichtungen und Zwecke verwendet werden, die unmittelbar oder mittelbar der Förderung des Rundfunks dienen.

Die Kapitalverwendung zur Verwirklichung des Anstaltszwecks wird im wesentlichen durch § 18 Abs. 1 HRG angesprochen. Diese Vorschrift läßt jedoch offen, was konkret unter den Anforderungen einer wirtschaftlichen Finanzgebarung zu verstehen ist. Daher erscheint es notwendig, genauere Beurteilungskriterien herauszuarbeiten, die entweder aus der Finanzordnung des Hessischen Rundfunks, der Landeshaushaltsordnung oder dem Gesellschaftsrecht zu entnehmen sein könnten.

a) Die Ausgaben-Regelungen der Finanzordnung des Hessischen Rundfunks

Denkbar wäre es, die in der Rdnr. 282 der Finanzordnung des Hessischen Rundfunks enthaltenen allgemeinen Grundsätze einer sparsamen Wirtschaftsführung heranzuziehen. Die dort aufgestellten Regelungen betreffen die Inanspruchnahme der Haushaltsmittel sowie die Abrechnung der Kosten von Bauaufträgen. Ferner wird eine Schadensersatzverpflichtung geregelt, die auf jene Bedienstete Anwendung findet, die grob fahrlässig Maßnahmen oder Zahlungen veranlassen, welche eine Überschreitung der Haushaltsmittel verursachen. Aufgrund § 16 Abs. 3 Satz 1 HRG i. V. m. § 14 Abs. 3 der Satzung des hr wurde die Finanzordnung durch den Intendanten im Benehmen mit dem Rundfunk- und Verwaltungsrat erlassen. Die dortigen Regeln können zwar anstaltsinterne Abläufe und Voraussetzungen für Entscheidungen festlegen, jedoch nicht den Inhalt einer gesetzlichen Norm bestimmen. Infolgedessen sind sie als Maßstäbe für die Bewertung der Ausgabenpolitik des Senders ungeeignet.

b) Die Anwendbarkeit des Grundsatzes der Wirtschaftlichkeit und Sparsamkeit

Die in § 7 Abs. 1 LHO enthaltene Normierung, daß bei der Aufstellung und Ausführung eines öffentlichen Haushaltsplans die Grundsätze der Wirtschaftlichkeit und Sparsamkeit zu beachten sind, könnte ebenfalls auf den Hessischen Rundfunk als Anstalt des Öffentlichen Rechts bezogen werden. Eine Analogie wäre allerdings nur dann zulässig, wenn eine planwidrige Gesetzeslücke vorliegt, die einer entsprechenden Regelung bedarf. Das ist dann der Fall, wenn im Gesetz eine Bestimmung fehlt, die nach dem Zweck der Regelung vorhanden sein sollte. Eine Lücke kann auch in solchen Fällen vorliegen, in denen eine einschränkende Bestimmung fehlt und eine solche Einschränkung durch den Gesetzeszweck als notwendig vorgegeben wird. Ob eine solche Lücke vorhanden ist, muß anhand der Leitgedanken des Gesetzes entschieden werden[186]. Dabei ist zuerst festzustellen, ob nicht ein „beredtes" Schweigen vorliegt, d. h. ob nicht bewußt auf eine Regelung verzichtet wurde. Der Gesetzgeber könnte wegen des sich ständig ändernden wirtschaftlichen Umfeldes sowie der Vorstellungen über die Verwirklichung des Programmauftrages des hr bewußt davon abgesehen haben, weitere Einschränkungen als die der wirtschaftlichen Finanzgebarung zu normieren. Dieser Gedanke geht jedoch zu weit. Es ist richtig, daß der Hessische Rundfunk im Rahmen des Anstaltsermessens einen weiten Spielraum bezüglich der Disposition seiner Finanzmittel hat. Auf der anderen Seite kann diese Freizügigkeit nicht ohne Grenzen sein. Als Gegengewicht sollte daher ein Rahmen bestehen, dessen Überschreitung durch ein Verhalten der Rundfunkanstalt grundsätzlich verboten wird.

Das wurde von der KEF bereits im ihrem 3. Bericht vom Oktober 1981 deutlich herausgestellt. Im Zusammenhang mit der Bedarfsermittlung der finanziellen Mittel für die Landesrundfunkanstalten wurde dieser Problembereich wie folgt dargestellt[187]:

> Die Kommission ist der Auffassung, daß sich die Finanzbedarfsplanung nicht losgelöst von der Vorgabe eines gewissen Finanzrahmens vollziehen kann, wenn sie in einer kontinuierlichen Entwicklung verlaufen soll. Der Finanzrahmen sollte so beschaffen sein, daß die Erhaltung von Standards der Versorgung mit Rundfunk gewährleistet ist, eine sinnvolle Fortentwicklung unter Berücksichtigung von Innovationen in Programm und Technik ermöglicht und, sofern die entsprechenden Entscheidungen und die Beschlüsse der zuständigen Organe vorgegeben sind, die Erprobung und Nutzung neuer Technologien zugelassen wird.
>
> Mit diesem Vorgehen wird dem Gestaltungsfreiraum Rechnung getragen, den die Rundfunkanstalten nach Maßgabe der ihnen verfassungsrechtlich gewährleisteten Anstaltsautonomie für sich in Anspruch nehmen können. Die Anstaltsautonomie bedeutet

---

186 Larenz, Methodenlehre der Rechtswissenschaft, S. 366 ff.; ders. Allgemeiner Teil des deutschen Bürgerlichen Rechts, S. 69.

187 3. KEF-Bericht, Tz.. 41.

nicht, daß Wünsche nach Innovationen in Programm und Technik ohne Rücksicht auf einen Finanzrahmen bei der Ermittlung des Finanzbedarfs der Rundfunkanstalten zu berücksichtigen sind. Auch ist der in diesem Bericht empfohlene Finanzrahmen so weit gefaßt, daß er weder zu einer inhaltlichen Beeinflussung der Programmgestaltung führt, noch die ausreichende und in dem Sinne angemessene Finanzausstattung der Rundfunkanstalten in Frage stellt. Die Rundfunkanstalten werden durch den vorgegebenen Rahmen nicht daran gehindert, die ihnen übertragene Aufgabe der Versorgung mit Rundfunk zu erfüllen.

Ein bewußtes Offenlassen einer solchen Regelung durch den Landesgesetzgeber besteht folglich nicht, d. h. eine planwidrige sowie regelungsbedürftige Gesetzeslücke liegt mithin vor. Deshalb besteht die Möglichkeit, die Grundgedanken anderer gesetzlicher Vorschriften, die eine gleich zu bewertende Interessenlage zum Gegenstand haben, heranzuziehen. Vergleicht man die Funktion der Haushaltsplanung eines Bundeslandes mit der des Hessischen Rundfunks, lassen sich gewisse Übereinstimmungen erkennen. Beide dienen der Feststellung und Deckung des Finanzbedarfs, der zur Erfüllung der jeweiligen Aufgaben voraussichtlich notwendig ist und bilden zudem die Grundlage für die Haushalts- und Wirtschaftsführung. Die Grundsätze der Sparsamkeit und Wirtschaftlichkeit stehen somit als Eckwerte für eine Beurteilung des wirtschaftlichen Finanzgebarens zur Verfügung.

Diese Einordnung kann außerdem auf Art. 4 Abs. 1 RfStV gestützt werden. Dort wird geregelt, daß der Finanzbedarf des öffentlich-rechtlichen Rundfunks entsprechend den Grundsätzen von Wirtschaftlichkeit und Sparsamkeit geprüft und mindestens alle 2 Jahre festgestellt wird. Der zukünftige Bedarf wird auf zwei Grundlagen ermittelt. Zum einen ist der Bedarf der Vergangenheit zu betrachten, der zum anderen auf die Zukunft hochgerechnet wird. Art 4 Abs. 1 RfStV hat nur dann einen Sinn, wenn beide Komponenten an den Maßstäben von Wirtschaftlichkeit und Sparsamkeit gemessen werden, d. h. wenn der Bedarf der Vergangenheit nach den Grundsätzen der Wirtschaftlichkeit und Sparsamkeit beurteilt wird, muß auch die Wirtschaftsführung diesem Maßstab genügen. Geht man hiervon aus, so ist weiter zu prüfen, ob diese Grundsätze inhaltlich noch weiter ausgestaltet werden können.

aa) Die Definition des Grundsatzes der Wirtschaftlichkeit und Sparsamkeit

Als Anknüpfungspunkt für die Wirtschaftlichkeit [188] kommt beim Mitteleinsatz die haushaltsrechtliche Verpflichtung in Betracht, dem ökonomischen Prinzip zu

---

[188] Siehe dazu Schmiedel, in: Eichhorn, v. Loesch (Hrsg.) Rundfunkökonomie S. 146, 147; Greifeld, Der Rechnungshof als Wirtschaftlichkeitsprüfer S. 7; Püttner, in: Hübner u. a. (Hrsg.) Programmauftrag und Wirtschaftlichkeit der öffentlich-rechtlichen Rundfunkanstalten S. 93, 94.

folgen. Dabei ist die günstigste Relation zwischen verfolgtem Zweck und eingesetzten Mitteln anzustreben. In diesem Rahmen sind zwei unterschiedliche Gestaltungen denkbar. Bei der Anwendung des Minimalprinzips soll ein vorgegebenes Ergebnis mit dem geringstmöglichen Mitteleinsatz erreicht werden. Dem Maximalprinzip hingegen liegt der Gedanke zugrunde, bei vorgegebenem Mitteleinsatz ein optimales Ergebnis zu erzielen.

Unter Sparsamkeit ist die Forderung zu verstehen, den Einsatz von Mitteln auf den Umfang zu beschränken, der zur Erfüllung der Aufgaben unbedingt erforderlich ist. Den Definitionen ist zu entnehmen, daß der Grundsatz der Sparsamkeit im wesentlichen vom Grundsatz der Wirtschaftlichkeit (Minimalprinzip) miteingeschlossen wird[189].

Beide Begriffe bezeichnen die Verhaltensregeln, die zur Erzielung eines Erfolges einzuhalten sind. Sie sind demnach ergebnisorientiert. Die Zielsetzung muß auf den Zweck der Maßnahme abgestimmt sein. Die Maßnahme als solche ist daher nicht der Punkt, an dem der Maßstab der Wirtschaftlichkeit anzulegen ist, sondern sie sollte vielmehr in ihrem gesamten Umfeld betrachtet werden. Dabei müssen auch ihre gesellschaftlichen und politischen Auswirkungen mit in die Überlegungen einbezogen werden. Es kann bei der Mittelverwendung durch eine öffentlich-rechtliche Rundfunkanstalt folglich nicht darauf ankommen, ausschließlich den ökonomisch effizientesten Ertrag zu erzielen. Das Verhältnis von Aufwand zu Ertrag ist durch die Relation zwischen Nutzen für die Rundfunkteilnehmer und Aufwand zur Erfüllung des Anstaltszwecks zu ersetzen.

bb) Der Grundsatz der Sparsamkeit und Wirtschaftlichkeit in der Praxis

In der Praxis ergeben sich nach Angabe der Rundfunkanstalten jedoch immer wieder Schwierigkeiten, Sparmaßnahmen durchzuführen, ohne das Programm zu beeinträchtigen[190]. Aufgrund der Kostenstruktur (fixe und variable Kosten) könne eine Senkung der Stückkosten (z. B. Kosten je Programm-Minute) zwar erreicht werden, wodurch auch die Gesamtkosten gemindert würden, der Gemeinkostenanteil bliebe aber dennoch unverändert. Mit den Einsparungen würde somit generell ein Leistungsabbau verbunden sein, der nicht mit der verfassungsrechtlichen „Bestands- und Entwicklungsgarantie" des öffentlich-rechtlichen Rundfunks vereinbar wäre[191].

---

189 Piduch, BHO, Loseblatt, § 7 Rdnr. 2; Salmen, Das Wirtschaftlichkeitsprinzip in der kommunalen Finanz- und Haushaltsplanung, S. 23 f.

190 Nur 6 % der Kosten würden nach Angabe der Rundfunkanstalten in den administrativen Bereich fallen, vgl. Hilf, in: Lüder (Hrsg.) Rundfunk im Umbruch: Stand und Entwicklung der finanziellen und wirtschaftlichen Situation der öffentlich-rechtlichen Rundfunkanstalten, S. 27, 33.

191 Stellungnahme zum sechsten Bericht der Kommission zur Ermittlung des Finanzbedarfs (KEF), Presse-Informationen vom 27. 11. 1987 Media-Perspektiven-Dokumentation, S. 2; siehe auch ARD-Jahrbuch 1988, S. 367-370.

Für den Bereich der Planung wird darüber hinaus von Seiten der Rundfunkanstalten die Meinung vertreten, durch die gesetzlichen Regelungen solle die Aufgabenerfüllung — Orientierung an den programmpolitischen Zielen der Sender — oberstes Planungsziel darstellen. Bei dieser sog. „leistungsbezogenen“[192] Planung erscheinen demnach die finanziellen Möglichkeiten nur von nachrangiger Bedeutung. In der Praxis hätte sich jedoch nur die „finanzbezogene“ Planung realisieren lassen, wonach die verfügbaren Finanzmittel vorwiegend die Grundlage der Programmplanung darstellen.[193]

Aufgrund des Zusammenwirkens von hörfunk- und fernsehspezifischen Produktionsbereichen könnten für den Planungsbereich weder Parallelen zu privatwirtschaftlich noch zu öffentlich-fiskalisch organisierten Bereichen gezogen werden[194]. Das Problem der Bewertung wird durch die Tendenz, nahezu sämtliche Ausgaben dem Programmbereich zuzuordnen, nicht einfach zu lösen sein. An dieser Stelle müssen in der Zukunft Abgrenzungskriterien entwickelt werden, die eine Zuordnung sowie eine effektive Kontrolle der Zuordnung zum Programmbereich ermöglichen. Anhand solcher Kriterien kann dann festgestellt werden, ob die interne Verwaltung des Senders tatsächlich in vollem Umfang der Verwirklichung des Programmauftrags[195] oder aber der Verfolgung anderer Zwecke dient. Angesichts der immer weiter reichenden Planungen der Rundfunkanstalten stellt sich die Frage, ob die Kosten, die durch eine Ausdehnung des Fernsehprogramms — beispielsweise auf die Zeit des frühen Nachmittags oder auch durch die Einrichtung eines vierten Hörfunkprogramms — entstehen, noch gerechtfertigt werden können.

An dieser Stelle verdienen jedoch drei Punkte, die bei der Bewertung des Ausgabeverhaltens des hr berücksichtigt werden sollten, eine gesonderte Erwähnung:

- Die Leistungen des Rundfunks sind einer dualen Bewertung unterworfen, da neben den ökonomischen Maßstäben auch noch gesellschaftlich kulturelle Kriterien auftreten[196].
- Bis heute sind betriebliche Kennziffern[197], die eine hinreichende qualitative Beurteilung des Finanzgebarens unter ökonomischen Erfordernissen sicherstellen, nicht vorhanden.

---

192 Fünfgeld / Diemel / Gläser, Finanzplanung im Rundfunk — Defizite ?, S. 44; Fünfgeld, in: Bausch (Hrsg.) Königsteiner Gespräche, S. 43, 47.

193 Vgl. Fünfgeld / Diemel / Gläser, Finanzplanung im Rundfunk — Geplante Defizite ?, S. 44.

194 Vgl. Fünfgeld, in: Bausch (Hrsg.) Königsteiner Gespräche, S. 43, 47.

195 Zum Spannungsfeld zwischen Programmauftrag und Wirtschaftlichkeit siehe Lehr, in: Hübner u. a. (Hrsg.) Programmauftrag und Wirtschaftlichkeit der öffentlich-rechtlichen Rundfunkanstalten S. 19 ff., insbesondere S. 29 f.

196 Kiefer, in: Fleck (Hrsg.) Planung, Aufsicht und Kontrolle von Rundfunk-Unternehmen S. 24.

— Es fehlen insbesondere Kriterien für eine Leistungs- und Erfolgsbewertung der als Unikate nur begrenzt vergleichbaren einzelnen Sendeleistungen[198].

Dennoch muß die Bemerkung des Präsidenten des Rechnungshofs von Rheinland-Pfalz Schreiner nachdenklich stimmen. Er gibt an, daß im Bereich der Personalkosten, Personalnebenkosten sowie der Altersversorgung der Rundfunk- und Fernsehanstalten Haushaltsmittel in erheblichem Umfang zu großzügig und teilweise ungerechtfertigt verausgabt wurden[199]. Diese Äußerung zeigt, daß trotz der Schwierigkeiten der Beurteilung im einzelnen, dennoch eine Bewertung des Finanzgebarens äußerst notwendig erscheint. Da, wie gesehen, im Öffentlichen Recht eine Bestimmung der Grenzen der Ausgabenpolitik der Landesrundfunkanstalten nur sehr schwer möglich ist, sollte man daran denken, die Anwendung anderer Rechtsgebiete in Betracht zu ziehen.

c) Ausgaben-Regelungen im Gesellschaftsrecht

Das Gesetz kennt an anderer Stelle und in anderem Zusammenhang Fälle, in denen ein Rahmen für eine regelgerechte Finanzierung festgelegt wurde. So spricht z. B. § 93 Abs. 1 AktG davon, daß die Vorstandsmitglieder einer Aktiengesellschaft bei der Geschäftsführung die Sorgfalt eines ordentlichen und gewissenhaften Geschäftsleiters anzuwenden haben. Ähnliches gilt gemäß § 43 Abs. 1 GmbHG für den Geschäftsführer einer GmbH. Rechtsprechung und Literatur haben für den Finanzbereich unterschiedlichste Fallgruppen herausgearbeitet, in denen ein Sorgfaltsverstoß angenommen werden kann[200]. Die im dortigen Zusammenhang anzuwendenden Regeln könnten im wesentlichen auch auf die öffentlich-rechtlichen Rundfunkanstalten übertragen werden. So hat die Anstalt z. B. das wirtschaftliche, soziale und finanzielle Gesamtinteresse zu beachten. Dabei darf die Finanzkraft der Anstalt jedoch nicht überschritten und Finanzierungs- bzw. Kapitalverwendungsmöglichkeiten nicht mißbraucht werden. Die damit zusammenhängenden Fragen, insbesondere inwieweit eine wertende Kontrollüberlegung nach öffentlichem Recht dazu verpflichtet, die Regeln zu nuancieren, gehen über den hier zu behandelnden Problembereich hinaus und sollen daher an dieser Stelle nicht weiter vertieft werden.

---

197 Zu den betriebswirtschaftlichen Problemen der Fernsehproduktion allgemein siehe Haselmayer, in: Fleck (Hrsg.) Planung, Aufsicht und Kontrolle von Rundfunk-Unternehmen, S. 37 ff.

198 Fünfgeld. in: Lüder (Hrsg.), Rundfunk im Umbruch: Stand und Entwicklung der finanziellen und wirtschaftlichen Situation der öffentlich-rechtlichen Rundfunkanstalten, S. 77, 81.

199 Schreiner, in: Lüder (Hrsg.), Rundfunk im Umbruch: Stand und Entwicklung der finanziellen und wirtschaftlichen Situation der öffentlich-rechtlichen Rundfunkanstalten, S. 214, 215.

200 Siehe zu Einzelfällen statt vieler Scholz / Uwe H. Schneider, GmbHG, Bd. 2, § 43 Rdnrn. 70 ff.

II. Die Rechnungsführung des Hessischen Rundfunks

Die Rechnungsführungen der öffentlich-rechtlichen Rundfunkanstalten unterscheiden sich aufgrund der in den letzten Jahren verstärkten Bemühungen, sich den ARD-einheitlichen Rahmenbedingungen anzugleichen, nur noch sehr geringfügig voneinander. Der Haushaltsplan und der Jahresabschluß gelten als die wichtigsten Teile der Haushaltsführung der Landesrundfunkanstalten und lassen sich nunmehr ohne Schwierigkeiten miteinander vergleichen.

1. Der Haushaltsplan

Grundlage der Wirtschaftsführung des Hessischen Rundfunks bildet der alljährlich aufzustellende Haushaltsplan[201]. Der vom Intendanten vorgelegte Plan wird nach der Prüfung durch den Verwaltungsrat gem. § 16 HR-Satzung noch zur Genehmigung an den Rundfunkrat weitergeleitet.

Aus Gründen der Übersichtlichkeit soll in den folgenden Abschnitten zunächst auf die formalen Inhalte des Haushaltsplans und die damit verbundenen gesetzlichen Regelungen eingegangen werden. Die praktische Umsetzung dieser theoretischen Betrachtungen soll dann im Rahmen des Jahresabschlusses, zu dem auch die Abrechnung (Soll-Ist-Vergleich) des Ertrags- und Aufwandsplans sowie des Finanzplans gehören, untersucht werden.

a) Der Ertrags- und Aufwandsplan

Für eine ausgeglichene und ordnungsgemäße Bewirtschaftung sind die Planansätze des Ertrags- und Aufwandsplans von besonderer Bedeutung. Die darin veranschlagten Mittel dürfen ausschließlich nur für die entsprechend zugewiesenen Zwecke verwendet werden.

aa) Zur Problematik der Genehmigung des Ertrags- und Aufwandsplans

Die Überschreitung eines geplanten Haushaltsansatzes bedarf gem. § 16 Nr. 3 HR-Satzung der besonderen Genehmigung des Rundfunkrats nach Anhörung des Verwaltungsrats. Fraglich ist, wie in diesem Fall der Begriff „Genehmigung" auszulegen ist. Legt man die Legaldefinition des § 184 Abs. 1 BGB zugrunde, dann wäre darunter die nachträgliche Zustimmung zu verstehen, was aber zur Folge hätte, daß eine effektive Überwachung der über die Haushaltsansätze

---

201 Zu den Planungsfaktoren siehe Maier, in: Fleck (Hrsg.) Planung, Aufsicht und Kontrolle von Rundfunk-Unternehmen, S. 79, 80 ff.

hinausgehenden Wirtschaftsführung nicht möglich wäre. Deshalb sollte § 16 Nr. 3 HR-Satzung so verstanden werden, daß dort die vorherige Zustimmung, mithin die Einwilligung verlangt wird. Gestützt wird diese Überlegung durch Rdnr. 2823 Satz 2 der Finanzordnung des hr. Dort wird geregelt, daß durch die Genehmigung einer grob fahrlässig veranlaßten, den Haushaltsplan direkt oder in der Zukunft unvermeidlich überschreitenden Zahlung oder Maßnahme eine an sich nach Rdnr. 2823 Satz 1 Finanzordnung hr bestehende Schadensersatzpflicht entfällt.

Aus dem Zusammenwirken der Vorschriften läßt sich folgende Systematik entwickeln. Grundsätzlich bedarf eine Wirtschaftsführung, bei der eine Überschreitung der Haushaltsplanung erfolgt bzw. erkennbar unvermeidlich ist, der Einwilligung des Rundfunkrats nach Anhörung des Verwaltungsrats. Wird gegen diesen Grundsatz grob fahrlässig verstoßen, so besteht in der Regel eine Schadensersatzverpflichtung, die aber ausnahmsweise entfallen kann.

Gänzlich ungeklärt ist in diesem Zusammenhang die Frage, ob nicht auch den Intendanten oder seinen Stellvertreter eine Schadensersatzverpflichtung[202] trifft, sofern pflichtwidrig eine derartige Zahlung oder Maßnahme genehmigt wurde. Der Verzicht auf einen Schadensersatzanspruch könnte für die Rundfunkanstalt u. U. erhebliche Folgen haben.

bb) Die Posten der geplanten Erträge und Aufwendungen

Eine besondere Abgrenzung erfolgt zwischen den betrieblichen und den neutralen Aufwendungen und Erträgen, die ansonsten generell nach Arten getrennt aufgeführt werden. Gem. Rdnr. 221 der Finanzordnung des hr sind neben allen zu erwartenden Erträgen und Aufwendungen u. a. auch die Bildung und Auflösung von Eigenkapital darin enthalten.

Die in dem folgenden Schaubild aufgeführten Posten stellen eine Art Grobgliederung des Ertrags- und Aufwandsplans dar.

Erträge:

I. Betriebserträge

Erträge aus Teilnehmergebühren
— Erträge aus Hörfunk-Gebühren
— Erträge aus Fernseh-Gebühren
Erträge aus Kostenerstattungen
Erträge aus Beteiligungen
Andere Betriebserträge

202 Die strafrechtliche Verantwortlichkeit des Intendanten behandelt Scharnke, Die strafrechtliche Verantwortlichkeit der leitenden Personen des Rundfunks.

II. Neutrale Erträge
Erträge aus anderen Finanzanlagen
Erträge aus der Auflösung von Rückstellungen
Sonstige neutrale Erträge

Aufwendungen:

I. Betriebsaufwendungen
Personalaufwendungen
Soziale Aufwendungen
Urheber-, Leistungs- und Herstellervergütungen
Anteil an Programmgemeinschaftsaufgaben und Koproduktionen
Materialaufwendungen
Fremdleistungen
Reise- und Umzugskosten, Bewirtungen, Sitzungsgelder und Aufwandsentschädigungen für Aufsichtsorgane und Dispositionsmittel
Steuern
Abschreibungen und Wertberichtigungen
Zuwendungen zum Finanzausgleich

II. Neutrale Aufwendungen

III. Verstärkungsmittel

Ergebnis:

Überschuß/Fehlbetrag
(Übertrag in den Finanzplan)

(Quelle: Finanzordnung des Hessischen Rundfunks, Rdnr. 224)

Abb. 25: Gliederungsschema des Ertrags- und Aufwandsplans des hr

cc) Die sog. Verstärkungsmittel

Die in Abb. 25 unter III. aufgeführten Verstärkungsmittel sollen gem. Rdnr. 224 Finanzordnung hr in angemessenem Umfange eingeplant werden und zwar zur Vermeidung von Überziehungen, die durch notwendige — jedoch unvorhersehbare — Aufwendungen entstehen können. Eine Freigabe für die Verwendung als Haushaltsmittel ist aber nur durch den Intendanten oder den Verwaltungsdirektor möglich.

b) Der Finanzplan

Die vorgesehenen Investitionen und insbesondere alle dafür in Frage kommenden Finanzierungsmittel werden in der Finanzplanung[203] nochmals separat aufge-

[203] Zu betrieblichen Planungssystemen öffentlich-rechtlicher Rundfunkanstalten siehe Seidel, in: Eichhorn, v. Loesch (Hrsg.), Rundfunkökonomie, S. 120 ff.

führt. Neben den unterschiedlichsten geplanten Neu-, Ersatz- und Erweiterungsinvestitonen sind darin auch die Aufnahme, die Gewährung und die Rückzahlung von Darlehen einzustellen; Rdnr. 232 Finanzordnung hr.

aa) Die Posten der geplanten Mittelaufbringung und Mittelverwendung

Das Ergebnis des Ertrags- und Aufwandsplans wird mit in den Finanzplan übernommen und bildet dadurch einen gewissen Anknüpfungspunkt für weitere Berechnungen. Desweiteren sollen, ähnlich wie in der Ertrags- und Aufwandsplanung, zur Finanzierung unvorhersehbarer, aktivierungspflichtiger Ausgaben auch im Rahmen der Finanzplanung deckungsfähige Verstärkungsmittel in angemessenem Umfange berücksichtigt werden; Rdnr. 234 Finanzordnung hr.

Die folgende Übersicht enthält die Anordnung der Posten der Mittelaufbringung und -verwendung, die gem. Rdnr. 233 der Finanzordnung des hr mindestens in der Finanzplanung mit aufgeführt sein sollen.

Mittelaufbringung:

Übertrag aus der Ertrags- und Aufwandsplanung (Überschuß)
Abschreibungen und Wertberichtigungen
Abgänge von Sachanlagen
und immateriellen Werten
Wertpapieren des Anlagevermögens (Abgang)
Rückflüsse (Ausleihungen mit einer
Laufzeit von mindestens vier Jahren)
Programmvermögen (Abnahme)
Andere Aktiva (Abnahme) /
Andere Passiva (Zunahme)
— Anteil am GEZ-Vermögen
Zuführung von Pensionsrückstellungen

Mittelverwendung:

Übertrag aus der Ertrags- und Aufwandsplanung (Fehlbetrag)
Investitionen (Sachanlagen und immaterielle Werte)
Ausleihungen mit einer Laufzeit von mindestens vier Jahren (Zugang)
Deckungsstock für die Alters- und Hinterbliebenenversorgung (Zuführung)
Programmvermögen (Zunahme)
Andere Aktiva (Zunahme) / Andere Passiva (Abnahme)
— Anteil am GEZ-Vermögen

Ergebnis:

Überschuß / Fehlbetrag

(Quelle: Finanzordnung des Hessischen Rundfunks, Rdnr. 234)

Abb. 26: Gliederungsschema des Finanzplans des hr

Die Investitionsausgaben, die sich auf eine mehrere Jahre dauernde Aufgabe beziehen, enthalten bei ihrer erstmaligen Aufführung in dem Finanzplan die voraussichtlichen Gesamtkosten des Projekts. In den darauf folgenden Haushaltsplänen beschränken sich die Angaben auf die betreffenden jährlichen Teilkosten. Die Summe der Gesamtkosten wird dann nur noch aus den Erläuterungen zu entnehmmen sein; Rdnr. 245 Finanzordnung hr. Durch diese Regelung können stärkere Schwankungen des Ergebnisses der Finanzplanung eintreten — beispielsweise aufgrund größerer geplanter Baumaßnahmen des hr zu Beginn der 90er Jahre.

Der Hessische Rundfunk würde somit in dem Jahr, in dem die Kostenvoranschläge des Projekts vorliegen und damit die Gesamtkosten erstmals in dem Finanzplan als Ausgaben aufgeführt werden, wiederum auf ein besonderes Defizit seiner Haushaltsplanung hinweisen können, obwohl in dem betreffenden Jahr nur ein Bruchteil davon abgeflossen ist.

bb) Zur Frage der Verwendung des Überschusses bzw. der Finanzierung des Fehlbetrags des Finanzplans

In einer besonderen Aufstellung der Rechnungslegung (siehe Abb. 27) werden die geplante Verwendung des Überschusses bzw. Finanzierung des Fehlbetrags der Finanzplanung erläutert.

Verwendung des Überschusses / Finanzierung des Fehlbetrages:

Zunahme der kurzfristig verfügbaren Mittel
Einstellung in Kapital / Rücklagen

Abnahme der kurzfristig verfügbaren Mittel
Entnahme aus Kapital / Rücklagen

Geplante Kreditaufnahme

(Quelle: Finanzordnung des Hessischen Rundfunks, Rdnr. 235)

Abb. 27: Gliederungsschema zur Verwendung des Überschusses / Finanzierung des Fehlbetrages

Die im Finanzplan bewilligten Mittel, die nicht verausgabt wurden, werden sodann wegen Rdnr. 2842 Finanzordnung hr in Form eines Haushaltsrestevortrags auf das nächste Geschäftsjahr übertragen.

c) Die mittelfristige Finanzvorschau

Den Rahmen für die jährlichen Haushaltspläne der Rundfunkanstalten bildet die mittelfristige Finanzvorschau, die einen Überblick über die finanzielle Entwicklung der nächsten fünf Jahre liefern soll. In erster Linie dient sie einer umfassenden Information und Dokumentation der zukünftigen Finanzlage des Hessischen Rundfunks. Die darin enthaltenen Vorgaben werden für die Erstellung des jährlichen detaillierten Finanzplans verwendet und durch ein rollierendes System aktualisiert. Dabei werden die Berechnungen des jeweils neuen (fünften) Jahres angehängt.

Die mittelfristige Finanzvorschau spielt bei den Begründungen für eine weitere Gebührenanpassung eine besondere Rolle. Die in diesen Berechnungen aufgeführten entstehenden Defizite haben sich in der Realität bis auf wenige Ausnahmen nicht bestätigt. Einerseits kann dies auf die oft zu pessimistisch betrachtete Lage der Anstalt zurückgeführt werden. Andererseits wirkten sich aber auch recht effektive Sparmaßnahmen, die angesichts einer solchen Situation unabdingbar waren, positiv auf die realen Ergebnisse der Folgejahre aus.

2. Der Jahresabschluß

Der Hessische Rundfunk legt seine Jahresrechnung seit 1987 nach den geltenden Vorschriften des Handelsgesetzbuchs (HGB) vor und veröffentlicht diese gem. Rdnr. 35 der Finanzordnung hr im Staatsanzeiger für das Land Hessen. Darin werden die Gliederungs- und Bewertungsvorschriften für große Kapitalgesellschaften verwendet, sofern nicht rundfunkspezifische Erfordernisse eine Abweichung gebieten[204].

Der Jahresabschluß des Hessischen Rundfunks besteht, im Unterschied zu den Abschlüssen einiger anderer Landesrundfunkanstalten, aus Bilanz, Ertrags- und Aufwandsrechnung, Anhang und Lagebericht. Dieser wird alljährlich zusammen mit einigen anderen Statistiken und Erläuterungen in dem Geschäftsbericht des hr veröffentlicht[205].

a) Die Vermögensrechnung (Bilanz)

In der Vermögensrechnung, die der Bilanz eines privatwirtschaftlichen Unternehmens entspricht, werden alle Bestandskonten der Buchhaltung zusammengefaßt. Sie zeigen stichtagsbezogen die Vermögenslage des Hessischen Rundfunks auf. Die z. Zt. aktuelle Veröffentlichung der Vermögensrechnung des hr für das Jahr 1988 liefert die folgende Abbildung.

---

204 ARD-Jahrbuch 1988, S. 125.

205 Eine kritische Analyse der von den Rundfunkanstalten publizierten externen Rechnungslegung findet sich bei König, Zielorientierte externe Rechnungslegung für die öffentlich-rechtlichen Rundfunkanstalten in der Bundesrepublik Deutschland, S. 88 ff.

Vermögensrechnung zum 31. Dezember 1988

Aktiva

	DM	Stand am 31. 12. 1988 DM	Vorjahr TDM
A. Anlagevermögen			
I. Immaterielle Vermögensgegenstände			
1. Gewerbliche Schutzrechte und ähnliche Rechte und Werte sowie Lizenzen an solchen Rechten und Werten	682.231,95		766
2. Geleistete Anzahlungen	386.004,54		160
		1.068.236,49	926
II. Sachanlagen			
1. Grundstücke, grundstücksgleiche Rechte und Bauten einschließlich der Bauten auf fremden Grundstücken	106.347.339,99		107.503
2. Technische Anlagen und Maschinen	65.373.212,43		63.706
3. Andere Anlagen, Betriebs- und Geschäftsausstattung	10.986.478,90		10.172
4. Geleistete Anzahlungen und Anlagen im Bau	49.148.456,51		25.853
		231.855.487,83	207.234
III. Finanzanlagen			
1. Beteiligungen	352.375,—		352
2. Ausleihungen an Unternehmen, mit denen ein Beteiligungsverhältnis besteht	22.461,67		23
3. Wertpapiere des Anlagevermögens	138.870.654,90		128.647
4. Sonstige Ausleihungen	1.561.565,65		1.601
		140.807.057,22	130.623
		373.730.781,54	338.783
B. Programmvermögen			
I. Hörfunk		1,—	0
II. Fernsehen			
1. Fertige Produktionen	36.502.823,11		29.698
2. Unfertige Produktionen	15.658.943,59		25.065
3. Geleistete Anzahlungen	10.320.059,49		11.672
		62.481.826,19	66.435
III. Archivmaterial		4,—	0
		62.481.831,19	66.435
C. Umlaufvermögen			
I. Roh-, Hilfs- und Betriebsstoffe		3.372.042,98	3.314
II. Forderungen und sonstige Vermögensgegenstände			
1. Forderungen aus Lieferungen und Leistungen	12.468.940,09		11.101
2. Forderungen gegen Unternehmen, mit denen ein Beteiligungsverhältnis besteht	34.527.417,89		25.701
3. Sonstige Vermögensgegenstände	12.981.125,66		12.570
davon mit einer Restlaufzeit von mehr als einem Jahr DM 27.894,— (Vorjahr DM 32.038,—)		59.977.483,64	49.372
III. Wertpapiere			
Sonstige Wertpapiere		172.066.020,50	68.717
IV. Kassenbestand, Postgiroguthaben, Guthaben bei Kreditinstituten		80.926.557,92	169.884
		316.342.105,04	291.287
D. Rechnungsabgrenzungsposten		-	4
		752.554.717,77	696.509

(Quelle: hr-Geschäftsbericht 1988, S. 54 f.)

Passiva

	DM	Stand am 31. 12. 1988 DM	Vorjahr TDM
A. Anstaltseigenes Kapital			
Vortrag	103.893.563,55		105.692
Entnahme	40.691.085,49		1.799
Gesamt		63.202.478,06	103.893
B. Rückstellungen			
1. Rückstellungen für Pensionen und ähnliche Verpflichtungen	514.796.400,—		463.181
2. Steuerrückstellungen	54.970.000,—		29.865
3. Sonstige Rückstellungen	79.566.890,—		61.752
		649.333.290,—	554.798
C. Verbindlichkeiten			
1. Verbindlichkeiten aus Lieferungen und Leistungen	27.367.801,08		20.539
davon mit einer Restlaufzeit bis zu einem Jahr DM 27.367.801,08 (Vorjahr DM 20.538.640,—)			
2. Sonstige Verbindlichkeiten	12.048.893,19		16.595
davon aus Steuern DM 2.695.245,68 (Vorjahr DM 2.765.004,04)			
davon im Rahmen der sozialen Sicherheit DM 3.730.928,31 (Vorjahr DM 3.788.595,88)			
davon mit einer Restlaufzeit bis zu einem Jahr DM 12.048.893,19 (Vorjahr DM 16.595.073,72)		39.416.694,27	37.134
D. Rechnungsabgrenzungsposten		602.255,44	684
		752.554.717,77	696.509

Abb. 28: Vermögensrechnung des hr zum 31. 12. 1988

Neben dem Anlage- und Umlaufvermögen wurde in der Vermögensrechnung des hr 1987 erstmals das Programmvermögen entsprechend dem ARD-einheitlichen Gliederungsschema als eigener Posten ausgewiesen. Darin sind die noch nicht ausgestrahlten sendefähigen Fernsehproduktionen des hr und dessen Anteil am DFS-Programmvermögen[206] bilanziert. Die Bewertung erfolgte trotz der Umstellung unverändert gemäß den Vorschriften für das Umlaufvermögen zu Einzelkosten[207].

Durch den unausgeglichenen Saldo der Ertrags- und Aufwandsrechnung erfolgt eine Beeinflussung des anstaltseigenen Kapitals. Diese Veränderungen werden in der Bilanz unter dem Posten der Einstellung bzw. Entnahme des Kapitals gesondert aufgeführt[208].

b) Die Ertrags- und Aufwandsrechnung und die Abrechnung des Ertrags- und Aufwandsplans

Der Gewinn- und Verlustrechnung (GuV) eines privatwirtschaftlichen Unternehmens entspricht die Ertrags- und Aufwandsrechnung des hr. Im Unterschied zu einem auf Gewinnmaximierung ausgerichteten Betrieb wird eine ausgeglichene GuV-Rechnung angestrebt.

Die Abrechnung des Ertrags- und Aufwandsplans stellt am Ende des Jahres einen geeigneten Soll-Ist-Vergleich dar. Dieser kann als ein Indikator gesehen werden, wie gut die Anstalt die Realisation der Haushaltsplanung verwirklichen konnte. Die folgenden Abbildungen 29 und 30 zeigen sowohl die Ertrags- und Aufwandsrechnung des hr, sowie auch die Abrechnung des Ertrags- und Aufwandsplans der Anstalt für das Geschäftsjahr 1988.

Aufgrund der in Abb. 30 ausgewiesenen Mehrerträge und Mehraufwendungen ergibt sich im Jahr 1988, im Gegensatz zu den Jahren zuvor, erstmals ein „Schlechterergebnis" in Höhe von 8,28 Mio DM gegenüber den Ansätzen des Ertrags- und Aufwandsplans[209] (Verlustergebnis von rd. 40,7 Mio DM gegenüber geplanten 32,5 Mio DM).

Damit wurde die langjährige Reihe der „Besserergebnisse" gegenüber den Planansätzen erstmals unterbrochen. Begründet wurde dies von Seiten der Anstalt durch die Bildung außerordentlicher Pensionsrückstellungen (24,5 Mio DM), die aufgrund des Abschlusses des Tarifvertrags im Laufe des Jahres 1988 vorgenommen werden mußten. Ansonsten wäre auch für dieses Jahr ein „Besserergebnis" in Höhe von rd. 16,22 Mio DM ausgewiesen worden[210].

---

206 Deutsches Fernsehen (DFS) Gemeinschaftsprogramm der ARD-Anstalten.

207 ARD-Jahrbuch 1988, S. 126.

208 Siehe auf der Passivseite der Vermögensrechnung (Abb. 28) unter „A. Anstaltseigenes Kapital/Entnahme".

209 hr-Geschäftsbericht 1988, S. 70.

210 hr-Geschäftsbericht 1988, S. 53.

Ertrags- und Aufwandsrechnung für die Zeit vom 1. Januar bis 31. Dezember 1988

	DM	1988 DM	Vorjahr TDM
1. Erträge aus Gebühren			
Hörfunkgebühren (Grundgebühren)		148.885.523,05	142.911
Fernsehgebühren	278.374.384,83		269.908
./. ZDF-Anteil gemäß Staatsvertrag	./.81.855.031,23	196.519.353,60	./. 80.972
		345.404.876,65	331.847
2. Erhöhung (+) oder Verminderung (./.) des Bestandes an fertigen und unfertigen Produktionen		./. 2.601.650,37	+ 10.558
3. Sonstige betriebliche Erträge			
a) Erträge aus Kostenerstattungen	139.850.753,48		132.224
b) Andere Betriebserträge	13.800.611,77	153.651.365,25	10.960
4. Personalaufwand			
a) Löhne und Gehälter	144.781.219,08		143.005
b) Soziale Abgaben und Aufwendungen für Unterstützung	22.412.034,27		20.991
c) Aufwendungen für Altersversorgung	78.914.967,91	246.108.221,26	53.487
5. Aufwand für bezogene Leistungen/Materialaufwand			
a) Aufwendungen für bezogene Leistungen			
– Urheber-, Leistungs- und Herstellervergütungen	70.176.252,46		65.176
– Anteil an Programmgemeinschaftsaufgaben und Koproduktionen	25.812.263,25		19.412
– Produktionsbezogene Fremdleistungen	7.712.404,61	103.700.920,32	7.093
b) Aufwendungen für Roh-, Hilfs- und Betriebsstoffe und für bezogene Waren		13.225.395,55	12.928
c) Technische Leistungen der DBP (VTL)		35.023.501,19	32.642
6. Abschreibungen auf immaterielle Vermögensgegenstände des Anlagevermögens und Sachanlagen		29.653.837,67	26.999
7. Sonstige betriebliche Aufwendungen			
a) Aufwendungen für den Gebühreneinzug	13.982.777,49		13.392
b) Übrige betriebliche Aufwendungen	76.898.241,58	90.881.019,07	74.293
8. Zuwendungen an andere Rundfunkanstalten gemäß Staatsvertrag			
a) Zuwendungen zum Finanzausgleich der Landesrundfunkanstalten	8.520.612,—		8.269
b) Zuwendungen an Deutschlandfunk	4.861.488,—	13.382.100,—	4.862
9. Erträge aus anderen Wertpapieren und Ausleihungen des Finanzanlagevermögens		9.983.116,37	9.636
10. Sonstige Zinsen und ähnliche Erträge		10.708.704,77	10.191
11. Abschreibungen auf Finanzanlagen und Wertpapiere des Umlaufvermögens			
– auf Anlagevermögen	63.217,—		24
– auf Umlaufvermögen	827.394,05	890.611,05	4
12. Zinsen und ähnliche Aufwendungen		91.262,17	536
13. Ergebnis der gewöhnlichen Geschäftstätigkeit		./. 15.810.455,61	+ 22.303
14. Steuern vom Einkommen und vom Ertrag		23.600.000,—	24.000
15. Sonstige Steuern		1.280.629,88	102
16. Jahresfehlbetrag		./. 40.691.085,49	./. 1.799

(Quelle: hr-Geschäftsbericht 1988, S. 57) Abb. 30:

Abb. 29: Ertrags- und Aufwandsrechnung des hr für die Zeit vom 1. 1. bis 31. 12. 1988

Abrechnung des Ertrags- und Aufwandsplans 1988

A. Erträge

30	Erträge aus Hörfunkgebühren Erträge aus Fernsehgebühren
31	Bestandsveränderungen
32	Erträge aus Kostenerstattungen
33–35	Sonstige betriebliche Erträge
37	Erträge aus Beteiligungen
38	Erträge aus anderen Wertpapieren des Finanzanlagevermögens, sonstige Zinsen und ähnliche Erträge
91	Fehlbetrag aus dem Ertrags- und Aufwandsplan (Auflösung von Kapital)

B. Aufwendungen

40	Personalaufwendungen
41	Soziale Abgaben, Aufwendungen für Unterstützung und Altersversorgung
42	Urheber-, Leistungs- und Herstellervergütungen
43	Anteil an Programmgemeinschaftsaufgaben und Koproduktionen, produktionsbezogene Fremdleistungen
44	Aufwendungen für Roh-, Hilfs- und Betriebsstoffe und für bezogene Waren
45	Technische Leistungen der DBP, Abschreibungen, Aufwendungen für den Gebühreneinzug
46–48	Übrige betriebliche Aufwendungen
49	Zuwendungen an andere Rundfunkanstalten gemäß Staatsvertrag, Abschreibungen auf Finanzanlagen und Wertpapiere des Umlaufvermögens, Zinsen und ähnliche Aufwendungen, außerordentliche Aufwendungen, Steuern, Verstärkungsmittel

*) Zuweisung der allgemeinen Verstärkungsmittel:
Gruppe 45 = DM 320.000,—
Gruppe 49 = DM 680.000,—

Ist DM	Haushaltsplan einschließlich Nachträge DM	Unterschied zwischen Ist und Soll mehr DM	weniger DM
1	2	3	4
148.885.523,05	146.840.000,—	2.045.523,05	–
196.519.353,60	194.020.000,—	2.499.353,60	–
./. 2.601.650,37	1.550.000,—	–	4.151.650,37
139.850.753,48	125.685.000,—	14.165.753,48	–
13.800.611,77	10.998.000,—	2.802.611,77	–
–	–	–	–
20.691.821,14	21.100.000,—	–	408.178,86
517.146.412,67	500.193.000,—	21.513.241,90	4.559.829,23
40.691.085,49	32.411.000,—	8.280.085,49	–
557.837.498,16	532.604.000,—	29.793.327,39	4.559.829,23
144.781.219,08	148.235.000,—	–	3.453.780,92
101.327.002,18	75.626.000,—	25.701.002,18	–
70.176.252,46	71.322.000,—	–	1.145.747,54
33.524.667,86	34.913.000,—	–	1.388.332,14
13.225.395,55	14.295.000,—	–	1.069.604,45
78.660.116,35	*) 78.662.000,—	–	1.883,65
76.898.241,58	79.271.000,—	–	2.372.758,42
39.244.603,10	*) 30.280.000,—	8.964.603,10	–
557.837.498,16	532.604.000,—	34.665.605,28	9.432.107,12

(Quelle: hr-Geschäftsbericht 1988, S. 58 f.)

Abb. 30: Abrechnung des Ertrags- und Aufwandsplans 1988

Um sich eine genaue Vorstellung von der wirtschaftlichen Lage des hr machen zu können, ist es erforderlich zu erfahren, welche Erträge bzw. Aufwendungen zu einer Position zusammengefaßt werden. Diese Information spielt für eine Bewertung des Finanzgebarens eine wichtige Rolle. Beispielhaft soll dies an der Position 40 „Personalaufwendungen"[211] gezeigt werden. Die ausgewiesene Gesamtsumme setzt sich aus insgesamt 22 in einzelnen Untertiteln aufgegliederten Beträgen zusammen[212]. Dabei handelt es sich um Aufwendungen für:

— Vergütungen Planstellen,

— Weihnachtszuwendungen Planstellen,

— Jubiläumszuwendungen,

— Rückstellungen für Jubiläumszuwendungen,

— Vergütungen für Arbeitnehmer mit Zeitverträgen (ohne Planstellen),

— Vergütungen für Ortskräfte in Auslandsstudios,

— Vergütungen Aushilfen,

— Ausbildungsvergütungen Volontäre, Praktikanten,

— Ausbildungsvergütungen für Auszubildende,

— Weihnachtszuwendungen für Auszubildende,

— Auslandszuschläge,

— Aufwendungen für Urlaubsverpflichtungen,

— Dienstaufwandsentschädigungen,

— Funktions-, Leistungs- und ähnliche Zulagen,

— Selbstfahrervergütungen,

— Mehrarbeit-Vergütungen,

— Zeitzuschläge,

— Instrumenten- und Kleidergelder,

— KFZ-Pauschale für dienstliche Benutzung privater PKW,

— Familienzuschläge,

— Abfindungs- und Übergangsgelder,

— übrige Arbeitsentgelte.

---

211 Zu den Determinanten des Personalbedarfs siehe Fünfgeld, in: Eichhorn, v. Loesch (Hrsg.), Rundfunkökonomie, S. 62, 66 ff.

212 Siehe Vorläufige Abrechnung des Ertrags- und Aufwandsplanes des hr für das Jahr 1988.

In den Personalaufwendungen sind u. a. nicht enthalten[213]:

- Aufwendungen für Mitarbeiter der ausgegliederten Gemeinschaftsaufgaben der ARD, wie z. B. für die Gestaltung des Vormittagsprogramms, der Tagesschau, der Tagesthemen oder auch für Tätigkeiten im Zusammenhang mit dem Gebühreneinzug,
- Aufwendungen für die große Zahl der freien Mitarbeiter, deren Aufwendungen bei den Urheber-, Leistungs-, und Herstellervergütungen veranschlagt werden.

c) Die Finanzrechnung und die Abrechnung des Finanzplans

In diesem Teil des Jahresabschlusses werden die Quellen der Finanzierung, sowie deren Verwendung aufgeführt. Insbesondere wird aus der Finanzrechnung ersichtlich, ob und in welchem Umfang im Rechnungsjahr die erforderlichen Finanzmittel von der Anstalt selbst erwirtschaftet oder durch Inanspruchnahme des Eigenkapitals bzw. von Fremdmitteln beschafft worden sind.

Die Abrechnung des Finanzplans stellt den Soll-Ist-Vergleich der Einnahmen und Ausgaben des betreffenden Geschäftsjahres dar. Aus dieser Aufstellung (siehe Abb. 31) geht u. a. unter den Posten der Mittelverwendung (bzw. in der Spalte der Ist-Ausgaben) auch der zu finanzierende Fehlbetrag der Ertrags- und Aufwandsplan-Abrechnung hervor (1988 waren dies rd. 40,7 Mio DM). In den Jahren zuvor wurde dieses Ergebnis in den Haushaltsrechnungen stets schlechter geplant, als es in der Realität ausfiel. Dadurch konnte die Möglichkeit genutzt werden, andere Ausgaben, mit deren Höhe man nicht gerechnet hatte (z. B. die Programmausgaben), zu kompensieren.

Die als Haushaltsrestevortrag für das Jahr 1989 aufgeführten Beträge stellen die von den Gremien bewilligten Einnahmen oder Ausgaben dar, die jedoch erst in den Folgejahren verwendet werden dürfen.

Von dem Gesamtbetrag (rd. 146,8 Mio DM) sind lediglich etwa 19 Mio DM bereits durch Aufträge verfügt. In den restlichen ca. 127,8 Mio DM sind rd. 82,2 Mio DM für die größeren Bauvorhaben des hr zu Beginn der 90er Jahre enthalten, sowie weitere rd. 35,6 Mio DM für Investitionen, die sich im Planungsstadium bzw. in einer Entwicklungsphase befinden, in der keine Zahlungen fällig werden[214]. Die in der Planungsphase vorzunehmende Bestimmung dieser in den Haushaltsresten gebundenen Liquidität beinhaltet sehr viele Unsicherheitsfaktoren, da sie sich beispielsweise bei Baumaßnahmen auf Kostenvoranschläge oder ähnliche fremde Kalkulationen stützt. Doch auch in der sog. freien Liquidität ergeben sich erhebliche Soll-Ist-Differenzen.

---

213 Siehe Vorläufige Abrechnung des Ertrags- und Aufwandsplanes des hr für das Jahr 1988; siehe auch 6. KEF-Bericht, Tz. 89 und 90 sowie Tz. 367.

214 hr-Geschäftsbericht 1988, S. 53.

Abrechnung des Finanzplans 1988

		Ist		
		Einnahmen/ Ausgaben DM	Haushaltsreste- vortrag (1989) DM	Insgesamt DM
		1	2	3
A.	**Einnahmen**			
	Bestand an Investitionsmitteln zum 1. 1. 1988	136.364.000,—	–	136.364.000,—
	Mittel aus:			
090	Anlagenabgängen	125.430,84	–	125.430,84
091	Abschreibungen	29.653.837,67	–	29.653.837,67
093	Wertpapierabgängen (Anlagevermögen)	5.138.100,—	–	5.138.100,—
094	Darlehensrückflüssen	106.057,76	–	106.057,76
095	Sonstigem	2.219.743,28	–	2.219.743,28
096	Programmvermögen (Verminderung)	2.601.650,37	–	2.601.650,37
097	Zuführung zu Pensionsrückstellungen	54.209.404,—	–	54.209.404,—
098	Verlust im kurzfristigen Bereich			
	– Abnahme des kurzfristigen Bereichs	27.836.138,49	–	27.836.138,49
	– Darlehensaufnahme/Kreditermächtigung	–	–	–
		258.254.362,41	–	258.254.263,41
B.	**Ausgaben**			
00	Gewerbliche Schutzrechte und ähnliche Rechte	670.048,48	738.000,—	1.408.048,48
01	Grundstücke, grundstücksgleiche Rechte und Bauten einschließlich der Bauten auf fremden Grundstücken	1.124.273,53	1.059.000,—	2.183.273,53
02	Technische Anlagen und Maschinen	10.378.923,63	4.607.000,—	14.985.923,63
03	Andere Anlagen, Betriebs- und Geschäftsausstattung	5.405.761,22	1.925.000,—	7.330.761,22
04	Geleistete Anzahlungen (01 – 03) und Anlagen im Bau	36.964.125,15	137.257.000,—	174.221.125,15
07	Wertpapiere des Anlagevermögens, Beteiligungen	15.424.685,50	–	15.424.685,50
08	Sonstige Ausleihungen	57.400,—	–	57.400,—
10	Anzahlungen für Programmvermögen	399.708,32	1.248.000,—	1.647.708,32
11	Roh-, Hilfs- und Betriebsstoffe	57.818,42	–	57.818,42
13	Sonstige Vermögensgegenstände	237.532,67	–	237.532,67
29	Wertberichtigungen auf Finanzanlagen	9.000,—	–	9.000,—
91	Übernahme/Fehlbetrag aus dem Ertrags- und Aufwandsplan	40.691.085,49	–	40.691.085,49
	Zwischensumme	111.420.362,41	146.834.000,—	258.254.362,41
	Haushaltsrestevortrag auf 1989	*) 146.834.000,—		
		258.254.362,41		

*) Davon durch Aufträge verfügt: DM 19.046.466,43
Noch nicht verfügt: DM 127.787.533,57

**) Zuweisung der Verstärkungsmittel:

07 =	DM	30.000,—
11 =	DM	58.000,—
13 =	DM	125.000,—
29 =	DM	9.000,—
91 =	DM	278.000,—
	DM	500.000,—

Haushaltssoll				Unterschied der Spalte 3 zu Spalte 7	
Haushaltsplan DM	Nachträge DM	Haushaltsreste aus Vorjahr DM	Insgesamt DM	mehr DM	weniger DM
4	5	6	7	8	9
–	–	136.364.000,—	136.364.000,—	–	–
45.000,—	–	–	45.000,—	80.430,84	–
27.900.000,—	1.535.000,—	–	29.435.000,—	218.837,67	–
2.163.000,—	–	–	2.163.000,—	2.975.100,—	–
150.000,—	–	–	150.000,—	–	43.942,24
617.000,—	–	–	617.000,—	1.602.743,28	–
–	–	–	–	2.601.650,37	–
26.467.000,—	2.300.000,—	–	28.767.000,—	25.442.404,—	–
65.753.000,—	./. 7.619.000,—	–	58.134.000,—	–	30.297.861,51
4.070.000,—	./. 4.070.000,—	–	–	–	–
127.165.000,—	./. 7.854.000,—	136.364.000,—	255.675.000,—	32.921.166,16	30.341.803,75
563.000,—	–	846.000,—	1.409.000,—	–	951,52
1.548.000,—	–	1.155.000,—	2.703.000,—	–	519.726,47
9.956.000,—	156.000,—	5.147.000,—	15.259.000,—	–	273.076,37
6.029.000,—	361.000,—	1.386.000,—	7.776.000,—	–	445.238,78
50.393.000,—	2.430.000,—	127.198.000,—	180.021.000,—	–	5.799.874,85
**) 12.450.000,—	–	–	12.450.000,—	2.974.685,50	–
200.000,—	–	–	200.000,—	–	142.600,—
1.131.000,—	1.100.000,—	632.000,—	2.863.000,—	–	1.215.291,68
**) 58.000,—	–	–	58.000,—	–	181,58
**) 238.000,—	–	–	238.000,—	–	467,33
**) 9.000,—	–	–	9.000,—	–	–
**) 44.590.000,—	./. 11.901.000,—	–	32.689.000,—	8.002.085,49	–
127.165.000,—	./. 7.854.000,—	136.364.000,—	255.675.000,—	10.976.770,99	8.397.408,58

(Quelle: hr-Geschäftsbericht 1988, S. 60 f.)

Abb. 31: Abrechnung des Finanzplans 1988

Im Geschäftsjahr 1988 betrug der Fehlbetrag der Finanzrechnung rd. 27,8 Mio DM. Dieser konnte allerdings noch durch eine Abnahme der liquiden Mittel des kurzfristigen Bereichs[215] kompensiert werden. Gegenüber dem prognostizierten Defizit des Planansatzes mit ca. 58,13 Mio DM ergab sich dennoch wiederum ein Besserergebnis von rd. 30,29 Mio DM[216].

---

215 Siehe Abb. 31 unter „A. Einnahmen — Konto-Nr. 098“.

216 hr-Geschäftsbericht 1987, S. 53.

d) Die Prüfung des Jahresabschlusses

Die Jahresrechnung des Hessischen Rundfunks unterliegt aufgrund der Bestimmung des § 19 Satz 1 HRG der Prüfung durch den Rechnungshof des Landes Hessen. Darüber hinaus besteht gem. § 17 HR-Satzung die Pflicht einer Prüfung durch einen vom Verwaltungsrat benannten Wirtschaftsprüfer. Der vom Prüfer erstellte Bericht sollte nach Rdnr. 363 Finanzordnung hr insbesondere die Ursachen für noch nicht genehmigte über- und außerplanmäßige Aufwendungen/ Ausgaben enthalten, um den Aufsichtsorganen eine Grundlage für ihre Entscheidung über die Genehmigung dieser Überschreitungen zu geben.

Dieser Bericht dient auch dem Verwaltungsrat als Unterlage zur Prüfung der Jahresrechnung, die er daraufhin gem. § 15 Abs. 1 Ziff. 3 HRG dem Rundfunkrat vorzulegen hat. Durch den Beschluß und die Stellungnahme des Rundfunkrats werden der Jahresabschluß und die darin evtl. enthaltenen Überschreitungen genehmigt bzw. abgelehnt.

3. Zur aktuellen Diskussion über die beim Hessischen Rundfunk durchzuführenden Sparmaßnahmen

Durch die nach Meinung des hr-Intendanten Prof. Hartwig Kelm verspäteten und zu gering ausgefallenen Gebührenerhöhung[217], die ab dem 1. 1. 1990 in Kraft trat, gerate der Sender in den nächsten Jahren in ein dreistelliges Millionendefizit, das aus eigener Kraft nicht mehr ausgeglichen werden könne[218]. Durch diese Situation sah sich der Rundfunkrat veranlaßt, entsprechende Sparmaßnahmen zu fordern.

a) Die vom Rundfunkrat auferlegte Sperrung eines Teils des Haushaltsplans

Einen ersten Schritt, die drohende Verschuldung des hr zu umgehen, erfolgte in der Kürzung der für das Jahr 1989 bewilligten Mittel des Haushaltsplans. Der Rundfunkrat folgte damit einer entsprechenden Empfehlung des Finanzausschusses, indem er den Intendanten verpflichtete, drei Prozent der im Jahr 1989 vorgesehenen Aufwendungen zu sperren[219]. Bei einem Umfang des jährlichen Haushalts von rd. 550 Mio DM bedeutete dies eine Verringerung von etwa 16,5 Mio DM[220].

---

217 Vgl. die Pressenotiz „Hessischer Rundfunk klagt“, in: FAZ vom 20. 12. 1988.

218 Vgl. die Pressenotiz „HR muß Millionen Mark einsparen“, in: FR, Nr. 297, vom 21. 12. 1988.

219 Vgl. die Pressenotiz „Hessischer Rundfunk soll sparen“, in: FAZ vom 23. 12. 1988.

220 Vgl. die Pressenotiz „HR muß Millionen Mark einsparen“, in: FR, Nr. 297, vom 21. 12. 1988.

Der Intendant verwies des öfteren auf die Schwierigkeit, diese Ausgabenkürzungen nicht ohne Einsparungen bei den Programmleistungen vornehmen zu können, da nur etwa 10 Mio DM als nicht programmbezogene Mittel gestrichen werden könnten. Er forderte daher die Verrechnungsmöglichkeit der gekürzten Aufwendungen mit den Mehreinnahmen, die sich möglicherweise im Verlauf des Jahres 1989 gegenüber dem Etatansatz des Jahresbeginns ergeben. Diese Einnahmeverbesserungen waren aus den Werbeerträgen, den Programmvorräteverwertungen und auch aus zusätzlichen Gebührenmitteln zu erwarten[221]. Dazu zählten vor allem jene 50 % des für die Hessische Landesanstalt für den privaten Rundfunk vorgesehenen 2%-Anteils des Gebührenaufkommens, die bis Ende 1991 beim hr verbleiben.

Nach umfangreichen Diskussionen und heftiger Kritik von Seiten der Mitarbeiter und der Journalistenorganisationen[222] modifizierte der Rundfunkrat letztendlich seinen Sparbeschluß und willigte der „Verrechnungs"-Alternative ein.

Als eine Sparmaßnahme kann die Verrechnung der zu vermeidenden Ausgaben mit den etwaigen Mehreinnahmen des Hessischen Rundfunks jedoch keinesfalls angesehen werden. Denn die Erzielung weiterer Einnahmen bedeutet effektiv keine Einsparung finanzieller Mittel.

b) Zur Diskussion über die in der mittelfristigen Finanzvorschau des Hessischen Rundfunks ausgewiesenen Defizite

Der vom hr-Intendanten Prof. Hartwig Kelm gegen Ende des Jahres 1988 vorgelegte mittelfristige Finanzplan weist bis zum Jahre 1992 einen Kapitalfehlbetrag von rd. 132 Mio DM aus. Dieses Defizit sollte durch eine entsprechende Kreditaufnahme kompensiert werden. Der Rundfunkrat lehnte eine derartige Neuverschuldung ab und forderte darüber hinaus den Intendanten auf, bis zum 30. 6. 1989 eine neue schuldenfreie mittelfristige Finanzvorschau für die Jahre 1990 bis 1992 vorzulegen[223]. Darin sollte aufgezeigt werden, wie durch entsprechende Einsparungen und Ausgabenkürzungen ein negatives Eigenkapital vermieden werden könnte und welche Konsequenzen sich daraus ergeben[224].

Der Vorsitzende des hr-Rundfunkrats, Ignatz Bubis, meinte, daß es sich bei den beschlossenen Sparmaßnahmen um eine reine Vorsichtsmaßnahme[225] handele und er nicht tatenlos mitansehen könne, wie der hr in den nächsten Jahren immer

221 Vgl. die Pressenotiz „Wird Finanzbeschluß neu interpretiert?", in: FR Nr. 64, vom 16. 3. 1989.

222 Vgl. die Pressenotiz „HR-Rundfunkrat ändert Sparbeschluß", in: FAZ, vom 22. 4. 1989.

223 Vgl. die Pressenotiz „HR muß Millionen Mark einsparen", in: FR Nr. 297 vom 21. 12. 1988.

224 Vgl. die Pressenotiz „HR muß Millionen Mark einsparen", in: FR Nr. 297 vom 21. 12. 1988.

tiefer in die roten Zahlen[226] gerate. Die weitere Entwicklung der Finanzlage des Hessischen Rundfunks könne auch nicht durch die kommende Gebührenerhöhung zu Beginn 1990 ausschlaggebend verbessert werden, da auch in diesem Jahr bereits mit einem Verlust von 30 Mio DM gerechnet wird. Die folgende Aufstellung (siehe Abb. 32) soll anhand der Ergebnisse der Planungsrechnung des hr das Zustandekommen eines derartigen Defizits veranschaulichen.

Jahr	1988	1989	1990	1991	1992
Verlust	32 Mio	53 Mio	30 Mio[227]	47 Mio	73 Mio
Eigenk.:	71 Mio	18 Mio	- 12 Mio	- 59 Mio	- 132 Mio

(Quelle: Eigene Darstellung anhand der Angaben in den Berichten der FR Nr. 297 vom 21. 12. 1988

Abb. 32: Tabelle zur Entstehung des 132 Mio Defizits in der 5-Jahresplanung des hr und FR Nr. 57 vom 8. 3. 1989)

Zu einem solchen „Minusrekord"[228], wie er in der Finanzplanung vorausberechnet wurde, dürfe es jedoch auf keinen Fall kommen. Nach Meinung des Rundfunkrats wären durch Kürzungen auf der Aufwandseite Einsparungen in Höhe von rd. 90 Mio DM bis zum Jahre 1992 möglich. Diese könnten in erster Linie bei den Produktionskosten im Fernsehbereich, bei Aufwendungen im Sektor Personal wie auch bei den Reisekosten, die mit etwa 10 Mio DM pro Jahr zu hoch angesetzt seien[229], erfolgen. Für die Herstellung von Funk- und Fernsehprogrammen des Hessischen Rundfunks dürften keinesfalls Kredite aufgenommen werden. Eine Verschuldung ist, wie sich aus § 18 Abs. 2 Satz 2 HRG ergibt, nur für die dort genannten Maßnahmen zulässig.

Die vom hr-Intendanten Anfang Juli 1989 vorgelegte neue mittelfristige Finanzvorschau bis zum Jahre 1992 enthielt nur noch einen Kapitalfehlbetrag in Höhe von 40 Mio DM[230]. Diese Verbesserung konnte zum Teil ebenfalls nur

[225] Vgl. die Pressenotiz „Keine Kredite für die Programmherstellung", in: FR Nr. 57, vom 8. 3. 1989.

[226] Vgl. die Pressenotiz „Keine Kredite für die Programmherstellung", in: FR Nr. 57, vom 8. 3. 1989.

[227] Selbst durch die im Jahre 1990 durchgeführte Gebührenerhöhung werde nach diesem Plan der Hessische Rundfunk nicht aus der Verlustzone herauskommen.

[228] Vgl. die Pressenotiz „Keine Kredite für die Programmherstellung", in: FR Nr. 57, vom 8. 3. 1989.

[229] Vgl. die Pressenotiz „Keine Kredite für die Programmherstellung", in: FR Nr. 57, vom 8. 3. 1989.

[230] Vgl. die Pressenotiz „HR: Kapitaldefizit nur noch 40 Millionen Mark", in: FR, Nr. 153 vom 6. 7. 1989, S. 9.

durch eine Verrechnung der Mehreinnahmen der Sendeanstalt in den nächsten Jahren erreicht werden. Ebenso beschränkten sich die geplanten Ausgabenkürzungen wiederum ausschließlich auf den Nicht-Programmbereich.

Dieser Finanzplan wurde zwar vom Rundfunkrat zur Kenntnis genommen, jedoch mit der Auflage versehen, beim Haushaltsvollzug weitere Einsparungen vorzunehmen, um das negative Eigenkapital weiter zu senken[231]. Der Intendant wurde außerdem noch aufgefordert, Möglichkeiten für weitere Einsparungen aufzuzeigen, mit denen das verbliebene Minus von 40 Millionen Mark unter Umständen komplett getilgt werden könnte[232].

c) Schlußfolgerungen

Die in den vorstehenden Kapiteln angesprochenen Sparbeschlüsse des Rundfunkrats zeigen deutlich den Trend, daß die internen Kontrollorgane des Hessischen Rundfunks, angesichts der pessimistisch beurteilten finanziellen Lage, immer stärker zu entsprechenden Mitteln greifen müssen, um einer sich weiter verschlechternden Entwicklung Einhalt zu bieten. Wie schwer es der Geschäftsleitung des hr fällt, gewisse Sparmaßnahmen zu treffen, zeigte sich bei den Reaktionen auf die 3%-Kürzung der Ausgaben des Haushaltsplans 1989. Für diese mußten keine Einsparungen getätigt werden, da sich der Rundfunkrat auf eine Verrechnung mit den sich ergebenden Mehreinnahmen des Jahres 1989 begnügte. Auch im Zusammenhang mit dem 132-Millionen-Defizit, das sich trotz einer weiteren Gebührenerhöhung aus der zunächst vom Rundfunkrat abgelehnten mittelfristigen Finanzvorschau ergab, wird deutlich, daß bei dem hr, im Gegensatz zu einigen anderen Landesrundfunkanstalten, ein Kostendenken nicht ausgeprägt[233] ist.

Angesichts des Umstands, daß die tatsächlichen Ergebnisse der Haushaltsführung des Hessischen Rundfunks stets besser als geplant ausfielen und bereits bei den Planungen der neuen mittelfristigen Finanzvorschau das drohende Defizit teilweise abgebaut werden konnte, kann man gewisse Hoffnungen äußern, daß der hr in nächster Zukunft keineswegs in finanzielle Schwierigkeiten geraten wird. Gerade in diesen Fällen zeigt es sich, daß der Hessische Rundfunk, wenn es notwendig erscheint auch wirtschaftlich haushalten und sparen kann. Andererseits wird offenbar, daß bei ausreichend vorhandenem Finanzkapital derartige Überlegungen weniger beachtet und die durch den Haushaltsplan bereitgestellten Mittel recht großzügig ausgegeben werden.

---

231 Presseerklärung vom 10. 7. 1989 zu der Sitzung des Rundfunkrats am 7. 7. 1989.

232 Vgl. die Pressenotiz „HR: Kapitaldefizit nur noch 40 Millionen Mark", in: FR, Nr. 153 vom 6. 7. 1989, S. 9.

233 Vgl. die Pressenotiz „Keine Kredite für die Programmherstellung", in: FR Nr. 57, vom 8. 3. 1989.

Vierter Abschnitt

Umfang und Arten der Kontrolle der Mittelbeschaffung und Mittelverwendung

Die Finanzierung der öffentlich-rechtlichen Rundfunkanstalten, die vorwiegend zur Wahrung der Unabhängigkeit der Programmgestaltung durch gesetzliche Bestimmungen geregelt wird, ist im Grunde ausreichend gesichert. Beschränkungen der finanziellen Freizügigkeit und auch Beurteilungen der Haushaltsführung wurden von den Verantwortlichen der Rundfunkanstalten stets als ein Eingriff in die Rundfunkfreiheit angesehen. Andererseits bedingen die öffentlich-rechtliche Organisationsform sowie die öffentlich-rechtliche Regelung der Haupteinnahmequellen ein bestimmtes Maß an öffentlicher Kontrolle. In diesem Abschnitt soll untersucht werden, wie stark sich derartige interne und externe Aufsichtsmaßnahmen tatsächlich auswirken.

I. Rundfunkinterne Kontrolle

Eine Kontrolle sollte hinsichtlich des öffentlichen Auftrags der Sendeanstalt eher durch externe öffentliche Vertreter als durch interne Angehörige der Anstalt vorgenommen werden. Dennoch ergibt sich aus dem in § 1 Abs. 1 HRG festgelegten Selbstverwaltungsrecht der Sendeanstalt zwangsläufig auch das Recht einer sinnvollen Selbstkontrolle.

1. Die Kontrollfunktion der Organe des Hessischen Rundfunks

Durch den ausschließlich aus Vertretern der Öffentlichkeit zusammengesetzten Rundfunkrat und den Verwaltungsrat besteht die Möglichkeit, die vom Intendanten zu verantwortende Geschäftsführung des hr intern zu kontrollieren.

Inwiefern dies praktisch wahrgenommen werden kann, soll durch eine Darstellung der unterschiedlichen Aufgaben und Kompetenzbereiche, sofern diese in den Bereich der Finanzierung des hr fallen, näher erläutert werden.

a) Der Rundfunkrat

aa) Pluralistische Zusammensetzung und Repräsentanz der Allgemeinheit

Die Mitglieder des Rundfunkrats sollen gem. § 5 Abs. 1 Satz 1 HRG die Allgemeinheit auf dem Gebiete des Rundfunks vertreten. Daraus ergibt sich, daß dieses Gremium in Bezug auf die Finanzierung der öffentlich-rechtlichen Sendeanstalt dafür zu sorgen hat, daß die zur Verfügung gestellten Mittel nicht durch eine fehlerhafte Haushaltsführung zu sachfremden Zwecken verwendet werden. Die vom Rundfunkrat im Zusammenhang mit der beabsichtigten Kreditaufnahme des Senders im Jahr 1989 erlassenen Sparbeschlüsse sind ein deutliches Zeichen für eine ordnungsgemäße Durchführung seiner Kontrollaufgaben.

In Ausübung ihrer Tätigkeit sollen die Mitglieder nach § 5 Abs. 1 Satz 2 HRG keinesfalls als Vertreter einer Partei, einer Konfession oder einer Organisation wirken. Desweiteren dürfen sie weder an Aufträge gebunden noch in einem Dienstverhältnis zum hr stehen. Die Zusammensetzung dieses Gremiums ist in den Gesetzen der Landesrundfunkanstalten unterschiedlich geregelt. Durch entsprechende Verteilungen ergibt sich oftmals ein Ungleichgewicht zu Gunsten der staatlich-politischen Vertreter, wie dies beispielsweise beim NDR oder auch beim WDR der Fall ist[234]. Aufgrund der Bestimmungen des § 5 Abs. 2 HRG besteht beim hr hingegen eine pluralistische Zusammensetzung des Rundfunkrats, die folgende Struktur aufweist:

je ein Vertreter

1. der Landesregierung
2. der Universitäten des Landes
3. der evangelischen Kirchen des Landes
4. der katholischen Bischöfe des Landes
5. der jüdischen Kultusgemeinden des Landes
6. der Lehrervereinigungen
7. der Arbeitnehmervereinigungen (Gewerkschaften)
8. der Vereinigungen der Arbeitgeber
9. des Hessischen Hochschulverbandes
10. der Staatlichen Hochschule für Musik
11. des Freien Deutschen Hochstifts.

(Quelle: § 5 Abs. 2 HRG)

Abb. 33: Die gesetzlich vorgeschriebene Zusammensetzung eines Teils des hr-Rundfunkrats

---

234 Vgl. Berendes, Die Staatsaufsicht über den Rundfunk, S. 78.

Dazu kommen gem. § 5 Abs. 2 Ziffer 12 HRG noch weitere fünf Abgeordnete des Landtags, die von diesem nach den Grundsätzen der Verhältniswahl gewählt werden. Der Rundfunkrat des Hessischen Rundfunks setzt sich somit aus mindestens 16 Mitgliedern zusammen.

Durch die Regelungen des § 5 Abs. 5 HRG haben dem Rundfunkrat mindestens 3 Frauen anzugehören, die evtl. noch hinzugewählt werden müssen. Diese sollen gem. § 5 Abs. 5 Abs. 2 HRG vornehmlich die berufstätigen Frauen, die in der Erziehung wirkenden Frauen und die Jugend vertreten.

Die in der folgenden Übersicht enthaltene aktuelle Zusammensetzung des hr-Rundfunkrats zeigt, daß diese Möglichkeit voll ausgeschöpft werden mußte. Aus diesem Grunde weist das Gremium z. Zt. die Maximalzahl von insgesamt 19 Mitgliedern auf.

Die in den Rundfunkrat entsendeten Mitglieder sind in der Regel auf mindestens 6 Jahre gewählt. Dies ergibt sich aufgrund der Tatsache, daß gem. § 6 Abs. 1 HRG alle zwei Jahre jeweils nur ein Drittel dieses Gremiums ausscheidet. Dabei handelt es sich meist um die Mitglieder, die dem Rundfunkrat bereits am längsten angehören. Ausnahmeregelungen bestehen für die Abgeordneten der Landesregierung und des Landtags, die nur für die Dauer der Wahlperiode entsendet werden. Eine Wiederwahl der zur Ausscheidung anstehenden Mitglieder ist allerdings in beiden fällen gem. § 2 Abs. 2 HRG zulässig.

Die Nachteile einer pluralistischen Zusammensetzung des Rundfunkrats bestehen vorwiegend in der Schwierigkeit der Auswahl der relevanten gesellschaftlichen Gruppen. Es gab immer wieder Bemühungen, die oben aufgeführte Struktur zu ändern, um auch anderen Verbänden die Möglichkeit zu geben, ihre Interessen vertreten zu können[235]. So versuchte beispielsweise die Hessische Landesregierung 1988 durch eine Gesetzesvorlage je einem Vertreter der Industrie- und Handelskammer, sowie des Landessportbundes einen Sitz im Rundfunkrat zu sichern.

Aufgrund der Tatsache, daß die Dynamik der gesellschaftlichen Verhältnisse nie repräsentativ getroffen werden kann[236], blieb die Regelung über die Zusammensetzung dieses Gremiums des hr bis heute in ihrer ursprünglichen Fassung vom 2. 10. 1948 erhalten. Um eine effektive Kontrolle durch den Rundfunkrat zu gewährleisten, müssen die Mitglieder einigen besonderen Anforderungen genügen. Zunächst sollte eine entsprechende Sachkompetenz unbedingt vorhanden sein. Ferner muß darauf geachtet werden, daß nicht Ämterhäufung oder vielfältiges anderweitiges Engagement eine wirksame Wahrnehmung der gesetzlichen

---

235 Vgl. die Pressenotiz „Intendant Kelm: Gesetz des HR nicht ändern", in: FR vom 4. 10.1988.

236 Starck, Rundfunkfreiheit als Organisationsproblem, S. 38.

Rundfunkrat-Mitgliederverzeichnis

(Gemäß § 5 des Gesetzes über den Hessischen Rundfunk vom 2. 10. 1948)

Ignatz Bubis
Frankfurt am Main,
Vorsitzender,
entsandt von den Vorständen
der jüdischen Kultusgemeinden
des Landes Hessen

Edith Stumpf
Frankfurt am Main,
stellvertretende Vorsitzende,
gem. § 5 HRG zugewähltes
weibliches Mitglied

Gottfried Milde
Staatsminister, MdL,
Griesheim,
entsandt von der Hessischen
Landesregierung

Prof. Dr. Helmut Böhme
Darmstadt,
entsandt von den Universitäten
des Landes Hessen

Probst Dr. Dieter Trautwein
Frankfurt am Main,
entsandt von den evangelischen
Kirchen des Landes Hessen

Josef Maria Laube
Oberstudienrat, Seligenstadt,
entsandt von den katholischen
Bischöfen des Landes Hessen

Rotraut Sänger
Eschwege,
entsandt von den Lehrer-
vereinigungen des Landes Hessen

Karl-Heinz Jungmann
Vorsitzender des Deutschen
Gewerkschaftsbundes
— Landesbezirk Hessen —
entsandt von den Arbeitnehmer-
vereinigungen des Landes Hessen
Frankfurt am Main,

Dipl.Ing. Gerd Allers
Vorstandsmitglied der
Dyckerhoff AG, Wiesbaden,
entsandt von den Arbeit-
gebervereinigungen des
Landes Hessen

Walter Korn
MdL, Maintal 1,
als Vertreter des
Hessischen Volks-
hochschulverbandes
in Frankfurt am Main

Prof. Hans-Dieter Resch
Frankfurt am Main,
als Vertreter der Hoch-
schule für Musik und
Darstellende Kunst in
Franfurt am Main

Prof. Dr. Christoph Perels
Frankfurt am Main,
als Vertreter des Freien
Deutschen Hochstifts in
Frankfurt am Main

Hans-Jürgen Hielscher
MdL, Frankfurt am Main,
Vertreter des Landtags

Hans Krollmann
MdL, Kassel,
Vertreter des Landtags

Wilhelm Küchler
Dipl. Kaufmann, MdL,
MdL, Kronberg,
Vertreter des Landtags

Gert Lütgert
MdL, Oberursel,
Vertreter des Landtags

Hartmut Nassauer
MdL, Wolfhagen,
Vertreter des Landtags

Ingrid Peterknecht
Wehrheim,
gem. § 5 HRG zuge-
wähltes weibliches
Mitglied

Irmgard Reichhard
Staatsministerin, Hungen
gem. § 5 HRG zuge-
wähltes weibliches
Mitglied

(Quelle: Hessischer Rundfunk)

Abb. 34: Die Mitglieder des Rundfunkrats des hr, Stand: Oktober 1989

Befugnisse beeinträchtigen[237]. Die Notwendigkeit, diese Anforderungen zu erfüllen, wird besonders deutlich, wenn man sich die Aufgaben der Mitglieder des Rundfunkrats vor Augen führt.

bb) Aufgaben- und Kompetenzbereich des Rundfunkrats

Als Vertreter der Allgemeinheit bestehen die Aufgaben des Rundfunkrats vor allem in der Kontrolle der Wirtschaftsführung des Hessischen Rundfunks, zu der auch die Finanzierung zählt. Daneben sind auch Entscheidungen in den Bereichen der Programmplanung zu treffen. Im einzelnen gehören dazu nach § 9 Ziff. 1 HRG die Ernennung und Abberufung des Intendanten, sowie dessen Beratung in grundsätzlichen Fragen der Programmgestaltung. Darüber hinaus hat der Rundfunkrat die Haushalts- und die Jahresrechnung des hr zu genehmigen.

Zur sachgerechten Erfüllung seiner Aufgaben hat das Gremium gem. § 10 HRG die Möglichkeit, Ausschüsse zu bilden. Von besonderer Bedeutung ist hierbei die Errichtung des Finanzausschusses, dessen Stellungnahmen stets eine wichtige Grundlage für die Entscheidungen des Rundfunkrats bilden. Als aktuelles Beispiel sei auf die Zurückweisung und spätere Annahme der vom Intendanten vorgelegten mittelfristigen Finanzvorschau verwiesen.

b) Der Verwaltungsrat

aa) Zusammensetzung des Verwaltungsrats

Die Zusammensetzung des Verwaltungsrats wird durch die §§ 11 und 12 HRG geregelt. Danach besteht er aus insgesamt sechs Mitgliedern, von denen vier durch den Rundfunkrat und zwei von den Beschäftigten des Hessischen Rundfunks gewählt werden. Die vom Rundfunkrat gewählten Mitglieder dürfen in keinem Verhältnis zum hr stehen und auch nicht dem Rundfunkrat angehören. Generell sind die Mitglieder des Verwaltungsrats weisungsunabhängig und haben stets nach pflichtgemäßem Ermessen zu entscheiden.

Während von den vier vom Rundfunkrat gewählten Vertretern alle zwei Jahre ein Mitglied ausscheidet — die Mitgliedschaft besteht somit mindestens 8 Jahre — gehören die vom Personalrat gewählten Vertreter dem Verwaltungsrat nur für die Amtszeit des Personalrats an. Eine Wiederwahl ist gem. § 12 Abs. 1 Satz bzw. Abs. 2 Satz 2 HRG in beiden Fällen möglich.

---

[237] Ein Mitglied des Rundfunkrates des hr beschreibt das Problemfeld so: Viele von uns wissen in nahezu allen Fällen nicht, von was und wem die Rede ist; zitiert nach Hör zu Nr. 36, 1989; siehe auch Bühringer, in: Fleck (Hrsg.) Planung, Aufsicht und Kontrolle von Rundfunkunternehmen S. 49, 55; Kewenig, Zu Inhalt und Grenzen der Rundfunkfreiheit, S. 40 ff.

Mitglieder des Verwaltungsrats

Eitel Oskar Höhne
Landrat a. D., Eschwege, Vorsitzender,
gewählt vom Rundfunkrat

Ludolf Müller
Frankfurt am Main, stellvertretender Vorsitzender,
gewählt von den Beschäftigten des Hessischen Rundfunks

Axel Becker
Frankfurt am Main,
gewählt von den Beschäftigten des Hessischen Rundfunks

Manfred Kanther
Staatsminister, Wiesbaden,
gewählt vom Rundfunkrat

Heribert Reitz
MdL, Offheim,
gewählt vom Rundfunkrat

Hermann Stein
Gießen-Kleinlinden,
gewählt vom Rundfunkrat

Vom Verwaltungsrat gemäß § 14 des Gesetzes über den Hessischen Rundfunk berufene Sachverständige, die an den Sitzungen des Verwaltungsrats mit beratender Stimme teilnehmen:

Dr. Alfred Härtl
Präsident der Landeszentralbank in Hessen, Frankfurt am Main,
Sachverständiger aus dem Bereich der Finanzen

Prof. Dr. Otto Rudolf Kissel
Präsident des Bundesarbeitsgerichts in Kassel, Frankfurt am Main,
Sachverständiger aus dem Bereich des Rechts

Prof. Dipl.-Ing. Friedrich Wazelt
Technische Hochschule Darmstadt, Groß-Umstadt,
Sachverständiger aus dem Bereich der Technik

Intendant

Prof. Dr. Hartwig Kelm
Frankfurt am Main

(Quelle: hr-Geschäftsbericht 1988, S. 2)

Abb. 35: Mitglieder des Verwaltungsrats und Intendant
Stand: 31. 12. 1988

Die folgende Abbildung liefert eine Übersicht der gesetzlichen Regelungen der Mitgliedschaft im Verwaltungsrat des hr.

Regelungen über die Verwaltungsrats-Mitglieder

gewählt:	vom Rundfunkrat	von den Beschäftigten
Anzahl:	4	2
Zugehörigkeit zum Rundfunkrat:	nein	nein
Verhältnis zum hr:	nein	ja
Dauer der Mitgliedschaft	mindestens 8 Jahre[238]	entspr. Amtszeit des Personalrats

(Quelle: §§ 11 und 12 HRG)

Abb. 36: Übersicht über die gesetzlichen Bestimmungen der Mitgliedschaft der Verwaltungsrat-Mitglieder des hr

Es besteht für dieses Gremium die Möglichkeit, gem. § 14 Abs. 1 HRG drei Sachverständige aus den Bereichen Finanzen, Recht und Technik auf vier Jahre

238 Diese Zeitdauer besteht nur, sofern sich ein Mitglied nicht eines Verhaltens schuldig macht, das es ungeeignet für dieses Amt erscheinen läßt (§ 11 Abs. 2 Satz 2 sowie § 6 Abs. 3 HRG).

zu berufen. Diese können wegen § 14 Abs. 2 HRG an den Sitzungen des Verwaltungsrats jedoch nur mit beratender Stimme teilnehmen. Von dieser Möglichkeit wurde durch die Berufung des Präsidenten der Landeszentralbank und des Präsidenten des Bundesarbeitsgerichts, sowie eines Professors der Technischen Hochschule Darmstadt Gebrauch gemacht.

bb) Aufgaben- und Kompetenzbereich des Verwaltungsrats

Die wichtigste Aufgabe des Verwaltungsrats besteht nach § 15 Abs. 1 Ziffer 4 HRG in der Überwachung der Geschäftsführung des Hessischen Rundfunks. Zur Erfüllung seiner Aufsichtspflicht kann dieses Gremium gem. § 15 Abs. 2 Satz 2 HRG jederzeit vom Intendanten Bericht über die Angelegenheiten des hr verlangen, Geschäftsbücher, Akten und Unterlagen einsehen und prüfen, Anstaltseinrichtungen besichtigen und einzelne Vorgänge untersuchen.

Durch diese gesetzlichen Bestimmungen wird dem Verwaltungsrat ein sehr weiträumiger Kompetenzbereich zugewiesen, so daß auch Entscheidungen im Zusamenhang mit der Finanzierung des hr darunter einzuordnen sind. Durch seine Tätigkeit trägt dieses Gremium stets eine besondere Mitverantwortung, insbesondere in Fragen der Haushaltsplanung (Finanzplan) und der Jahresabschlußrechnung.

Nach Abschluß der Haushaltsrechnung werden die vom Intendanten vorgelegten Unterlagen gem. § 15 Abs. 1 Ziff. 3 HRG nochmals einer formalen Prüfung des Verwaltungsrats unterzogen und mit einer Stellungnahme an den Rundfunkrat weitergeleitet. Bei den Angelegenheiten, die die Finanzierung des Hessischen Rundfunks betrafen, vertrat dieses Gremium — im Gegensatz zum Rundfunkrat — stets die Meinung des Intendanten. Aus diesem Grunde könnten Zweifel geäußert werden, ob der Verwaltungsrat als ein internes kritisches Kontrollorgan angesehen werden kann.

2. Die Revision

Zu den internen Kontrollorganen des hr zählt vor allem die Revision, deren Mitarbeiter in einem Beschäftigungsverhältnis zum hr stehen und unmittelbar dem Intendanten unterstellt sind.

a) Weisungsunabhängigkeit der internen Prüfer

In Rdnr. 12 der Revisionsordnung des hr[239] wird ausdrücklich geregelt, daß die Revisionsprüfer bei der Durchführung ihrer Aufgaben und der Beurteilung

---

[239] HR-Handbuch, Nr. 800.

von Sachverhalten nur dem Gesetz, der Satzung und den speziellen Bestimmungen des Hessischen Rundfunks unterworfen sind. Trotz der unmittelbaren Verantwortung gegenüber dem Intendanten soll diese Abteilung unabhängig und nicht weisungsgebunden arbeiten.

b) Aufgaben und Kompetenzen der Revisionsprüfer

Die Revision stellt eine Art interne Hauptprüfungskommission des Hessischen Rundfunks dar, die sich u. a. mit Wirtschaftslichkeitsuntersuchungen und Stellungnahmen zu Organisationsfragen beschäftigt; Rdnr. 21 Satz 2 Revisionsordnung hr.

Im Rahmen ihrer Tätigkeit sind die Prüfer nach Rdnr. 31 Revisionsordnung hr berechtigt, alle Stellen des Hessischen Rundfunks aufzusuchen und zu besichtigen. Dabei sind ihnen auf Verlangen alle erforderlichen Unterlagen auszuhändigen und Auskünfte zu erteilen. Dazu gehören insbesondere Haushalts- und Stellenpläne, sowie Jahresrechnungen der einzelnen Direktionen; Rdnr. 421 Revisionsordnung hr. Die Berichte und Gutachten der Revision werden abschließend dem Intendanten und den Direktoren, deren Geschäftsbereiche betroffen sind, gem. Rdnr. 51 Revisionsordnung hr zugeleitet. Durch diese Einrichtung wird der Intendant bei einem Teil seiner Tätigkeit weitgehend unterstützt und kann dadurch seiner Verpflichtung, für die Geschäftsführung des hr die volle Verantwortung zu tragen, besser gerecht werden.

II. Rundfunkexterne Kontrollorgane

Im Zusammenhang mit der Finanzierung der öffentlich-rechtlichen Rundfunkanstalten tritt immer wieder das Problem einer mehr oder weniger umfangreichen staatlichen Aufsicht und Kontrolle in Erscheinung. Sicherlich ergeben sich keine Einwände gegen das staatsbürgerliche Interesse, darüber Auskunft zu erhalten, für welche Zwecke die den öffentlichen Einrichtungen zur Verfügung gestellten Mittel verwendet werden[240].

Die Bestimmung des § 1 Abs. 1 HRG, wonach der Hessische Rundfunk einer staatlichen Aufsicht entzogen sei und ausschließlich der Selbstverwaltung unterliege, wird oft fälschlicherweise auf alle Tätigkeitsbereiche der Anstalt bezogen[241]. Somit wäre zumindest eine externe Kontrolle, der nicht durch die Bestimmungen des Art. 5 Abs. 1 Satz 2, 2. Fall GG geschützten sachaufgabenfremden Bereiche, generell zu befürworten[242].

240 Vgl. Berendes, Die Staatsaufsicht über den Rundfunk, S. 194.

241 Vgl. Wufka, Die verfassungsrechtlich-dogmatischen Grundlagen der Rundfunkfreiheit, S. 128 Fußnote 788.

Desweiteren wird die Sendetätigkeit des hr allgemein als Erfüllung einer öffentlichen Aufgabe angesehen und zu einem Großteil aus den gesetzlich geregelten Gebührenaufkommen finanziert. Aufgrund des sich ergebenden „öffentlichen Charakters“ wäre sogar eine umfassendere staatliche Aufsicht der Landesrundfunkanstalten (und demnach auch des hr) durchaus gerechtfertigt[243]. Doch sollten in diesem Zusammenhang die verfassungsrechtlichen Grenzen zum Schutze der Programmfreiheit keinesfalls außer acht gelassen werden, weshalb eine Beschränkung auf eine sog. „Rechtsaufsicht“ für diese Bereiche im allgemeinen als angemessen betrachtet wird[244].

Die größten Schwierigkeiten beinhaltet nach wie vor die Bestimmung des zulässigen Ausmaßes einer externen Überwachung für jene Bereiche, die nicht direkt mit der „Sache Rundfunk“ in Verbindung stehen, wohl aber von ihr geprägt sind[245]. Auch in diesem Fall wird weitgehend die Ansicht vertreten, daß jegliche Beeinflussung der Programmgestaltung zu vermeiden sei. Es ist aber dennoch zweifelhaft, ob der von Seiten der Rundfunkanstalten häufig geäußerten Behauptung, es gäbe kaum einen Bereich, dessen Beaufsichtigung und Prüfung nicht mit einem Eingriff in die Rundfunkfreiheit verbunden wäre, ohne weiteres zugestimmt werden kann. Dadurch würde den Rundfunkanstalten einerseits ein finanziell weitläufiger Spielraum zur Verfügung gestellt, den sie stets voll auszuschöpfen verstehen. Andererseits erscheint die Effektivität der (rechtmäßigen) externen Kontrollorgane, auf die im folgenden näher eingegangen werden soll, in Frage gestellt.

1. Die Kommission zur Ermittlung des Finanzbedarfs der in der ARD zusammengeschlossenen Rundfunkanstalten des Landesrechts und der Anstalt ZDF (KEF)

a) Grundlage und Aufgabe der Kommission

Die Kommission zur Ermittlung des Finanzbedarfs der öffentlich-rechtlichen Rundfunkanstalten der Länder (KEF) wurde durch den Beschluß der Ministerpräsidenten vom 20. 2. 1975 errichtet[246]. Ihre Aufgabe besteht darin, den Finanzbedarf der öffentlich-rechtlichen Rundfunkanstalten fortlaufend zu ermitteln und

---

242 Vgl. für den Bereich der Gebührenfinanzierung Wufka, Die verfassungsrechtlich-dogmatischen Grundlagen der Rundfunkfreiheit, S. 119.

243 Vgl. Wufka, Die verfassungsrechtlich-dogmatischen Grundlagen der Rundfunkfreiheit, S. 108 f.

244 Vgl. Wufka, Die verfassungsrechtlich-dogmatischen Grundlagen der Rundfunkfreiheit, S. 124; Lerche, Rechtsprobleme des Werbefernsehens, S. 50; Berendes, DÖV 1975, 413; BVerfGE 12, 205, 261.

245 Vgl. Wufka, Die verfassungsrechtlich-dogmatischen Grundlagen der Rundfunkfreiheit, S. 124.

246 Vgl. Badura, Rundfunkfreiheit und Finanzautonomie, S. 29.

den Ministerpräsidenten alle zwei Jahre einen Tätigkeitsbericht zu erstatten[247]. Nach Art. 4 Abs. 1 RfStV hat die KEF regelmäßig ihre Prüfung anhand der Grundsätze der Sparsamkeit und Wirtschaftlichkeit durchzuführen[248]. Bei gegebenen Anlaß sind auf Anforderung der Ministerpräsidenten auch zwischenzeitlich Prüfungsberichte vorzulegen, die die Finanzlage der Rundfunkanstalten darlegen und eine Stellungnahme enthalten, ob und in welchem Umfang eine Änderung der Rundfunkgebühr notwendig erscheint. Generell sollen die Berichte und Empfehlungen der KEF den Landesparlamenten als Entscheidungshilfe bei ihren Gesetzesänderungen dienen[249].

Die aus insgesamt 12 Mitgliedern bestehende Kommission setzt sich wie folgt zusammen. Aus den Staatskanzleien der Länder Baden-Württemberg, Niedersachsen, Nordrhein-Westfalen und Schleswig-Holstein sowie von den Rechnungshöfen der Länder Bayern, Berlin, Hamburg und Rheinland-Pfalz wird jeweils einen Vertreter entsandt. Dazu kommen vier sachverständige und unabhängige Persönlichkeiten aus den Bereichen Betriebswirtschaft, Technik, Wirtschaft und Wissenschaft[250]. Vorsitzender der Kommission, allerdings ohne Stimmrecht, ist der jeweilige Chef der Staatskanzlei des Landes Rheinland-Pfalz.

b) Inhalt der Berichte der KEF

Die Berichte der KEF bieten nach wie vor den einzigen externen anstaltsübergreifenden Überblick über die Finanzlage und den künftigen Finanzbedarf der öffentlich-rechtlichen Rundfunkanstalten[251]. Die sieben bisher erschienenen Berichte befaßten sich fast ausschließlich mit der Frage einer erneuten Rundfunk-Gebührenanpassung. So bildete beispielsweise der 1. KEF-Bericht vom 23. 6. 1977 die Entscheidungsgrundlage für die Gebührenerhöhung durch den Staatsvertrag über die Höhe der Rundfunkgebühr vom 17. 3. 1978.

Doch auch andere Themen wurden in diesen Gutachten behandelt. Darunter fällt auch die Streitfrage, ob eine von der KEF angewandte Gesamtrechnung des

---

247 Vgl. Rombach, in: Lüder (Hrsg.) Rundfunk im Umbruch: Stand und Entwicklung der finanziellen und wirtschaftlichen Situation der öffentlich-rechtlichen Rundfunkanstalten, S. 51, 55; siehe auch Art. 4 Abs. 1 RfStV, wonach die KEF regelmäßig ihre Prüfung anhand der Grundsätze der Sparsamkeit und Wirtschaftlichkeit durchführen hat.

248 Die KEF geht in ihrem 6. Bericht (Tz. 351) davon aus, daß die Grundsätze der Wirtschaftlichkeit und Sparsamkeit unter Berücksichtigung rundfunkspezifischer Besonderheiten zu bestimmen sind.

249 Im Zusammenhang mit Fragen der Gebühren-Erhöhung siehe Art. 4 Abs. 4 RfStV; Schreckenberger, in: Hübner u. a. (Hrsg.) Programmauftrag und Wirtschaftlichkeit der öffentlich-rechtlichen Rundfunkanstalten S. 5, 10.

250 Rombach, in: Lüder (Hrsg.), Rundfunk im Umbruch: Stand und Entwicklung der finanziellen und wirtschaftlichen Situation der öffentlich-rechtlichen Rundfunkanstalten, S. 51, 55.

251 Vgl. Badura, Rundfunkfreiheit und Finanzautonomie, S. 30.

Finanzbedarfs aller ARD-Anstalten vorgenommen werden dürfe, ohne zu den Problemen des Finanzausgleichsverfahrens Stellung zu nehmen. Bei dieser Gesamtbetrachtung der statistischen Daten aller Landesrundfunkanstalten wurden die Besonderheiten einzelner Rundfunkanstalten bisher kaum berücksichtigt[252].

Bei der Ermittlung des Finanzbedarfs vertrat die KEF die Auffassung, daß sich diese vorallem an den zu erfüllenden Aufgaben der Rundfunkanstalten ausrichten solle, jedoch nicht losgelöst von der Vorgabe eines gewissen Finanzrahmens[253]. Dieser sollte demnach so beschaffen sein, daß die Erhaltung des Standards der Rundfunk-Versorgung gewährleistet bleibt und eine sinnvolle Fortentwicklung, unter Berücksichtigung von Innovationen in Programm und Technik, ermöglicht wird[254]. Die Rundfunkanstalten dagegen begründen ihren Finanzbedarf aufgrund von Programmnotwendigkeiten, Innovationszielen und Zukunftsaufgaben, auch wenn diese mit den vorhandenen Mitteln nicht zu finanzieren sind[255].

Eine derartige Auslegung des Selbstbestimmungsrechts der Rundfunkanstalten, die eine uneingeschränkte aufgabenorientierte Planung ohne vorgegebenen Finanzrahmen beinhaltet, wurde von der KEF vor allem in ihrem 3. Bericht kritisiert. Auch im 6. KEF-Bericht wurde diese Thematik erneut aufgegriffen. Darin wurde u. a. vor einer „Expansion" des Programmangebots der ARD und des ZDF gewarnt. Die Kommission müsse demnach sehr darauf aufpassen, daß die öffentlich-rechtlichen Rundfunkanstalten durch Entscheidungen ihrer autonomen Aufsichtsgremien nicht immer weitere Programme beschließen, um dadurch immer höhere Rundfunkgebühren fordern zu können[256]. Bei der Beurteilung des von ARD und ZDF angemeldeten Programm-Mehrbedarfs sind nach Ansicht der Kommission mehr Vorhaben aufgeführt worden als notwendig[257]. Darüber hinaus hätten einige davon noch nicht die erforderliche Planungsreife erreicht[258], um bei der Festsetzung einer entsprechenden Gebührenerhöhung für den Zeitraum bis 1992 berücksichtigt zu werden. Dazu zählt insbesondere das Projekt eines deutsch-französischen Kulturkanals, für das die ARD ab 1988 einen Kostenansatz von 65 Mio DM mit weiteren Steigerungsraten in den folgenden Jahren angemeldet hat[259].

---

252 6. KEF-Bericht, Tz. 279 sowie Tz. 344.

253 Vgl. Badura, Rundfunkfreiheit und Finanzautonomie, S. 30; siehe insbesondere 6. KEF-Bericht, Anlage 1, S. 1.

254 Sogenannte „Bestands- und Entwicklungsgarantie"; siehe auch Art. 4 Abs. 2 RfStV; beachte ebenso die zusammenfassende Gesamtbewertung im 6. KEF-Bericht, Tz. 345.

255 Eine besondere Rolle spielen in diesem Zusammenhang die Mehrbedarfsanmeldungen der Rundfunkanstalten; vgl. dazu 6. KEF-Bericht, Tz. 281, Tz. 282 und Tz. 337.

256 Vgl. die Pressenotiz „Damit öffentliche Bäume nicht in den Himmel wachsen", in: FR vom 30. 11. 1987.

257 6. KEF-Bericht, Tz. 285; siehe auch 7. KEF-Bericht, Tz. 232 ff.

258 6. KEF-Bericht, Tz. 338; vgl. die Pressenotiz „KEF-Vorsitzender fordert funktionsfähigen Finanzausgleich", in epd, Nr. 93, vom 28. 11. 1987.

Diese Anforderungen wurden von der KEF nicht grundsätzlich abgelehnt, wohl aber, wie auch einige andere Ansätze, korrigiert. In diesem Zusammenhang wies der Vorsitzende der Kommission darauf hin, daß eine „gewisse Zurückhaltung" und ein „verhaltener Verlauf" der Umsetzung der Planungen bei den neuen Kommunikationstechniken wohl auch im Interesse der Anstalten liege[260]. Die Empfehlungen umfaßten im einzelnen neben einer Reduzierung der Mehrbedarfsanmeldungen auf 800 Mio DM[261] auch eine Zurücknahme der vorgesehenen Sachinvestitionen um 340 Mio DM für den Zeitraum von 1987 bis 1990[262]. Darüber hinaus wurde zudem eine Verminderung der Programmvorräte bis Ende 1989 um 126,1 Mio DM vorgeschlagen[263]. Dies wäre durch die Ausstrahlung der bereits produzierten Sendungen und durch weniger neue Produktionen möglich.

Unstimmigkeiten ergaben sich jeweils bei der Festlegung der jährlichen Steigerungsraten für Personalaufwendungen, die von der KEF in ihrem 6. Bericht auf nur 3,8% pro Jahr geschätzt wurden[264]. Demgegenüber gingen die Landesrundfunkanstalten von einer jährlichen Steigerung von 4,5% aus[265].

c) Stellungnahme der ARD zu den Berichten

Die Landesrundfunkanstalten der ARD und auch das ZDF haben in ihren Stellungnahmen zu den KEF-Berichten mehrmals die Ansätze und Berechnungsmethoden, die für die Ermittlung des Finanzbedarfs von der KEF zugrundegelegt wurden, kritisiert[266]. Zu dem oben erwähnten vorgegebenen Finanzrahmen — der aufgrund der weiteren Gebührenerhöhungen stets ausreichend sei, in freier Selbstverantwortung der Rundfunkanstalten, einer Erfüllung des ihnen übertragenen Programmauftrags gerecht zu werden — sahen die Vertreter der Landesrund-

---

259 6. KEF-Bericht, Tz. 281 sowie Tz. 313; vgl. auch die Pressenotiz „Damit öffentliche Bäume nicht in den Himmel wachsen", in: FR vom 30. 11. 87.

260 Vgl. die Pressenotizen „KEF-Vorsitzender fordert funktionsfähigen Finanzausgleich", in epd, Nr. 93, vom 28. 11. 1987; und „Damit öffentliche Bäume nicht in den Himmel wachsen", in: FR vom 30. 11. 87; in dem 6. Bericht der KEF (Tz. 345) wird in diesem Zusammenhang auch darauf hingewiesen, daß das Interesse der Rundfunkteilnehmer an einem qualitativ hochwertigen aber dennoch preiswerten Programmangebot zu berücksichtigen sei.

261 6. KEF-Bericht, Tz. 343 und Tz. 346.

262 6. KEF-Bericht, Tz. 229.

263 Vgl. 6. KEF-Bericht, Tz. 268.

264 6. KEF-Bericht, Tz. 121 und Tz. 126.

265 Vgl. auch die Pressenotiz „Intendanten: Programminnovationen sind drastisch zusammengestrichen worden"; in: Handelsblatt, Nr. 229, vom 30. 11. 1987; siehe auch 7. KEF-Bericht, Tz. 249 ff., insbesondere Tz. 272.

266 Siehe „Ergänzende Stellungnahme der ARD zum sechsten Bericht der Kommission zur Ermittlung des Finanzbedarfs der Rundfunkanstalten vom 14. 12. 1987", abgedruckt in: ARD-Jahrbuch 1989, S. 368 - 370, S. 370; zu dem Problembereich insbesondere 6. KEF-Bericht, Anhang 1, S. 2.

funkanstalten eine Reduzierung ihrer Programmgestaltungsfreiheit. Die KEF würde in diesem Fall ihren Auftrag überschreiten und durch die Unterdrückung der Programmvorhaben in die Anstaltsautonomie und Eigenverantwortlichkeit der Gremien der Rundfunkanstalten eingreifen[267].

Zu den von der KEF ausgearbeiteten Vorschlägen der jeweiligen Rundfunkgebührenerhöhung äußerten sich die Rundfunkanstalten in den letzten Jahren immer häufiger mit der Festellung, die Gebührenanpassung sei erstens nicht ausreichend genug, die bisherigen Programmaufgaben fortzuführen (Bestandsgarantie) und der ihnen gesetzlich zugesicherten Innovationsverpflichtung (Entwicklungsgarantie) nachzukommen. Zweitens käme sie zu spät, um die vorgesehenen Planungen realisieren zu können[268]. So wurde die in dem 6. Bericht der KEF vorgeschlagene Gebührenerhöhung um 2,— DM auf monatlich 18,60 DM, die bereits zu Beginn des Jahres 1989 vorgenommen werden sollte, insbesondere von Prof. Hartwig Kelm, dem Intendanten des hr, als völlig unzureichend[269] empfunden. Demnach könne nicht einmal im ersten Jahr der Gebührenerhöhung eine Kostendeckung erreicht werden und die weitere Teilnahme des hr am Finanzausgleich der Landesrundfunkanstalten wäre somit faktisch nicht mehr möglich[270]. Diese Aussage ist, wie gezeigt, in dieser Form nicht haltbar.

2. Der Hessische Rechnungshof (HRH)

a) Die Rechtsstellung der Prüfer des HRH

Um ein Höchstmaß an Objektivität zu sichern, soll für die Rechnungsprüfung eine unabhängige Stelle betraut werden[271]. Diese Aufgabe wurde durch die Bestimmung des § 19 HRG dem Hessischen Rechnungshof übertragen. Die Rechtsstellung der Mitglieder des Rechnungshofs ergibt sich aus § 5 HessRechnungshofG. Diese Vorschrift bestimmt in Abs. 1, daß die Prüfer richterliche Unabhängigkeit besitzen. Aufgrund ihrer dadurch vorhandenen generellen Weisungsungebundenheit[272] sind sie für eine objektive Beurteilung der Haushalts- und Wirtschaftsführung des hr geeignet.

---

267 Badura, Rundfunkfreiheit und Finanzautonomie, S. 32.

268 Erklärung der Konferenz der Gremienvorsitzenden der ARD zur Empfehlung einer Gebührenanpassung der KEF, vom 2. Dezember 1987, in: ARD Jahrbuch 1988, S. 371.

269 Vgl. die Pressenotiz „Kelm: Erhöhung der Rundfunkgebühr unzureichend", in: FAZ vom 20. 6. 1988.

270 Vgl. die Pressenotiz „Intendanten: Programminnovationen sind drastisch zusammengestrichen worden", in: Handelsblatt, Nr. 229, vom 30. 11. 1987.

271 Berendes, Die Staatsaufsicht über den Rundfunk, S. 194; siehe auch Art. 4 Abs. 3 RfStV.

272 § 5 Gesetz über den Hessischen Rechnungshof, GVBl. Hessen 1986, S. 157; vgl. auch Wufka, Die verfassungsrechtlich-dogmatischen Grundlagen der Rundfunkfreiheit, S. 125; Berendes, Die Staatsaufsicht über den Rundfunk, S. 195.

Die Rechnungsprüfer haben die Befugnis, auf Verlangen Einsicht in sämtliche Unterlagen zu nehmen und darüber hinaus weitere Auskünfte erteilt zu bekommen. In der Praxis werden beispielsweise im Rechnungswesen stichprobenartig Auszüge überprüft und mit den entsprechenden Belegen verglichen. Es besteht die generelle Möglichkeit, bei größeren Veranstaltungen Prüfungen vor Ort durchzuführen, um im Hinblick auf die Grundsätze der Sparsamkeit und Wirtschaftlichkeit ein entsprechendes Bild über die tatsächliche Wirtschaftsführung gewinnen zu können. Zu bedenken ist, daß sich das Prüfungsrecht des HRH nur auf die öffentlich-rechtliche Anstalt erstreckt. Die konzernierten Unternehmen werden nicht in die Prüfung einbezogen.

Diese Art der Kontrolle könnte als staatliche Aufsicht mißverstanden werden. Deshalb sollten die mit der Kontrolle verbundenen faktischen Möglichkeiten, Einfluß auf die Programmgestaltung zu nehmen, so gering wie möglich gehalten werden. Folglich handelt es sich bei der Kontrolle durch den HRH nicht um eine Verfassungs- oder Verwaltungskontrolle, sondern um eine Selbstverwaltungskontrolle[273].

b) Unverbindlichkeit der Beanstandungen für den Hessischen Rundfunk

Im Gegensatz zu den sonstigen zu prüfenden öffentlichen Einrichtungen werden die über den hr angefertigten Berichte und Stellungnahmen des HRH nicht veröffentlicht. Es besteht keine Möglichkeit einer Berichterstattung an die Landesregierung, wie dies in einigen anderen Bundesländern[274] der Fall ist. An dieser Stelle erscheint es jedoch angebracht, § 97 Abs. 1 LHO entsprechend anzuwenden. Die Rechtsfolge, daß auch die Landesregierung und der Landtag den Bericht des HRH zur Kenntnis nehmen könnten, hätte für die Sendeanstalt unübersehbare Vorteile. Sofern die Wirtschaftsführung nicht beanstandet wird, könnten die Zahlen ein zusätzliches Argument in der Gebührendiskussion darstellen.

Bisher konnte nur mit dem Intendanten über die betreffenden Themen diskutiert werden. Doch durch die Änderung des § 19 HRG, die zum 31. 12. 1988 in Kraft trat, kann nun der abschließende Bericht des HRH mit den darin enthaltenen Bemängelungen auch dem Rundfunkrat und dem Verwaltungsrat übermittelt werden[275]. Durch die Gesetzesänderung wurde allerdings ein Verfahren normiert, das schon seit Jahren praktiziert wurde. Wegen der vermehrten Dialoge mit den Gremien des Hessischen Rundfunks konnte aber eine deutliche Verstärkung der Durchsetzungsmöglichkeit des HRH erreicht werden[276].

---

273 Ossenbühl, Rundfunkfreiheit und Rechnungsprüfung, S. 50; Karpen, Rechnungsprüfung bei Rundfunkanstalten und Datenschutz, S. 2, 3.

274 Z.B. in Baden-Württemberg.

275 Vgl. Gegenwart, HR-Gesetz geändert, in: ARD-Jahrbuch 1989, S. 399.

Dennoch lassen sich die Aktivitäten des HRH aufgrund der momentanen Situation nur als eine Art Unterstützung der internen Kontrollorgane des Hessischen Rundfunks ansehen. In der Praxis kann im Grunde nur auf jene Mißstände mit Aussicht auf Erfolg hingewiesen werden, deren Beseitigung der Anstalt keinerlei Schaden zufügt. Aus diesen Gründen wird die Prüfungstätigkeit des HRH im allgemeinen nicht als eine staatliche Aufsichtsmaßnahme über den Rundfunk angesehen[277].

Die bestehende Rechtslage kann somit, selbst unter Berücksichtigung der Berichtspflicht an die Gremien der Rundfunkanstalt nur als unbefriedigend angesehen werden. Denn auch die Öffentlichkeit hat ein erhebliches Interesse daran, zu erfahren, ob die Wirtschaftsführung des Senders mit den rechtlichen Bestimmungen in Einklang steht. Eine Veröffentlichung des Prüfungsberichts des HRH ist deshalb de lege ferenda zu fordern. Hierdurch kann zudem die teilweise heftige Diskussion über das Finanzierungsverhalten des hr versachlicht werden.

---

276 Durch diese Gesetzesänderung wurde zwar ein Verfahren festgeschrieben, das schon seit Jahren praktiziert wird. Dennoch wird es von Seiten des HRH begrüßt, daß nun auch ein rechtlicher Anspruch darauf existiert.

277 Vgl. Wufka, Die verfassungsrechtlich-dogmatischen Grundlagen der Rundfunkfreiheit, S. 125 f.

Zusammenfassung in Thesen

1. Die dem Hessischen Rundfunk zur Verfügung stehenden finanziellen Mittel stammen im wesentlichen aus Gebührenerträgen, Erträgen aus der Veranstaltung von Wirtschaftswerbung und Erträgen aus sonstiger erwerbswirtschaftlicher Betätigung. Die Größenordnung der Gesamterträge (1988: 517,15 Mio. DM) erscheint trotz gegenteiliger Äußerungen ausreichend, um die Grundversorgung der Bevölkerung mit Rundfunkleistungen sicherzustellen.

2. Die Mittelverwendung zur Erstellung des Programms muß mit den Grundsätzen der Wirtschaftlichkeit und Sparsamkeit in Einklang stehen. Gesellschaftsrechtliche Grundsätze zur Finanzierung von Handelsgesellschaften können ergänzend als Maßstab zur Beurteilung der Ausgabenpolitik herangezogen werden.

3. Die Art und Weise, in der die Finanzierungsmittel durch den hr eingesetzt werden, ist nicht transparent. Die externe Rechnungslegung gestattet nur einen unzureichenden Einblick.

4. Eine wirksame Kontrolle der gesamten Wirtschaftsführung des Hessischen Rundfunks findet nicht statt. Wesentliche Ursache dafür ist die Ausgliederung einzelner Geschäftsbereiche in privatrechtlich organisierte und deshalb vom Hessischen Rechnungshof nicht zu überprüfende Gesellschaften.

5. Änderungen des Ausgabeverhaltens der Sendeanstalt können weder von den Gebührenzahlern noch von externen Kontrollorganen rechtsverbindlich durchgesetzt werden.

Anhang

I. Rechtsgrundlagen des Hessischen Rundfunks

1. Gesetz über den Hessischen Rundfunk vom 2. Oktober 1948
   (GVBl. Hessen 48, S. 123; 1962, S. 21, 116; 1980, S. 93; 1988, S. 406).

2. Satzung des Hessischen Rundfunks vom 2. Juli 1949
   (StAnz. Hessen 1949, S. 357);
   Änderungen vom 28. 11. 1959 (StAnz. 1960, S. 246),
   vom 12. 03. 1976 (StAnz. 1976, S. 711),
   vom 05.09.1981 (StAnz. 1981, S. 2267) und
   vom 17. 12. 1982 (StAnz. 1983, S. 887).

3. Staatsvertrag über die Regelung des Rundfunkgebührenwesens (RfGebStV)
   vom 5. Dezember 1974
   (GVBl. Hessen 1975, S. 136) mit Zustimmungsgesetz vom 27. 5. 1975 (GVBl. Hessen 1975, S. 135);
   Änderungen vom 28. 7. 1978 (GVBl. 1978, S. 419), und gemäß Art. 13 RfStV (GVBl. 1987, S. 171).

4. Staatsvertrag über die Höhe der Rundfunkgebühr und zur Änderung des Staatsvertrages über einen Finanzausgleich
   zwischen den Rundfunkanstalten vom 6. 7. / 26. 10. 1982
   (GVBl. Hessen 1983, S. 76), mit Zustimmungsgesetz vom 21. 6. 1983 (GVBl. 1983, S. 75);
   i. d. F. des RfFinStV vom 7. 10. / 14. 10. 1988 (GVBl. 1988, S.407).

5. Staatsvertrag zur Neuordnung des Rundfunkwesens (RfStV)
   vom 3. 4. 1987 (GVBl. Hessen 1987, S. 166), mit Zustimmungsgesetz vom 25. 9. 1987 (GVBl. 1987, S. 165).

6. Staatsvertrag über die Höhe der Rundfunkgebühr und zur Änderung des Staatsvertrags über einen Finanzausgleich zwischen den Rundfunkanstalten (RfFinStV)
   vom 7. 10. / 14. 10. 1988 (GVBl. Hessen 1988, S. 407), mit Zustimmungsgesetz vom 21. 12. 1988 (GVBl. 1988, S. 406).

7. Satzung des Hessischen Rundfunks über das Verfahren zur Leistung der Rundfunkgebühren vom 28. 11. 1975
   (StAnz. Hessen 1975, S. 2359).

8. Verordnung über die Befreiung von der Rundfunkgebührenpflicht vom 18. 12. 1979
(GVBl. Hessen 1979, S. 263).

9. Gesetz über den privaten Rundfunk in Hessen (Hessisches Privatrundfunkgesetz — HPRG) vom 30. 11. 1988
(GVBl. Hessen 1988, S. 385) — (Auszug).

10. ARD-Richtlinien über die Trennung von Werbung und Programm, Stand: 23. 3. 1988.

11. Finanzordnung des Hessischen Rundfunks
(hr-Handbuch, Nr. 400).

12. Revisionsordnung des Hessischen Rundfunks
(hr-Handbuch, Nr. 800).

II. Vorläufige Abrechnung des Ertrags- und Aufwandsplanes 1988 — Einzelaufstellung nach Untertiteln —

GESETZ

über den Hessischen Rundfunk vom 2. Oktober 1948
(GVBl. Hessen 1948, Nr. 24, S. 123)

I. Rechtsform

§ 1

1. Der Hessische Rundfunk wird hiermit als eine Anstalt des öffentlichen Rechts mit dem Sitz in Frankfurt am Main errichtet. Er hat das Recht der Selbstverwaltung und unterliegt nicht der Staatsaufsicht.
2. Die Anstalt kann Zweigstellen errichten. Das Nähere bestimmt die Satzung.

II. Aufgaben

§ 2

Aufgabe des Hessischen Rundfunks ist die Verbreitung von Nachrichten und Darbietungen bildender, unterrichtender und unterhaltender Art. Er erwirbt und betreibt zu diesem Zweck Rundfunksendeanlagen.

§ 3

Die folgenden Grundsätze sind für die Darbietungen verbindlich:

1. Der Rundfunk ist Sache der Allgemeinheit. Er wird in voller Unabhängigkeit überparteilich betrieben und ist von jeder Beeinflussung freizuhalten.
2. Die Darbietungen sollen Nachrichten und Kommentare, Unterhaltung, Bildung und Belehrung, Gottesdienst und Erbauung vermitteln und dem Frieden, der Freiheit und der Völkerverständigung dienen.
3. Die Darbietungen dürfen nicht gegen die Verfassung und die Gesetze verstoßen oder das sittliche und religiöse Gefühl verletzen. Sendungen, die Vorurteile oder Herabsetzungen wegen der Nationalität, Rasse, Farbe, Religion oder Weltanschauung eines Einzelnen oder einer Gruppe enthalten, sind nicht gestattet.
4. Die Berichterstattung muß wahrheitsgetreu und sachlich sein. Nachrichten und Stellungnahmen dazu sind deutlich von einander zu trennen. Zweifel an der Richtigkeit sind auszudrücken. Kommentare zu den Nachrichten müssen unter Nennung des Namens des dafür verantwortlichen Verfassers als solche gekennzeichnet werden.
5. Die Landesregierung hat das Recht, Gesetze, Verordnungen und andere wichtige Mitteilungen durch den Rundfunk bekanntzugeben. Hierfür ist ihr angemessene Sendezeit unverzüglich und unentgeltlich einzuräumen.
6. Während des Wahlkampfes ist lediglich den politischen Parteien, die in allen Wahlkreisen Wahlvorschläge eingereicht haben, Sendezeit zu gewähren. Die Sendezeit muß gleichlang und gleichwertig sein.
7. Wenn Vertretern der politischen Parteien und der verschiedenen religiösen, weltanschaulichen und wirtschaftlichen Richtungen, insbesondere auch Vertretern von Organisationen der Arbeitnehmer oder Arbeitgeber, Gelegenheit zur Aussprache gegeben wird, so ist ihnen die Möglichkeit der Rede und Gegenrede unter jeweils gleichen Bedingungen zu gewähren. Einen Anspruch auf Teilnahme an solcher Aussprache haben nur die in Ziffer 6 bezeichneten politischen Parteien, die über das ganze Land verbreiteten Arbeitnehmer- und Arbeitgeberorganisationen, sowie die Kirchen, Religions- und Weltanschauungsgemeinschaften des Landes.

100/2

8. Im Rundfunk angegriffenen Dienststellen oder Persönlichkeiten der öffentlichen Verwaltung oder des öffentlichen Lebens ist zur Abwehr gleichwertige Sendezeit zu gewähren.

9. Eine unwahre Behauptung ist auf Verlangen einer beteiligten Behörde oder Privatperson zu berichtigen. § 10 des Hessischen Gesetzes über Freiheit und Recht der Presse in der Fassung der Bekanntmachung vom 20. November 1958 (GVBl. S. 183) ist sinngemäß anzuwenden. *)

10. Reklamesendungen bedürfen der Zustimmung des Rundfunkrats.

III. Organisation

§ 4

Die Organe des Hessischen Rundfunks sind:

1. der Rundfunkrat
2. der Verwaltungsrat
3. der Intendant.

1. Der Rundfunkrat

§ 5

1. Der Rundfunkrat vertritt die Allgemeinheit auf dem Gebiet des Rundfunks. Seine Mitglieder sind nicht Vertreter einer Partei, einer Konfession, eines Standes oder einer Organisation; sie sind an Aufträge nicht gebunden und dürfen in keinem Dienstverhältnis zum Hessischen Rundfunk stehen.

2. Zum Rundfunkrat entsenden je einen Vertreter:

   1. die Landesregierung,
   2. die Universitäten des Landes,
   3. die evangelischen Kirchen des Landes,
   4. die für das Land zuständigen katholischen Bischöfe,
   5. die Vorstände der jüdischen Kultusgemeinden des Landes.

   Außerdem entsenden je einen Vertreter die Versammlungen der Vorstände folgender Vereinigungen:

   6. der Lehrervereinigungen,
   7. der Arbeitnehmervereinigungen (Arbeitnehmergewerkschaften),
   8. der Vereinigung der Arbeitgeber in Gewerbe, Handel und Landwirtschaft.

   Dem Rundfunkrat gehören ferner an:

   9. ein Vertreter des Hessischen Volkshochschulverbandes **)
   10. ein Vertreter der Staatlichen Hochschule für Musik in Frankfurt am Main,
   11. ein Vertreter des Freien Deutschen Hochstifts in Frankfurt am Main,
   12. fünf Abgeordnete des Landtags, die von diesem nach den Grundsätzen der Verhältniswahl gewählt werden.

3. Die Vertreter, die von den in Absatz 2 unter den Ziffern 1 bis 8 genannten Stellen zu entsenden sind, müssen mittelbar oder unmittelbar von den Beteiligten mit einfacher Mehrheit gewählt werden.

4. Die in Absatz 2 in den Ziffern 6 bis 8 genannten Vereinigungen wirken bei der nach Absatz 3 vorzunehmenden Wahl der von ihnen zu entsendenden Vertreter nur mit, wenn sich ihre Organisation und der Bestand ihrer unmittelbaren oder mittelbaren Mitglieder über das ganze Land erstrecken. Die Zahl der Stimmen, die sie bei der Wahl nach Absatz 3 haben, entspricht der Zahl ihrer unmittelbaren oder mittelbaren Mitglieder.

---

*) geändert durch das Gesetz zur Bereinigung des Hessischen Landesrechts vom 6. Februar 1962.

**) geändert durch das Gesetz über Volkshochschulen vom 12.5.1970 (veröffentlicht im GVBl. Hessen, Teil I vom 19.5.1970 Nr. 23 S. 341)

2. Zum Rundfunk entsenden je einen Vertreter:

   1. die Landesregierung,
   2. die Universitäten des Landes,
   3. die evangelischen Kirchen des Landes,
   4. die für das Land zuständigen katholischen Bischöfe,
   5. die Vorstände der jüdischen Kultusgemeinden des Landes.

   Außerdem entsenden je einen Vertreter die Versammlungen der Vorstände folgender Vereinigungen:

   6. der Lehrervereinigungen,
   7. der Arbeitnehmervereinigungen (Arbeitsnehmergewerkschaften),
   8. der Vereinigung der Arbeitgeber in Gewerbe, Handel und Landwirtschaft.

   Dem Rundfunkrat gehören ferner an:

   9. ein Vertreter des Hessischen Volkshochschulverbandes *)
   10. ein Vertreter der Staatlichen Hochschule für Musik in Frankfurt am Main,
   11. ein Vertreter des Freien Deutschen Hochstifts in Frankfurt am Main,
   12. fünf Abgeordnete des Landtags, die von diesem nach den Grundsätzen der Verhältniswahl gewählt werden.

3. Die Vertreter, die von den in Absatz 2 unter den Ziffern 1 bis 8 genannten Stellen zu entsenden sind, müssen mittelbar oder unmittelbar von den Beteiligten mit einfacher Mehrheit gewählt werden.

4. Die in Absatz 2 in den Ziffern 6 bis 8 genannten Vereinigungen wirken bei der nach Absatz 3 vorzunehmenden Wahl der von ihnen zu entsendenden Vertreter nur mit, wenn sich ihre Organisation und der Bestand ihrer unmittelbaren oder mittelbaren Mitglieder über das ganze Land erstrecken. Die Zahl der Stimmen, die sie bei der Wahl nach Absatz 3 haben, entspricht der Zahl ihrer unmittelbaren oder mittelbaren Mitglieder.

5. Die Mitglieder des Rundfunkrats wählen, wenn sich unter ihnen nicht schon drei Frauen befinden, im Benehmen mit den Frauenorganisationen mit einfacher Mehrheit so viel weibliche Mitglieder hinzu, daß dem Rundfunkrat insgesamt drei Frauen angehören. Diese sollen vornehmlich die berufstätigen Frauen, die in der Erziehung wirkenden Frauen und die Jugend vertreten.

6. Die Landesregierung ist ermächtigt, im Zusammenhang mit den Verordnungen zur Ausführung dieses Gesetzes die Vorschriften der Absätze 3 bis 5 durch Bestimmungen zu ergänzen, durch die das bei den Wahlen einzuhaltende Verfahren näher geregelt wird.

§ 6

1. Alle zwei Jahre scheidet ein Drittel der Mitglieder aus und wird ersetzt. Wiederwahl oder Wiederbestellung ist zulässig. Wenn ein Mitglied durch Tod oder aus einem anderen persönlichen Grunde ausscheidet, so wird der Nachfolger nur für den Rest der Amtszeit des ausgeschiedenen Mitglieds bestellt.

*) geändert durch das Gesetz über Volkshochschulen vom 12.5.1970 (veröffentlicht im GVBl. Hessen, Teil I vom 19.5.1970 Nr. 23 S. 341)

Nach den ersten zwei Jahren entscheidet das Los über das ausscheidende Drittel. Nach weiteren zwei Jahren entscheidet das Los unter den verbliebenen zwei Dritteln über das ausscheidende zweite Drittel. Nach weiteren zwei Jahren scheidet das letzte Drittel aus. Dann scheiden alle zwei Jahre jeweils die Vertreter aus, die dem Rundfunkrat am längsten angehören. Über die Einzelheiten der Durchführung entscheidet der Rundfunkrat.

2. Die Vertreter der Landesregierung können jederzeit abberufen werden. Die Vertreter des Hessischen Landtags werden für die Dauer der Wahlperiode gewählt. Sie üben ihr Amt aus, bis neue Mitglieder gewählt sind.

3. Wenn ein Mitglied sich eines Verhaltens schuldig macht, das es als ungeeignet für das Amt eines Mitglieds des Rundfunkrats erscheinen läßt, so kann es vom Rundfunkrat mit einer Mehrheit von zwei Dritteln der gesetzlichen Zahl der übrigen Mitglieder ausgeschlossen werden. Das ausgeschlossene Mitglied kann binnen zwei Wochen nach dem Zugang der Mitteilung über den vollzogenen Ausschluß die Entscheidung des im § 16 Absatz 6 b bezeichneten Schiedsgerichts anrufen.

§ 7

1. Der Rundfunkrat wählt seinen Vorsitzenden und dessen Stellvertreter.

2. Er beschließt die Satzung. Die Satzung und ihre Änderungen sind im Staatsanzeiger für das Land Hessen bekanntzumachen.

3. Der Rundfunkrat erläßt Geschäftsordnungen für sich und den Verwaltungsrat.

§ 8

Die Satzung muß bestimmen über:

1. die ordentlichen und außerordentlichen Versammlungen des Rundfunkrats und des Verwaltungsrats,
2. die Mehrheiten für das Zustandekommen der Beschlüsse des Rundfunkrats und des Verwaltungsrats in besonderen Fällen,
3. die Vergütungen an die Mitglieder des Rundfunkrats und des Verwaltungsrats,
4. die Art der öffentlichen Bekanntmachungen,
5. die Öffentlichkeit der Sitzungen.

§ 9

Aufgaben des Rundfunkrats sind ferner:

1. die Ernennung und Abberufung des Intendanten und die Bestätigung des vom Intendanten berufenen Stellvertreters,
2. die Beratung des Intendanten in den grundsätzlichen Fragen der Programmgestaltung und die Sorge für die Beachtung der Grundsätze des § 3,
3. die Genehmigung des Rundfunkhaushalts, der Jahresrechnung, des Jahresberichts sowie die Feststellung und Beschlüsse über die Verwendung des Betriebsüberschusses,
4. die Entlastung des Verwaltungsrats und des Intendanten,
5. die endgültige Entscheidung in Beschwerdesachen.

§ 10

Der Rundfunkrat kann Ausschüsse bilden.

2. Der Verwaltungsrat *)

§ 11

1. Der Verwaltungsrat besteht aus sechs Mitgliedern. Vier Mitglieder werden vom Rundfunkrat, zwei Mitglieder von den Beschäftigten gewählt.

2. Die vom Rundfunkrat gewählten Mitglieder dürfen in keinem Dienstverhältnis zum Hessischen Rundfunk stehen und dem Rundfunkrat nicht angehören. Die Vorschrift des § 6 Absatz 3 ist entsprechend anwendbar.

3. Für die Wahl der von den Beschäftigten zu wählenden Mitglieder gilt § 67 Hessisches Personalvertretungsgesetz mit der Maßgabe, daß in Wahlvorschlägen nur Beschäftigte des Hessischen Rundfunks benannt werden können.

4. Die Mitglieder des Verwaltungsrats entscheiden nach pflichtgemäßem Ermessen. Sie sind an Weisungen nicht gebunden.

§ 12

1. Von den durch den Rundfunkrat gewählten Mitgliedern des Verwaltungsrats scheidet im Wechsel alle zwei Jahre ein Mitglied aus. Wiederwahl ist zulässig.

2. Die von den Beschäftigten gewählten Mitglieder gehören dem Verwaltungsrat für die Dauer der Amtszeit des Personalrats an. Wiederwahl ist zulässig.

§ 13

Der Verwaltungsrat wählt seinen Vorsitzenden und dessen Stellvertreter.

§ 14

1. Der Verwaltungsrat ist befugt, je einen Sachverständigen aus den Bereichen Finanzen, Recht und Technik zu berufen. Die Berufung erfolgt auf vier Jahre. § 11 Absatz 2 gilt entsprechend.

2. Die Sachverständigen nehmen an den Sitzungen des Verwaltungsrats mit beratender Stimme teil.

*) geändert durch das Gesetz zur Änderung des Gesetzes über den Hessischen Rundfunk vom 6. März 1980

100/6

§ 15

1. Der Verwaltungsrat erfüllt die Obliegenheiten, die in § 16 Absatz 2 Satz 2 näher bezeichnet sind. Außerdem obliegt dem Verwaltungsrat:

   1. den Dienstvertrag mit dem Intendanten abzuschließen,
   2. den Hessischen Rundfunk bei Rechtsgeschäften und Rechtsstreitigkeiten mit dem Intendanten oder seinem Vertreter zu vertreten,
   3. den vom Intendanten aufgestellten Haushaltsvoranschlag, die Jahresrechnung und den Jahresbericht zu prüfen und dem Rundfunkrat mit seiner Stellungnahme vorzulegen,
   4. die Geschäftsführung des Hessischen Rundfunks zu überwachen,
   5. die genehmigte Jahresrechnung zu veröffentlichen,
   6. Vorschläge über die Verwendung der Betriebsüberschüsse zu machen.

2. Der Verwaltungsrat erhält die Niederschriften über die Sitzungen des Rundfunkrats. Er kann zur Erfüllung seiner Aufsichtspflicht jederzeit vom Intendanten Bericht über die Angelegenheiten des Hessischen Rundfunks verlangen, die Geschäftsbücher, Akten und Unterlagen einsehen und prüfen, die Anstaltseinrichtungen besichtigen und einzelne Vorgänge untersuchen. Er kann damit auch einzelne seiner Mitglieder oder für bestimmte Aufgaben besondere Sachverständige beauftragen.

3. Der Intendant

§ 16

1. Der Intendant wird vom Rundfunkrat auf fünf bis neun Jahre mit einfacher Mehrheit gewählt. Wiederwahl ist zulässig.

2. Der Intendant vertritt die Anstalt gerichtlich und außergerichtlich. Er bedarf der Zustimmung des Verwaltungsrats

   a) zur Einstellung und Entlassung des wirtschaftlichen Leiters (Geschäftsführers) und des technischen Leiters,

   b) zu sonstigen Rechtshandlungen, für die die Satzung die Zustimmung des Verwaltungsrats vorsieht.

3. Der Intendant leitet und verwaltet den Hessischen Rundfunk. Er gestaltet das Programm in Übereinstimmung mit den Gesetzen.

4. Der Intendant nimmt an den Sitzungen des Rundfunkrats teil, es sei denn, daß seine persönlichen Angelegenheiten behandelt werden; er hat kein Stimmrecht. Der Intendant kann zu seiner Unterstützung Bedienstete der Anstalt oder Sachverständige zuziehen.

5. Die Anstalt kann jederzeit auf die Dienste des Intendanten verzichten, mit der Wirkung, daß der Intendant damit aus seiner Stellung ausscheidet. Für einen solchen Verzicht bedarf es des von zwei Dritteln der gesetzlichen Zahl der Mitglieder übereinstimmend gefaßten Beschlusses des Rundfunkrats und des Verwaltungsrats. Über den Antrag, einen solchen Verzicht auszusprechen, kann im Rundfunkrat und im Verwaltungsrat erst nach Ablauf eines Monats, nachdem er dem Intendanten zur Kenntnis gebracht ist, beschlossen werden. Dem Intendanten sind im Falle des Verzichts die vertragsmäßigen Bezüge weiter zu gewähren, so, als ob der Verzicht nicht erklärt worden wäre.

6. Der Intendant kann entlassen werden mit der Wirkung, daß er seine vertragsmäßigen Ansprüche mit der Entlassung verliert:

   a) durch übereinstimmenden Beschluß des Rundfunkrats und des Verwaltungsrats, der im Rundfunkrat eine Mehrheit von zwei Dritteln und im Verwaltungsrat der einfachen Mehrheit der gesetzlichen Zahl der Mitglieder bedarf und zur Voraussetzung hat, daß ein vom Intendanten verschuldeter wichtiger Grund für die Beendigung des Vertragsverhältnisses vorliegt;

   b) durch die Entscheidung eines Schiedsgerichts, bestehend aus einem vom Präsidenten des Staatsgerichtshofs zu benennenden Vorsitzenden, der die Befähigung zum Richteramt haben muß, und je zwei Beisitzern, die von den Antragstellern und dem Intendanten benannt werden und von denen mindestens je ein Beisitzer Richter sein muß. Das Nähere über die Bestellung des Schiedsgerichts, auch für den Fall, daß ein Teil die Benennung der Schiedsrichter verzögert, und das Verfahren vor dem Schiedsgericht werden durch eine Ausführungsverordnung geregelt.

7. Der Antrag auf eine Entscheidung nach Absatz 6b kann nur von mindestens sechs Mitgliedern des Rundfunkrats gestellt und nur darauf gestützt werden, daß der Intendant vorsätzlich oder grob fahrlässig die Grundsätze des § 3 gröblich oder wiederholt verletzt habe. Der Antrag kann erst gestellt werden, wenn die Antragsteller vorher den Intendanten unter Beschreibung des Vorkommnisses, das sie zu diesem Hinweis veranlaßt, darauf hingewiesen haben, daß sie im Falle eines erneuten Verstoßes gegen die Grundsätze des § 3 beim Schiedsgericht einen Antrag auf Entlassung stellen werden.

8. Auch im Falle des Absatzes 6a entscheidet, wenn der Intendant die Beschlüsse des Rundfunkrats und des Verwaltungsrats nicht anerkennt, das Schiedsgericht, das vom Intendanten binnen zwei Wochen, nachdem ihm die Beschlüsse zugestellt sind, angerufen werden muß.

IV. Rundfunkgebühren

§ 17

1. Das nach dem Gesetz über Fernmeldeanlagen vom 14. Januar 1928 (RGBl. 1928 I S. 8 ff.) dem Reichspostminister zustehende Recht, die Befugnis zum Betrieb einer Fernmeldeanlage zu verleihen, wird für Rundfunkempfangsgeräte, die im Lande Hessen in Betrieb genommen werden sollen, auf den Hessischen Rundfunk übertragen.

2. Der Hessische Rundfunk hat unter der Bedingung, daß von dem Benutzer eine Gebühr von DM 2,-- im Monat entrichtet wird, jedermann das Recht zu verleihen, ein Rundfunkempfangsgerät in Betrieb zu nehmen.

3. Wer einen Rundfunkapparat in Betrieb nehmen will, muß es bei der die Gebühr einziehenden Stelle anmelden. Mit der Einziehung der Gebühr kann die Post beauftragt werden.

100/8

V. Haushalts-, Kassen- und Rechnungswesen

§ 18

1. Den Anforderungen wirtschaftlicher Finanzgebarung ist zu genügen.

2. Die Ausgaben sind aus den Einnahmen, insbesondere den Rundfunkgebühren zu decken. Kredite sollen nur zum Erwerb, zur Erweiterung und zur Verbesserung der Betriebsanlagen aufgenommen werden. Ihre Verzinsung und Tilgung aus Mitteln der Betriebseinnahmen muß auf die Dauer gewährleistet erscheinen.

3. Betriebsüberschüsse sind nur für kulturelle Einrichtungen und Zwecke zu verwenden, die unmittelbar oder mittelbar der Förderung des Rundfunks und seiner Leistungen dienen.

§ 19 *)

Die Haushalts- und Wirtschaftsführung der Anstalt wird vom Hessischen Rechnungshof geprüft. Der abschließende Bericht wird dem Rundfunkrat und dem Verwaltungsrat mit der Stellungnahme des Intendanten hierzu übermittelt.

VI. Schlußbestimmungen

§ 20

1. Die Mitglieder des ersten Rundfunkrats werden von dem Minister für Kultus und Unterricht nach den für ihn bindenden Vorschlägen der entsendungsberechtigten Stellen einberufen. Der Rundfunkrat entscheidet endgültig über Beschwerden gegen die erste Bestellung seiner Mitglieder.

2. Bis zur Berufung eines Intendanten nach diesem Gesetz nimmt der derzeitige Intendant die Geschäfte des Hessischen Rundfunks nach den Bestimmungen dieses Gesetzes wahr.

§ 21

Die vor dem Inkrafttreten des gegenwärtigen Gesetzes vollzogene Anmeldung der Benutzung eines Rundfunkgeräts gilt als Anmeldung nach § 17 Absatz 3.

§ 22

Dieses Gesetz tritt am 1. Oktober 1948 in Kraft.
Die verfassungsmäßigen Rechte der Landesregierung sind gewahrt.

Wiesbaden, den 2. Oktober 1948

HESSISCHES STAATSMINISTERIUM

DER MINISTERPRÄSIDENT	DER MINISTER FÜR KULTUS UND UNTERRICHT
gez. Stock	gez. Dr. Stein

*) geändert gem. Gesetz zum Staatsvertrag vom 21. Dezember 1988

Dezember 1989 hr

S A T Z U N G

des Hessischen Rundfunks

(Staatsanzeiger, Hessen vom 2. Juli 1949 Nr. 35, S. 357)

Die Verfassung des Hessischen Rundfunks, seine Aufgaben und die Aufgaben seiner Organe ergeben sich aus den Vorschriften des Gesetzes über den Hessischen Rundfunk (RFG) vom 2. Oktober 1948 (GVBl. Hessen 1948, Nr. 24, S. 123).

Der Rundfunkrat hat gemäß § 7 RFG diese Satzung beschlossen.

§ 1

Bezeichnung

Der Hessische Rundfunk, der ausschließlich und unmittelbar gemeinnützigen Zwecken dient, führt die Bezeichnung:

H e s s i s c h e r R u n d f u n k
Anstalt des öffentlichen Rechts.

A. Der Rundfunkrat

§ 2

Der Vorsitzende

1. Der Vorsitzende führt die Geschäfte des Rundfunkrats. Er vertritt ihn und leitet seine Versammlungen. Im Falle seiner Verhinderung wird er von dem stellvertretenden Vorsitzenden vertreten. Ist auch dieser verhindert, so tritt bis zur Bestimmung eines Vertreters durch die nächste Versammlung das älteste nicht verhinderte Mitglied des Rundfunkrats an seine Stelle.
2. Der Vorsitzende und der stellvertretende Vorsitzende werden mit einfacher Stimmenmehrheit auf zwei Jahre gewählt. Die Amtszeit läuft von Hauptversammlung zu Hauptversammlung. Die Neuwahl ist im Anschluß an die Hauptversammlung vorzunehmen. Ist dies nicht möglich, so führen der Vorsitzende und der stellvertretende Vorsitzende ihre Ämter bis zur Neuwahl weiter. Wiederwahl ist zulässig.
3. Der Vorsitzende und der stellvertretende Vorsitzende können vom Rundfunkrat mit einer Mehrheit von zwei Dritteln der gesetzlichen Zahl seiner Mitglieder abberufen werden.
4. Scheidet der Vorsitzende oder der stellvertretende Vorsitzende durch Tod oder aus einem anderen Grunde vorzeitig aus, so wird der Nachfolger nur für den Rest der Amtszeit des Ausgeschiedenen gewählt.

§ 3

Ausschüsse

1. Folgende ständige Ausschüsse werden gebildet:

   a) der Programm-Ausschuß (Vorbereitung der Beschlüsse gemäß § 9 Ziffer 2 RFG; Entscheidungen gemäß § 4 Absatz 2 Satz 1 dieser Satzung).

   b) Beschwerde-Ausschuß (§ 4 Absatz 2 Satz 2 dieser Satzung).

   Sie bestehen aus drei bis zehn *) Mitgliedern. Für ihre Wahl und ihre Abberufung gelten die Vorschriften des § 2 Absatz 2 Satz 1 und Absatz 3 entsprechend.

---

*) § 3 Abs. 1 Satz 2 geändert durch Beschluß des Rundfunkrats vom 17.12.1982 (Staatsanzeiger 1983, Seite 887)

110/2

2. Außer den ständigen Ausschüssen wird in jedem Jahre ein Finanz-Ausschuß zur Prüfung der Vorlagen des Verwaltungsrats über den Haushaltsplan, die Jahresrechnung und den Jahresbericht eingesetzt. Der Vorsitzende oder der stellvertretende Vorsitzende des Rundfunkrats müssen diesem Ausschuß angehören.

3. Weitere Ausschüsse können nach Bedarf gebildet werden.

4. Jedes Ausschußmitglied kann sich durch ein anderes Mitglied des Rundfunkrats vertreten lassen.

§ 4

Einsprüche und Beschwerden

1. Über Einsprüche gegen die Darbietungen und die sonstige Tätigkeit des Hessischen Rundfunks entscheidet der Intendant. Gegen dessen Bescheid kann Beschwerde eingelegt werden.

2. Bezieht sich die Beschwerde auf grundsätzliche Fragen der Programmgestaltung, so ist sie dem Programm-Ausschuß zur Entscheidung zuzuleiten. Über alle anderen Beschwerden entscheidet der Beschwerdeausschuß. Die Entscheidungen beider Ausschüsse ergehen namens des Rundfunkrats.

3. Gegen die Entscheidungen der Ausschüsse können der Beschwerdeführer und der Intendant den Rundfunkrat selbst anrufen. Die Ausschüsse können in jedem Fall auch von sich aus die Entscheidung des Rundfunkrats herbeiführen.

§ 5

Hauptversammlung des Rundfunkrats

1. Die Hauptversammlung des Rundfunkrats soll innerhalb der ersten sechs Monate des Geschäftsjahres (§ 16 Abs. 1) stattfinden.

2. Die Hauptversammlung beschließt über:

   a) die Genehmigung der Jahresrechnung und des Jahresberichts,
   b) die Feststellung des Betriebsüberschusses und seine Verwendung,
   c) die Entlastung des Verwaltungsrats und des Intendanten.

3. Die Hauptversammlung ist öffentlich. Zeit, Ort und Tagesordnung sind mindestens 3 Tage vorher öffentlich bekanntzugeben (§ 21).

§ 6

Ordentliche und außerordentliche Versammlungen des Rundfunkrats

1. Der Rundfunkrat tritt vierteljährlich einmal (ordentliche Versammlung), im übrigen nach Bedarf (außerordentliche Versammlung) zusammen. Er kann mit einfacher Mehrheit beschließen, daß über eine Angelegenheit öffentlich beraten und beschlossen wird; dann gilt § 5 Absatz 3 entsprechend.

2. Der Vorsitzende hat eine außerordentliche Versammlung einzuberufen, wenn ein Viertel der Mitglieder des Rundfunkrats oder der Verwaltungsrat oder der Intendant dies schriftlich beantragen. Der Vorsitzende kann eine außerordentliche Versammlung einberufen, wenn er es für angebracht hält.

3. Versammlungen des Rundfunkrats können mit einfacher Mehrheit der abgegebenen Stimmen für vertraulich erklärt werden.

4. Zu den Versammlungen wird von dem Vorsitzenden schriftlich möglichst zwei Wochen vor dem Versammlungstag eingeladen. Dies gilt auch für die Hauptversammlung. *)

§ 7

Beschlüsse des Rundfunkrats

1. Der Rundfunkrat ist beschlußfähig, wenn mehr als die Hälfte seiner Mitglieder anwesend ist. Ist er beschlußunfähig, so kann der Rundfunkrat über eine Angelegenheit, deren Verhandlung rechtzeitig nach Absatz 4 angekündigt war und die auf die Tagesordnung der nächsten Versammlung gesetzt wird, in dieser neuen Versammlung ohne Rücksicht auf die Zahl der Erschienenen beschließen. Hierauf ist in der Einladung zur zweiten Versammlung besonders hinzuweisen. Die zweite Versammlung kann mit einer Frist von nur einer Woche einberufen werden.

2. Der Vorsitzende kann auch durch schriftliche Befragung der Mitglieder abstimmen lassen. Dabei ist die Stellungnahme des Intendanten mitzuteilen. Eine solche Abstimmung ist nicht gültig, wenn ein Mitglied ihr widerspricht.

3. Der Vorsitzende bestimmt die Tagesordnung. Jedes Mitglied kann die Aufnahme einer Angelegenheit in die Tagesordnung beantragen. Dem Antrag ist stattzugeben, wenn mindestens ein Sechstel der Mitglieder ihn unterstützt.

4. In den Versammlungen dürfen Beschlüsse nur über Angelegenheiten gefaßt werden, deren Verhandlung mindestens eine Woche vor dem Tag der Versammlung den Mitgliedern angekündigt worden ist. Es genügt der Nachweis, daß die Mitteilungen rechtzeitig abgesandt worden sind.

5. Erklärt der Rundfunkrat mit einer Mehrheit von zwei Dritteln der Anwesenden und mit mehr als der Hälfte der gesetzlichen Zahl seiner Mitglieder eine Angelegenheit für dringlich, so darf über sie verhandelt und beschlossen werden, auch wenn die Voraussetzungen des Absatzes 4 nicht erfüllt sind.

§ 8

Abstimmung

1. Zur Beschlußfassung genügt, soweit nichts anderes bestimmt ist, einfache Mehrheit der abgegebenen Stimmen. Bei Stimmengleichheit gibt der Vorsitzende den Ausschlag.

2. Über die Art der Abstimmung, insbesondere über die Frage, ob geheim abgestimmt werden soll, entscheidet der Rundfunkrat.

§ 9

Teilnahme an den Sitzungen des Rundfunkrats und seiner Ausschüsse

1. An den Versammlungen des Rundfunkrats können der Vorsitzende des Verwaltungsrats und sein Stellvertreter und mit Zustimmung des Rundfunkrats auch andere Mitglieder des Verwaltungsrats beratend teilnehmen. Der Rundfunkrat kann diese Bestimmung in besonderen Fällen außer Kraft setzen.

---

*) § 6 Abs. 4 geändert durch Beschluß des Rundfunkrats vom 5. September 1981 (StAnz. S. 2267)

110/4

2. An den Sitzungen eines Ausschusses können der Vorsitzende und der stellvertretende Vorsitzende des Rundfunkrats beratend teilnehmen, auch wenn sie nicht Mitglied des Ausschusses sind. Auch der Intendant oder ein von ihm bestimmter Vertreter kann an den Sitzungen eines Ausschusses teilnehmen und zu seiner Unterstützung Bedienstete der Anstalt oder Sachverständige zuziehen, es sei denn, daß der Ausschuß dies im Einzelfall für untunlich erklärt. Auf Ersuchen des Ausschusses ist der Intendant verpflichtet, an einer Sitzung teilzunehmen.

B. Der Verwaltungsrat

§ 10

Der Vorsitzende

Für die Wahl und die Aufgaben des Vorsitzenden und seines Stellvertreters gilt § 2 mit Ausnahme von Absatz 2 Satz 3. Die Neuwahl soll in der ordentlichen Sitzung nach § 11 Absatz 1 stattfinden.

§ 11

Sitzungen

1. Die ordentliche Sitzung des Verwaltungsrats soll innerhalb der ersten vier Monate des Geschäftsjahres stattfinden. In ihr ist die Prüfung der Jahresrechnung und des Jahresberichts abzuschließen, zu ihnen Stellung zu nehmen und die Verwendung von Betriebsüberschüssen vorzuschlagen.
2. Außerordentliche Sitzungen finden nach Bedarf statt.
3. Der Vorsitzende muß eine Sitzung einberufen, wenn zwei Mitglieder, der Rundfunkrat oder der Intendant dies beantragen.
4. Der Vorsitzende des Rundfunkrats und sein Stellvertreter, im Falle ihrer Verhinderung ein von ihnen bestimmtes Mitglied des Rundfunkrats, können beratend an den Sitzungen des Verwaltungsrats teilnehmen. § 9 Absatz 1 Satz 2 gilt auch für den Verwaltungsrat, es sei denn, daß die Sitzung auf Antrag des Rundfunkrats einberufen worden ist.
5. Der Intendant muß an den Sitzungen teilnehmen, wenn der Verwaltungsrat seine Anwesenheit für erforderlich hält. Er hat Bedienstete der Anstalt auf Ersuchen des Verwaltungsrats zu den Sitzungen zuzuziehen. Der Intendant hat ein Recht auf Teilnahme, wenn die Sitzung auf seinen Antrag einberufen worden ist.
6. Die Vorschrift des § 6 Absatz 3 gilt entsprechend.

§ 12

Beschlußfähigkeit

§ 7 ist entsprechend anzuwenden.

C. Der Intendant

§ 13

Zeichnung und Dienstsiegel

1. Der Intendant zeichnet bei Rechtshandlungen für die Anstalt:

Hessischer Rundfunk
Anstalt des öffentlichen Rechts

Unterschrift

2. Der Intendant führt ein Dienstsiegel mit der Inschrift:

Hessischer Rundfunk
Frankfurt am Main.

§ 14

Geschäftsführung

1. Gemäß § 16 Absatz 2 b RFG bedarf der Intendant der Zustimmung des Verwaltungsrats zu folgenden Rechtshandlungen:

   a) Erwerb, Veräußerung und Belastung von Grundstücken,
   b) Erwerb und Veräußerung von Unternehmungen und Beteiligungen,
   c) Aufnahme von Anleihen und Inanspruchnahme von Bankkrediten,
   d) Beschaffung von Anlagen jeder Art und Abschluß von Verträgen, soweit der Gesamtaufwand DM 100.000 *) im Einzelfall überschreitet,
   e) Abschluß von Anstellungsverträgen mit mehr als zweijähriger Vertragsdauer.

2. Der Intendant soll Vereinbarungen über Honorare, die den üblichen Rahmen in außerordentlicher Weise überschreiten, nach Möglichkeit nur mit Zustimmung des Verwaltungsrats treffen.

3. Der Intendant hat Richtlinien für die Geschäftsführung aufzustellen; die Richtlinien bedürfen der Zustimmung des Verwaltungsrats.

D. Sonstige Bestimmungen

§ 15

Zweigstellen

Die Errichtung von Zweigstellen bedarf der Zustimmung des Rundfunkrats. Der Verwaltungsrat ist vorher zu hören.

§ 16

Haushalt

1. Das Geschäftsjahr ist das Kalenderjahr. **)

2. Der Verwaltungsrat soll dem Rundfunkrat bis zum 15. November den Haushaltsplan vorlegen. Der Rundfunkrat soll über den Haushaltsplan bis zum 15. Dezember beschließen. **)

3. Der Wirtschaftsführung ist der vom Rundfunkrat festgestellte Haushaltsplan zugrunde zu legen. Überschreitungen sind nur mit Genehmigung des Rundfunkrats nach Anhörung des Verwaltungsrats zulässig.

4. Solange noch kein Haushaltsplan vorliegt, sind die laufenden Aufwendungen nach dem Voranschlag des Vorjahres zu leisten, außergewöhnliche Aufwendungen nur, soweit sie auf Gesetz oder Vertrag beruhen oder vom Verwaltungsrat gebilligt worden sind.

---

*) Betrag geändert durch Beschluß des Rundfunkrats vom 12. März 1976 (StAnz. S. 711)

**) § 16 Abs. 1 und 2 geändert durch Beschluß des Rundfunkrats vom 28. November 1959 (StAnz. S. 246)

110/6

§ 17

Prüfungen

Dem Verwaltungsrat ist zugleich mit der Jahresrechnung der Prüfungsbericht eines vom Verwaltungsrat benannten vereidigten Bücherrevisors oder Wirtschaftsprüfers vorzulegen.

§ 18

Geschäftsstelle

Rundfunkrat und Verwaltungsrat können Geschäftsstellen unterhalten.

§ 19

Entschädigungen und Vergütungen

1. Den Mitgliedern des Rundfunkrats und Verwaltungsrats werden die Fahrt- und Übernachtungskosten, die ihnen durch die Teilnahme an Versammlungen oder Sitzungen entstanden sind, ersetzt. Außerdem erhalten sie zur Abgeltung ihrer sonstigen Unkosten ein Sitzungsgeld.
2. Daneben erhalten die Mitglieder des Rundfunkrats und des Verwaltungsrats für den Aufwand in ihrer laufenden Tätigkeit eine monatliche Entschädigung.
3. Die Vorsitzenden des Rundfunkrats und des Verwaltungsrats erhalten eine Vergütung für ihre besondere laufende Tätigkeit. Auch anderen Mitgliedern des Rundfunkrats und Verwaltungsrats kann für eine besondere Tätigkeit eine Vergütung gewährt werden.
4. Die Höhe der in den Absätzen 1 bis 3 genannten Entschädigungen und Vergütungen bestimmt der Rundfunkrat nach Anhörung des Verwaltungsrats.

§ 20

Auflösung

Im Fall der Auflösung fällt das Vermögen an das Land Hessen zur ausschließlichen Verwendung für gemeinnützige Zwecke entsprechend den Weisungen des Hessischen Landtags, und zwar für Aufgaben, zu denen das Land Hessen nicht ohnehin schon gesetzlich verpflichtet ist.

§ 21

Veröffentlichungen

Die vom Gesetz vorgeschriebenen Bekanntmachungen sind im "Staatsanzeiger für das Land Hessen" zu veröffentlichen. Öffentliche Versammlungen des Rundfunkrats werden durch Rundfunk bekanntgegeben.

§ 22

Inkrafttreten und Änderung der Satzung

1. Diese Satzung ist am 2. Juli 1949 vom Rundfunkrat beschlossen worden und am gleichen Tag in Kraft getreten.
2. Zur Änderung der Satzung bedarf es eines Beschlusses des Rundfunkrats, dem mindestens zwei Drittel der gesetzlichen Zahl seiner Mitglieder zustimmen müssen.

September 1982 hr

150/1

STAATSVERTRAG

über die Regelung des Rundfunkgebührenwesens
vom 5. Dezember 1974
(GVBl. Hessen I 1975, S. 136)

Das Land Baden-Württemberg,
der Freistaat Bayern,
das Land Berlin,
die Freie Hansestadt Bremen,
die Freie und Hansestadt Hamburg,
das Land Hessen,
das Land Niedersachsen,
das Land Nordrhein-Westfalen,
das Land Rheinland-Pfalz,
das Saarland und
das Land Schleswig-Holstein

schließen nachstehenden

Staatsvertrag

1. Abschnitt

Begriffsbestimmungen

Artikel 1

Rundfunk ist die für die Allgemeinheit bestimmte Veranstaltung und Verbreitung von Darbietungen aller Art in Wort, in Ton und in Bild unter Benutzung elektrischer Schwingungen ohne Verbindungsleitung oder längs oder mittels eines Leiters.

Artikel 2

(1) Rundfunkempfangsgeräte im Sinne dieses Staatsvertrages sind technische Einrichtungen, die zur drahtlosen oder drahtgebundenen, nicht zeitversetzten Hör- oder Sichtbarmachung oder Aufzeichnung von Rundfunkdarbietungen (Hörfunk und Fernsehen) geeignet sind. Rundfunkempfangsgeräte sind auch Lautsprecher, Bildwiedergabegeräte und ähnliche technische Einrichtungen als gesonderte Hör- oder Sehstellen. Mehrere Geräte gelten dann als ein einziges Rundfunkempfangsgerät, wenn sie zur Verbesserung oder Verstärkung des Empfangs einander zugeordnet sind und damit eine einheitliche Hör- oder Sehstelle bilden.

(2) Rundfunkteilnehmer ist, wer ein Rundfunkempfangsgerät zum Empfang bereithält. Für das in ein Kraftfahrzeug eingebaute Rundfunkempfangsgerät gilt der Kraftfahrzeughalter als Rundfunkteilnehmer.

150/2

2. A b s c h n i t t

Rundfunkgebühr

Artikel 3

(1) Die Rundfunkgebühr besteht aus der Grundgebühr und der Fernsehgebühr; ihre Höhe wird durch einen besonderen Staatsvertrag festgesetzt.

(2) Jeder Rundfunkteilnehmer hat vorbehaltlich der Regelung des Artikels 6 für jedes von ihm zum Empfang bereitgehaltene Rundfunkempfangsgerät eine Grundgebühr und für das Bereithalten jedes Fernsehgerätes jeweils zusätzlich eine Fernsehgebühr zu entrichten. Wenn hiernach Grundgebühren für Hörfunkgeräte zu entrichten sind, sind weitere Grundgebühren für Fernsehgeräte nur zu entrichten, soweit die Zahl der von einem Rundfunkteilnehmer bereitgehaltenen Fernsehgeräte die Zahl der Hörfunkgeräte übersteigt.

(3) Im Falle der gewerblichen Vermietung eines Rundfunkempfangsgerätes sind die Rundfunkgebühren bei einer Vermietung für einen Zeitraum bis zu drei Monaten nicht vom Mieter, sondern vom Vermieter zu zahlen; wird das Gerät mehrmals vermietet, so sind für den Zeitraum von drei Monaten die Rundfunkgebühren nur einmal zu zahlen.

Artikel 4

(1) Beginn und Ende des Bereithaltens eines Rundfunkempfangsgerätes zum Empfang sind unverzüglich der Landesrundfunkanstalt anzuzeigen, in deren Anstaltsbereich der Rundfunkteilnehmer wohnt, sich ständig aufhält oder ständig ein Rundfunkempfangsgerät zum Empfang bereithält; entsprechendes gilt für einen Wohnungswechsel. In den Fällen des Artikels 6 Abs. 1 und 3 bis 5 besteht keine Anzeigepflicht.

(2) Jede Landesrundfunkanstalt kann für ihren Anstaltsbereich eine andere Stelle mit der Entgegennahme der Anzeige beauftragen; diese Stelle ist in den amtlichen Verkündungsblättern der Länder öffentlich bekanntzumachen.

Artikel 5

(1) Die Rundfunkgebührenpflicht beginnt, sobald ein Rundfunkempfangsgerät zum Empfang bereitgehalten wird. Die Rundfunkgebühren sind vierteljährlich zu leisten, und zwar jeweils in der Mitte des Vierteljahres. Wird ein Rundfunkempfangsgerät im Laufe eines Monats zum Empfang bereitgestellt, so sind die Rundfunkgebühren vom Beginn dieses Monats an zu leisten.

(2) Die Rundfunkgebührenpflicht endet mit Ablauf des Monats, in dem das Bereithalten des Rundfunkempfangsgerätes zum Empfang endet und dies der zuständigen Stelle angezeigt ist.

(3) Der Anspruch auf Rundfunkgebühren verjährt in vier Jahren.

(4) Die zuständige Landesrundfunkanstalt kann von Rundfunkteilnehmern oder von Personen, bei denen die begründete Vermutung besteht, daß sie ein Rundfunkempfangsgerät zum Empfang bereithalten, Auskunft über diejenigen Tatsachen verlangen, die Grund, Höhe und Zeitraum ihrer Gebührenpflicht betreffen. Die Auskunft kann auch von Personen verlangt werden, die mit den in Satz 1 genannten Personen in häuslicher Gemeinschaft leben. Der Anspruch auf Auskunft kann im Verwaltungszwangsverfahren durchgesetzt werden.

(5) Die Landesrundfunkanstalten werden ermächtigt, Einzelheiten des Anzeigeverfahrens und des Verfahrens zur Leistung der Rundfunkgebühren einschließlich von Nachlässen bei längerfristiger Vorauszahlung und von Säumniszuschlägen durch Satzung zu regeln. Die Satzungen sollen übereinstimmen; sie bedürfen der Genehmigung der Landesregierung und sind in den amtlichen Verkündungsblättern der Länder zu veröffentlichen.

Artikel 6

(1) Eine Rundfunkgebühr ist nicht zu leisten für weitere Rundfunkempfangsgeräte (Zweitgeräte), die von einer natürlichen Person oder ihrem Ehegatten

1. in ihrer Wohnung oder ihrem Kraftfahrzeug zum Empfang bereitgehalten werden, wobei für Rundfunkempfangsgeräte in mehreren Wohnungen für jede Wohnung eine Rundfunkgebühr zu entrichten ist;

2. als der allgemeinen Zweckbestimmung nach tragbare Rundfunkempfangsgeräte vorübergehend außerhalb ihrer Wohnung oder vorübergehend außerhalb ihres Kraftfahrzeuges zum Empfang bereitgehalten werden.

Eine Rundfunkgebührenpflicht im Rahmen des Satzes 1 besteht auch nicht für weitere Rundfunkempfangsgeräte, die von Personen zum Empfang bereitgehalten werden, welche mit dem Rundfunkteilnehmer in häuslicher Gemeinschaft leben und von ihm mindestens überwiegend unterhalten werden.

(2) Absatz 1 gilt nicht für Zweitgeräte in solchen Räumen oder Kraftfahrzeugen, die zu gewerblichen Zwecken oder zu einer anderen selbständigen Erwerbstätigkeit genutzt werden. Für Zweitgeräte in Gästezimmern des Beherbergungsgewerbes ist die Rundfunkgebühr in Höhe von jeweils 50 vom Hundert zu zahlen.

(3) Unternehmen, die sich gewerbsmäßig mit der Herstellung, dem Verkauf, dem Einbau oder der Reparatur von Rundfunkempfangsgeräten befassen, sind berechtigt, bei Zahlung der Rundfunkgebühren für ein Rundfunkempfangsgerät weitere entsprechende Geräte für Prüf- und Vorführzwecke auf ein und demselben Grundstück oder zusammenhängenden Grundstücken gebührenfrei zum Empfang bereitzuhalten. Außerhalb der Geschäftsräume können Rundfunkempfangsgeräte von diesen Unternehmen gebührenfrei nur bis zur Dauer einer Woche zu Vorführzwecken bei Dritten zum Empfang bereitgehalten werden.

150/4

(4) Die Deutsche Bundespost, die öffentlich-rechtlichen Rundfunkanstalten und die für private Veranstalter nach Landesrecht zuständigen Stellen sind von der Rundfunkgebührenpflicht befreit, soweit sie Rundfunkempfangsgeräte für dienstliche Zwecke bereithalten. Private Rundfunkveranstalter oder -anbieter werden auf Antrag gegen Vorlage ihrer Berechtigung zur Veranstaltung oder zum Anbieten von Rundfunk im Geltungsbereich des Grundgesetzes von der Rundfunkgebührenpflicht befreit, soweit sie Rundfunkempfangsgeräte für betriebliche Zwecke bereithalten. *)

(5) Rundfunkteilnehmer, die aufgrund Artikel 2 des Gesetzes vom 6. August 1964 zu dem Wiener Übereinkommen vom 18. April 1961 über diplomatische Beziehungen (BGBl. 1964 II S. 957) oder entsprechender Rechtsvorschriften Vorrechte genießen, sind von der Rundfunkgebührenpflicht befreit.

Artikel 7

(1) Die Landesregierungen können durch Rechtsverordnung die Voraussetzungen für die Befreiung von der Rundfunkgebührenpflicht oder für eine Ermäßigung der Rundfunkgebühr in folgenden Fällen bestimmen:

1. aus sozialen Gründen oder aus Billigkeitsgründen;

2. für das Bereithalten von Rundfunkempfangsgeräten in Unternehmen, Betrieben oder Anstalten, insbesondere Krankenhäusern und Heimen. Voraussetzung für die Befreiung ist, daß die Rundfunkempfangsgeräte von dem jeweiligen Rechtsträger des Betriebes oder der Einrichtung bereitgehalten werden und der Rechtsträger gemeinnützigen oder mildtätigen Zwecken im Sinne der §§ 17 und 18 des Steueranpassungsgesetzes und der Verordnung zur Durchführung der §§ 17 bis 19 des Steueranpassungsgesetzes (Gemeinnützigkeitsverordnung) dient. Das gleiche gilt, wenn bei dem Betrieb oder der Einrichtung eines Rechtsträgers diese Voraussetzungen vorliegen. Bei Krankenhäusern, Altenwohnheimen, Altenheimen und Altenpflegeheimen genügt es, daß sie in besonderem Maße der minderbemittelten Bevölkerung im Sinne des § 11 Absatz 2 bis 4 der Gewerbesteuer-Durchführungsverordnung dienen;

3. für allgemein- und berufsbildende Schulen;

4. für Einrichtungen des Strafvollzugs und anderer Arten gerichtlich angeordneter Freiheitsentziehungen.

(2) Die Rechtsverordnungen sollen übereinstimmen.

*) Geändert gemäß GVBl. Hessen Anhang Staatsverträge S. 229 vom 25.9.1987 mit Wirkung vom 1.12.1987

Artikel 8 *)

(1) Das Aufkommen aus der Grundgebühr steht der Landesrundfunkanstalt und in dem im besonderen Staatsvertrag über die Höhe der Rundfunkgebühr bestimmten Umfang der nach Landesrecht zuständigen Stelle zu, in deren Bereich das Rundfunkempfangsgerät zum Empfang bereitgehalten wird.

(2) Das Aufkommen aus der Fernsehgebühr steht der Landesrundfunkanstalt und in dem im besonderen Staatsvertrag über die Höhe der Rundfunkgebühr bestimmten Umfang der nach Landesrecht zuständigen Stelle, in deren Bereich das Fernsehempfangsgerät zum Empfang bereitgehalten wird, sowie dem ZDF zu. Der Anteil des ZDF nach § 23 Absatz 1 des ZDF-Staatsvertrages errechnet sich aus dem Aufkommen aus der Fernsehgebühr nach Abzug der Anteile der nach Landesrecht zuständigen Stellen.

(3) Nimmt eine nach Landesrecht zuständige Stelle ihr zustehende Anteile an der Rundfunkgebühr nicht in Anspruch, stehen diese Anteile den Landesrundfunkanstalten zu.

(4) Die Rundfunkgebühren sind an die zuständige Landesrundfunkanstalt als Schickschuld zu entrichten. Die Landesrundfunkanstalten können eine andere Stelle mit der Einziehung beauftragen; diese Stelle ist in den amtlichen Verkündungsblättern der Länder öffentlich bekanntzumachen. Die Landesrundfunkanstalten oder die von ihnen beauftragte Stelle führen die Anteile, die dem ZDF und den nach Landesrecht zuständigen Stellen zustehen, an diese ab. Die Kosten des Gebühreneinzugs tragen die Landesrundfunkanstalten, das ZDF und die nach Landesrecht zuständigen Stellen entsprechend ihren Anteilen.

(5) Ist eine Rundfunkgebühr ohne rechtlichen Grund entrichtet worden, hat derjenige, auf dessen Rechnung die Zahlung bewirkt worden ist, gegen die zuständige Landesrundfunkanstalt einen Anspruch auf Erstattung des entrichteten Betrages. Der Erstattungsanspruch verjährt mit Ende des vierten Jahres, das auf das Jahr folgt, in dem der Anspruch entstanden ist. Das ZDF und die nach Landesrecht zuständigen Stellen haben die auf sie entfallenden Anteile des Erstattungsbetrages an die zuständige Landesrundfunkanstalt abzuführen.

(6) Bescheide über rückständige Rundfunkgebühren werden im Verwaltungszwangsverfahren vollstreckt. Ersuchen um Vollstreckungshilfe gegen Gebührenschuldner, die in anderen Ländern ihren Wohnsitz oder ständigen Aufenthaltsort haben, können von der Landesrundfunkanstalt, an die die Gebühr zu entrichten ist, unmittelbar an die für den Wohnsitz oder ständigen Aufenthaltsort zuständige Vollstreckungsbehörde gerichtet werden.

3. Abschnit

Ordnungswidrigkeiten

Artikel 9

(1) Ordnungswidrig handelt, wer vorsätzlich oder fahrlässig

1. das Bereithalten eines Rundfunkempfangsgerätes zum Empfang entgegen Artikel 4 nicht innerhalb eines Monats anzeigt;

2. ein Rundfunkempfangsgerät zum Empfang bereithält und die fällige Rundfunkgebühr länger als sechs Monate ganz oder teilweise nicht leistet.

*) Geändert gemäß GVBl. Hessen Anhang Staatsverträge S. 229 v. 25.9.1987 mit Wirkung v. 1.1.1988

150/6

(2) Die Ordnungswidrigkeit kann mit einer Geldbuße geahndet werden.

(3) Die Ordnungswidrigkeit wird nur auf Antrag der Landesrundfunkanstalt verfolgt. Die Rundfunkanstalt ist vom Ausgang des Verfahrens zu benachrichten.

4. Abschnitt

Schlußbestimmungen

Artikel 10

Befreiungsbescheide, die aufgrund von Tatbeständen erteilt worden sind, die nach diesem Staatsvertrag nicht mehr zum Gegenstand der Rechtsverordnungen der Landesregierungen über die Voraussetzungen für die Befreiung von der Rundfunkgebührenpflicht gemacht werden können, werden mit Inkrafttreten dieses Staatsvertrages ungültig. Die übrigen nach den bisherigen Vorschriften gewährten Befreiungen von der Rundfunkgebührenpflicht bleiben im Rahmen ihrer Befristung in Kraft.

Artikel 11

Dieser Staatsvertrag gilt für unbestimmte Zeit. Er kann von jedem der Beteiligten zum Schluß des Kalenderjahres mit einer Frist von einem Jahr gekündigt werden, erstmalig zum 31. Dezember 1984. Die Kündigung ist gegenüber dem Vorsitzenden der Ministerpräsidenten-Konferenz schriftlich zu erklären. Die Kündigung eines Beteiligten läßt das Vertragsverhältnis der übrigen Beteiligten zueinander unberührt, jedoch kann jeder der übrigen Beteiligten den Vertrag binnen einer Frist von drei Monaten nach Eingang der Kündigungserklärung zu demselben Zeitpunkt kündigen.

Artikel 12

(1) Dieser Staatsvertrag tritt am 1. Juli 1975 in Kraft. Sind nicht alle Ratifikationsurkunden bis zum 30. April 1975 bei der Staatskanzlei des Vorsitzenden der Ministerpräsidenten-Konferenz hinterlegt, so tritt der Staatsvertrag am ersten Tag des dritten Monats in Kraft, der dem Monat folgt, in dem die letzte Ratifikationsurkunde bei der Staatskanzlei des Vorsitzenden der Ministerpräsidenten-Konferenz hinterlegt ist. *)

(2) Die Staatskanzlei des Vorsitzenden der Ministerpräsidenten-Konferenz teilt den Ländern den Zeitpunkt der Hinterlegung der letzten Ratifikationsurkunde mit.

Artikel 13

Mit Inkrafttreten dieses Staatsvertrages tritt der Staatsvertrag über die Regelung des Rundfunkgebührenwesens vom 31. Oktober 1968 in der Fassung des am 7., 8., 12., 14. und 16. August 1969 unterzeichneten Staatsvertrages zur Änderung des Staatsvertrages über die Regelung des Rundfunkgebührenwesens vom 31. Oktober 1968 außer Kraft.

*) Die Hinterlegung wurde so durchgeführt, daß der Staatsvertrag zum 1.1.1976 in Kraft tritt.

Gesetz- und Verordnungsblatt

für das Land Hessen · Teil I

1983	Ausgegeben zu Wiesbaden am 24. Juni 1983	Nr. 10

Der Landtag hat das folgende Gesetz beschlossen:

Gesetz
zu dem Staatsvertrag über die Höhe der Rundfunkgebühr und zur Änderung des Staatsvertrages über einen Finanzausgleich zwischen den Rundfunkanstalten*)

Vom 21. Juni 1983

§ 1

Dem Staatsvertrag über die Höhe der Rundfunkgebühr und zur Änderung des Staatsvertrages über einen Finanzausgleich zwischen den Rundfunkanstalten wird zugestimmt.

§ 2

(1) Der Staatsvertrag wird nachstehend mit Gesetzeskraft veröffentlicht.

(2) Der Tag, an dem der Staatsvertrag nach seinem Art. 6 in Kraft tritt, ist im Gesetz- und Verordnungsblatt Teil I bekanntzugeben.

§ 3

Dieses Gesetz tritt am Tage nach der Verkündung in Kraft.

Die verfassungsmäßigen Rechte der Landesregierung sind gewahrt.
Das vorstehende Gesetz wird hiermit verkündet.

Wiesbaden, den 21. Juni 1983

Der Hessische Ministerpräsident
Börner

*) GVBl. II Anhang Staatsverträge S. 209

Staatsvertrag über die Höhe der Rundfunkgebühr und zur Änderung des Staatsvertrages über einen Finanzausgleich zwischen den Rundfunkanstalten

Das Land Baden-Württemberg,
der Freistaat Bayern,
das Land Berlin,
die Freie Hansestadt Bremen,
die Freie und Hansestadt Hamburg,
das Land Hessen,
das Land Niedersachsen,
das Land Nordrhein-Westfalen,
das Land Rheinland-Pfalz,
das Saarland und
das Land Schleswig-Holstein

schließen nachstehenden

Staatsvertrag

ERSTER ABSCHNITT
Höhe der Rundfunkgebühr

Artikel 1

Die Rundfunkgebühr wird wie folgt festgesetzt:

Die Grundgebühr beträgt monatlich 5,05 DM,
die Fernsehgebühr monatlich 11,20 DM.

Artikel 2

Von der Grundgebühr haben die Landesrundfunkanstalten jährlich den Betrag von 52,125 Millionen DM an den Deutschlandfunk abzuführen. Die Anteile dieser Rundfunkanstalten bemessen sich nach dem zum Zeitpunkt des Inkrafttretens dieses Staatsvertrages geltenden Grundgebührenschlüssel.

Artikel 3

(1) Für die Durchführung der Versuche mit Breitbandkabel (Kabelpilotprojekte) in den Ländern Bayern, Berlin, Nordrhein-Westfalen und Rheinland-Pfalz ist von den Landesrundfunkanstalten und der Anstalt „Zweites Deutsches Fernsehen" ein Betrag von 35 Millionen DM je Projekt bereitzustellen.

(2) Die nach Landesrecht zuständigen Stellen können den Betrag nach Absatz 1 in zwölf gleichen Teilbeträgen vierteljährlich, jeweils in der Mitte des Kalendervierteljahres, abrufen oder diese Teilbeträge auf einen der späteren Abruftermine übertragen. Erster Abruftermin ist der 15. Februar 1984, letzter Abruftermin ist der 15. November 1986. Soweit Teilbeträge nicht bis zum letzten Abruftermin abgerufen worden sind, verbleiben sie dem allgemeinen Rundfunkgebührenaufkommen.

(3) Die Beträge dürfen nur für Investitionen und für den technischen Betrieb der Kabelfernsehzentralen einschließlich Studiotechnik und Verwaltungskosten verwendet werden. Die Verwendung der Beträge ist von den Ländern, in denen Kabelpilotprojekte durchgeführt werden, spätestens ein halbes Jahr nach Beendigung der Versuche allen Ländern nachzuweisen.

(4) Die Anteile der Landesrundfunkanstalten und der Anstalt „Zweites Deutsches Fernsehen" bemessen sich nach dem Fernsehgebührenschlüssel des § 23 Abs. 1 des Staatsvertrages über die Errichtung der Anstalt des öffentlichen Rechts „Zweites Deutsches Fernsehen"; die Anteile der Landesrundfunkanstalten zueinander bemessen sich nach dem zum Zeitpunkt des Inkrafttretens dieses Staatsvertrages geltenden Fernsehgebührenschlüssel.

ZWEITER ABSCHNITT
Änderung des Staatsvertrages über einen Finanzausgleich zwischen den Rundfunkanstalten

Artikel 4

Der Staatsvertrag über einen Finanzausgleich zwischen den Rundfunkanstalten vom 20. September 1973[1]) wird wie folgt geändert:

1. Artikel 3 erhält folgende Fassung:

„Artikel 3

Umfang der Finanzausgleichsmasse

(1) Die Finanzausgleichsmasse beträgt jährlich mindestens 148,5 Millionen DM.

(2) Aus der Finanzausgleichsmasse erhalten der Sender Freies Berlin mindestens 64,58 Millionen DM, Radio Bremen mindestens 38,15 Millionen DM und der Saarländische Rundfunk mindestens 45,77 Millionen DM.

(3) Die Finanzausgleichsmasse nach Absatz 1 und die Zuwendungen nach Absatz 2 sind späteren Änderungen der Rundfunkgebühr im gleichen Verhältnis anzupassen."

2. Artikel 4 erhält folgende Fassung:

„Artikel 4

Vereinbarung der Rundfunkanstalten

Im Rahmen der vorstehenden Grundsätze wird der Finanzausgleich von den in Artikel 2 Satz 1 genannten Rundfunkanstalten im einzelnen vereinbart. Die Rundfunkanstalten Radio Bremen, Saarländischer Rundfunk und Sender Freies Berlin sind dabei lediglich an der Aufbringung der Finanzierungsbeträge für die Gemeinschaftsaufgaben zu beteiligen; diese Beteiligungen sind bei der Vereinbarung der Zuwendungsbeträge an diese Anstalten zu berücksichtigen."

[1]) Ändert GVBl. II Anhang Staatsverträge S. 141

DRITTER ABSCHNITT

Schlußbestimmungen

Artikel 5

Das Vertragsverhältnis nach dem Ersten Abschnitt dieses Staatsvertrages gilt für unbestimmte Zeit. Es kann von jedem Beteiligten zum Schluß eines Kalenderjahres mit einer Frist von einem Jahr, erstmals zum 31. Dezember 1986, gekündigt werden. Die Kündigung ist gegenüber dem Vorsitzenden der Ministerpräsidenten-Konferenz schriftlich zu erklären. Die Kündigung eines Beteiligten läßt das Vertragsverhältnis unter den übrigen Beteiligten unberührt, jedoch kann jeder der übrigen Beteiligten das Vertragsverhältnis binnen einer Frist von drei Monaten nach Eingang der Kündigungserklärung zu demselben Zeitpunkt kündigen.

Artikel 6

(1) Dieser Staatsvertrag tritt am 1. Juli 1983 in Kraft. Sind nicht alle Ratifikationsurkunden bis zum 30. Juni 1983 bei der Staatskanzlei des Vorsitzenden der Ministerpräsidenten-Konferenz hinterlegt, so tritt der Staatsvertrag am ersten Tag des Monats in Kraft, der auf den Monat folgt, in dem die letzte Ratifikationsurkunde bei der Staatskanzlei des Vorsitzenden der Ministerpräsidenten-Konferenz hinterlegt ist.

(2) Die Staatskanzlei des Vorsitzenden der Ministerpräsidenten-Konferenz teilt den Ländern den Zeitpunkt der Hinterlegung der letzten Ratifikationsurkunde mit.

Artikel 7

Mit Inkrafttreten dieses Staatsvertrages tritt der Staatsvertrag über die Höhe der Rundfunkgebühr vom 17. März 1978[8]) außer Kraft.

Stuttgart, den 16. Juli 1982
Für das Land Baden-Württemberg:
gez. Späth

München, den 1. August 1982
Für den Freistaat Bayern:
gez. Strauß

Berlin, den 23. August 1982
Für das Land Berlin:
gez. Weizsäcker

Bremen, den 10. September 1982
Für die Freie Hansestadt Bremen:
gez. Koschnick

Hamburg, den 16. August 1982
Für die Freie und Hansestadt Hamburg:
gez. Dohnanyi

Wiesbaden, den 17. September 1982
Für das Land Hessen:
gez. Börner

Hannover, den 23. September 1982
Für das Land Niedersachsen:
gez. Albrecht

Düsseldorf, den 5. Oktober 1982
Für das Land Nordrhein-Westfalen:
gez. Rau

Mainz, den 6. Juli 1982
Für das Land Rheinland-Pfalz:
gez. Vogel

Saarbrücken, den 12. Oktober 1982
Für das Saarland:
gez. Zeyer

Kiel, den 26. Oktober 1982
Für das Land Schleswig-Holstein:
gez. Barschel

8) GVBl. II Anhang Staatsverträge S. 183

Gesetz- und Verordnungsblatt

für das Land Hessen · Teil I

1987	Ausgegeben zu Wiesbaden am 7. Oktober 1987	Nr. 16

Der Landtag hat das folgende Gesetz beschlossen:

Gesetz zum Staatsvertrag
zur Neuordnung des Rundfunkwesens (Rundfunkstaatsvertrag)*)
Vom 25. September 1987

§ 1

Dem am 3. April 1987 unterzeichneten Staatsvertrag zur Neuordnung des Rundfunkwesens (Rundfunkstaatsvertrag) wird zugestimmt.

§ 2

(1) Der Staatsvertrag wird nachstehend mit Gesetzeskraft veröffentlicht.

(2) Er tritt nach seinem Art. 16 Abs. 3 Satz 1 am 1. Dezember 1987 in Kraft. Sollte der Staatsvertrag nach seinem Art. 16 Abs. 3 Satz 2 gegenstandslos werden, ist dies bis zum 31. Dezember 1987 im Gesetz- und Verordnungsblatt Teil I bekanntzugeben.

§ 3

Das Gesetz über die Weiterverbreitung von Satellitenprogrammen vom 30. Januar 1987 (GVBl. I S. 17)[1]) wird wie folgt geändert:

§ 10 Abs. 1 erhält folgende Fassung:

„(1) Die Kosten des Rundfunkausschusses einschließlich der Geschäftsstelle werden bis zum 31. Dezember 1987 durch das Land und ab dem 1. Januar 1988 aus dem zusätzlichen Anteil an der einheitlichen Rundfunkgebühr nach Art. 6 Abs. 1 des Rundfunkstaatsvertrages gedeckt. Der Hessische Rundfunk stellt dem Rundfunkausschuß die erforderlichen Mittel zur Verfügung."

§ 4

Dieses Gesetz tritt am 1. Dezember 1987 in Kraft.

Die verfassungsmäßigen Rechte der Landesregierung sind gewahrt.
Das vorstehende Gesetz wird hiermit verkündet.

Wiesbaden, den 25. September 1987

Der Hessische Ministerpräsident
Dr. Wallmann

*) GVBl. II Anhang Staatsverträge S. 229
[1]) Ändert GVBl. II 74-12

STAATSVERTRAG
zur Neuordnung des Rundfunkwesens
(Rundfunkstaatsvertrag)

Das Land Baden-Württemberg,

der Freistaat Bayern,

das Land Berlin,

die Freie Hansestadt Bremen,

die Freie und Hansestadt Hamburg,

das Land Hessen,

das Land Niedersachsen,

das Land Nordrhein-Westfalen,

das Land Rheinland-Pfalz,

das Saarland und

das Land Schleswig-Holstein

schließen nachstehenden Staatsvertrag:

Präambel

Dieser Staatsvertrag enthält Regelungen für den öffentlich-rechtlichen und den privaten Rundfunk in einem dualen Rundfunksystem.

Mit der Vermehrung des elektronischen Medienangebots sollen Informationsvielfalt und kulturelles Angebot im deutschsprachigen Raum verstärkt werden. Gleichzeitig müssen beide Rundfunksysteme in der Lage sein, den Anforderungen des künftigen nationalen und internationalen Wettbewerbs zu entsprechen.

Für den öffentlich-rechtlichen Rundfunk sind Bestand und weitere Entwicklung zu gewährleisten. Dazu gehört seine Teilhabe an allen neuen technischen Möglichkeiten zur Verbreitung von Rundfunkprogrammen und die Erhaltung seiner finanziellen Grundlagen einschließlich des dazugehörigen Finanzausgleichs.

Den privaten Veranstaltern sollen der Aufbau und die Fortentwicklung eines privaten Rundfunksystems ermöglicht werden. Dazu sollen ihnen ausreichende Sendekapazitäten zur Verfügung gestellt und angemessene Einnahmequellen erschlossen werden. Sie sollen dabei ihre über Rundfunksatelliten ausgestrahlten Fernsehprogramme unter Berücksichtigung lokaler und regionaler Beiträge nach Maßgabe des jeweiligen Landesrechts auch über verfügbare terrestrische Fernsehfrequenzen verbreiten können, die bundesweit möglichst gleichgewichtig aufgeteilt werden sollen.

Artikel 1
Nutzung der Satellitentechnik

(1) Drei Fernsehkanäle auf einem von der Deutschen Bundespost zur Verfügung gestellten Rundfunksatelliten können auf Grund von Staatsverträgen zwischen Ländern nach Länderquoten von verschiedenen privaten Veranstaltern genutzt werden.

(2) Für die Länderquoten nach Abs. 1 wird von folgender Aufteilung für drei Fernsehkanäle jeweils in Prozenten ausgegangen: Baden-Württemberg 35, Bayern 40, Berlin 20, Bremen 10, Hamburg 15, Hessen 30, Niedersachsen 35, Nordrhein-Westfalen 60, Rheinland-Pfalz 25, Saarland 10, Schleswig-Holstein 20. Der Aufteilung nach Länderquoten entsprechen die bisher abgeschlossenen Staatsverträge zwischen einzelnen Ländern.

(3) Der Fernsehkanal, über dessen Nutzung durch private Veranstalter bei Unterzeichnung dieses Staatsvertrages noch kein besonderer Staatsvertrag zwischen einzelnen Ländern abgeschlossen ist, steht bis zu einer derartigen Nutzung dem Zweiten Deutschen Fernsehen (ZDF) für das in Art. 2 Abs. 2 genannte Programm zur Verfügung. Das ZDF kann dieses Programm auch über andere Satelliten verbreiten.

(4) Der vierte Fernsehkanal steht den in der Arbeitsgemeinschaft der öffentlich-rechtlichen Rundfunkanstalten der Bundesrepublik Deutschland (ARD) zusammengeschlossenen Landesrundfunkanstalten für das in Art. 2 Abs. 1 genannte Programm zur Verfügung. Die in der ARD zusammengeschlossenen Landesrundfunkanstalten können dieses Programm auch über andere Satelliten verbreiten. Solange nicht auf einem Kanal ganztägig digitaler Hörfunk verbreitet wird, wird der vierte Fernsehkanal mindestens in der Zeit von 1 Uhr bis 18 Uhr für die digitale Übertragung von 15 Hörfunkprogrammen in Stereoqualität und zwei Hörfunkprogrammen in Monoqualität genutzt. Jedes Land erhält einen Kanal in Stereoqualität, außerdem das Land Berlin und der Deutschlandfunk je einen Kanal in Monoqualität; die Länder Nordrhein-Westfalen, Bayern, Baden-Württemberg und Niedersachsen erhalten je einen weiteren Kanal in Stereoqualität. Die Ministerpräsidenten können feststellen, daß Hörfunkkanäle nach Satz 4 nicht genutzt werden; in diesem Fall erhalten zunächst Berlin und der Deutschlandfunk statt der Kanäle in Monoqualität je einen Kanal in Stereoqualität und danach die Länder Hessen, Rheinland-Pfalz, Schleswig-Holstein, Hamburg, Saarland und Bremen in dieser Reihenfolge jeweils einen der nicht genutzten Kanäle.

(5) Der fünfte Kanal steht dem ZDF für das in Art. 2 Abs. 2 genannte Programm zur Verfügung, wenn die Fernsehkanäle nach Abs. 1 an drei private Veranstalter vergeben sind. Abs. 3 Satz 2 gilt auch in diesem Fall.

(6) Werden Kanäle nicht nach den Abs. 1 bis 5 genutzt oder benötigt, können die Ministerpräsidenten über eine andere Nutzung entscheiden.

(7) Für die künftige Zuordnung von Kanälen für Rundfunkzwecke auf anderen Satelliten werden die Ministerpräsidenten Verfahrensgrundsätze vereinbaren.

Artikel 2
Weitere Fernsehprogramme für ARD und ZDF

(1) Die in der ARD zusammengeschlossenen Landesrundfunkanstalten sind ermächtigt und verpflichtet, über Satelliten gemeinsam ein zusätzliches Fernsehprogramm mit kulturellem Schwerpunkt zu veranstalten; dabei können ausländische Veranstalter aus den europäischen Ländern beteiligt werden.

(2) Das ZDF ist ermächtigt und verpflichtet, über Satelliten ein zusätzliches Fernsehprogramm mit kulturellem Schwerpunkt zu veranstalten; dabei können ausländische Veranstalter aus den europäischen Ländern beteiligt werden.

(3) Soweit dieser Staatsvertrag nichts anderes bestimmt, finden auf das Programm nach Abs. 1 das Länderabkommen über die Koordinierung des Ersten Fernsehprogramms und auf das Programm nach Abs. 2 der Staatsvertrag über die Errichtung der Anstalt des öffentlichen Rechts „Zweites Deutsches Fernsehen" (ZDF-Staatsvertrag) Anwendung.

(4) Die in der ARD zusammengeschlossenen Landesrundfunkanstalten und das ZDF können sich an einem von europäischen Rundfunkveranstaltern ausgestrahlten Fernsehprogramm beteiligen, wenn ihr Programmanteil einen nicht erheblichen Umfang am Gesamtprogramm hat und das Programm keine auf die Bundesrepublik Deutschland abzielende Werbung enthält.

(5) Weitere bundesweit verbreitete gemeinsame Fernsehprogramme der in der ARD zusammengeschlossenen Landesrundfunkanstalten und des ZDF sind nur auf der Grundlage besonderer staatsvertraglicher Vereinbarungen aller Länder zulässig.

Artikel 3
Finanzierung des öffentlich-rechtlichen Rundfunks

(1) Für die in der ARD zusammengeschlossenen Landesrundfunkanstalten und das ZDF ist die Rundfunkgebühr weiterhin die vorrangige Finanzierungsquelle. Der Finanzausgleich unter den Landesrundfunkanstalten bleibt Bestandteil des Finanzierungssystems der ARD; er hat insbesondere eine funktionsgerechte Aufgabenerfüllung der Anstalten Saarländischer Rundfunk, Radio Bremen und Sender Freies Berlin sicherzustellen. Der Umfang der Finanzausgleichsmasse und ihre Anpassung an die Rundfunkgebühr bestimmen sich nach einem besonderen Staatsvertrag über einen Finanzausgleich zwischen den Rundfunkanstalten. Das Bereithalten eines Rundfunkempfangsgeräts begründet auch künftig die Rundfunkgebührenpflicht.

(2) Werbung im öffentlich-rechtlichen Rundfunk ist vom übrigen Rundfunkprogramm deutlich zu trennen und als solche zu kennzeichnen. Sie darf das übrige Rundfunkprogramm inhaltlich nicht beeinflussen. Werbung, die sich auch an Kinder oder Jugendliche richtet, darf nicht deren Unerfahrenheit ausnutzen.

(3) Fernsehwerbung darf nur in Blöcken verbreitet werden. Fernsehsendungen von mehr als 60 Minuten Dauer dürfen zu einer im voraus angegebenen Zeit einmal Werbeeinschaltungen enthalten; dies gilt auch bei Unterteilungen der Sendungen. Für Sportsendungen können die für die Programmaufsicht zuständigen Gremien der Rundfunkanstalten Ausnahmen von Satz 2 gestatten.

(4) Die in der ARD zusammengeschlossenen Landesrundfunkanstalten haben in dem von ihnen veranstalteten Ersten Fernsehprogramm außerdem die gleichen Verpflichtungen einzuhalten, wie sie in § 22 Abs. 3 des ZDF-Staatsvertrages und der dort vorgesehenen Vereinbarung der Ministerpräsidenten dem ZDF auferlegt worden sind. In anderen bundesweit verbreiteten Fernsehprogrammen der in der ARD zusammengeschlossenen Landesrundfunkanstalten und des ZDF findet Werbung nicht statt. Art. 5 bleibt unberührt.

(5) Der am 1. Januar 1987 bestehende zeitliche Umfang der Werbung in den Dritten Fernsehprogrammen, ihre tageszeitliche Begrenzung auf die Zeit vor 20 Uhr, die Beschränkung auf Werktage und die Verbreitungsgebiete werden beibehalten. Der Hessische Rundfunk wird die Werbung im Dritten Fernsehprogramm einstellen, sobald ihm die Mittel für das vierte Hörfunkprogramm im Rahmen der Gebührenfinanzierung zur Verfügung stehen. Art. 5 bleibt unberührt.

(6) Der am 1. Januar 1987 geltende zeitliche Umfang der Werbung im Hörfunk, ihre tageszeitliche Begrenzung, die Beschränkung auf Werktage und die Verbreitungsgebiete werden beibehalten. Die Länder sind abweichend von Satz 1 jeweils berechtigt, den Landesrundfunkanstalten bis zu 90 Minuten werktäglich im Jahresdurchschnitt Werbung im Hörfunk einzuräumen. Art. 5 bleibt unberührt.

(7) Sendungen, die ein Dritter finanziell fördert (Sponsor), sind in der bisherigen Weise gestattet, wenn sie nicht den wirtschaftlichen Interessen des Sponsors oder eines anderen dienen.

(8) Die in der ARD zusammengeschlossenen Landesrundfunkanstalten und das ZDF erlassen Richtlinien zur Durchführung der Abs. 2, 3 und 7.

Artikel 4

Feststellung des Finanzbedarfs des öffentlich-rechtlichen Rundfunks

(1) Der Finanzbedarf des öffentlich-rechtlichen Rundfunks wird regelmäßig entsprechend den Grundsätzen von Wirtschaftlichkeit und Sparsamkeit geprüft und mindestens alle zwei Jahre festgestellt.

(2) Bei der Ermittlung des Finanzbedarfs sind insbesondere zugrunde zu legen

1. die wettbewerbsfähige Fortführung der bestehenden Hörfunk- und Fernsehprogramme, die durch Landesgesetz jeweils bestimmten neuen Hörfunkprogramme sowie die Fernsehprogramme nach Art. 2,
2. die Teilhabe an den neuen rundfunktechnischen Möglichkeiten,
3. die allgemeine Kostenentwicklung und die besondere Kostenentwicklung im Medienbereich,
4. die Entwicklung der Werbeeinnahmen und der sonstigen Einnahmen.

(3) Unter Berücksichtigung des bisherigen Verfahrens soll bei der Ermittlung des Finanzbedarfs ein hoher Grad der Objektivierbarkeit erreicht werden.

(4) Über eine Anpassung der Rundfunkgebühr wird jeweils anschließend an die Feststellung des Finanzbedarfs entschieden. Art. 5 bleibt unberührt.

Artikel 5

Änderung der Werbung im öffentlich-rechtlichen Rundfunk

Die Ministerpräsidenten können Änderungen der Gesamtdauer der Werbung und der tageszeitlichen Begrenzung der Werbung im öffentlich-rechtlichen Rundfunk vereinbaren. Werben private Veranstalter an Sonn- und Feiertagen, so lassen die Ministerpräsidenten auch für den öffentlich-rechtlichen Rundfunk die Werbung an diesen Tagen zu, wenn und soweit unter Zugrundelegung der Werbeeinnahmen des Vorjahres und unter Berücksichtigung der zu erzielenden Einnahmen aus der Werbung an Sonn- und Feiertagen zu erwarten ist, daß die Änderung einnahmenneutral sein wird; sie hören hierzu Sachverständige.

Artikel 6

Finanzierung besonderer Aufgaben

(1) Ein zusätzlicher Anteil an der einheitlichen Rundfunkgebühr in Höhe von 2 vom Hundert kann für die Finanzierung folgender Aufgaben verwendet werden:

1. die Zulassungs- und Aufsichtsfunktionen der für private Veranstalter nach Landesrecht zuständigen Stellen,
2. die Förderung offener Kanäle,
3. die Förderung von landesrechtlich gebotener technischer Infrastruktur zur terrestrischen Versorgung des gesamten Landes für den Zeitraum von 4 Jahren ab Inkrafttreten dieses Staatsvertrages.

(2) Soweit der Anteil nach Abs. 1 nicht in Anspruch genommen wird, steht er den jeweiligen Landesrundfunkanstalten zu. Eine landesgesetzliche Zweckbestimmung ist zulässig.

(3) Eine Finanzierung privater Veranstalter aus der Rundfunkgebühr ist unzulässig. Abs. 1 bleibt unberührt.

Artikel 7

Zulassung und Finanzierung des privaten Rundfunks

(1) Private Veranstalter bedürfen zur Veranstaltung von Rundfunkprogrammen einer Zulassung. Sie wird von den nach Landesrecht zuständigen Stellen erteilt.

(2) Die Finanzierung privater Rundfunkveranstalter erfolgt vorrangig durch Einnahmen aus Werbung und durch Entgelte.

(3) Die Werbung darf 20 vom Hundert der täglichen Sendezeit nicht überschreiten.

(4) Werbung ist vom übrigen Rundfunkprogramm deutlich zu trennen und als solche zu kennzeichnen. Sie darf das übrige Rundfunkprogramm inhaltlich nicht beeinflussen.

(5) Werbung, die sich auch an Kinder oder Jugendliche richtet, darf nicht deren Unerfahrenheit ausnutzen.

(6) Fernsehwerbung darf nur in Blöcken verbreitet werden. Fernsehsendungen von mehr als 60 Minuten Dauer dürfen zu einer im voraus angegebenen Zeit einmal Werbeeinschaltungen enthalten; dies gilt auch bei Unterteilungen der Sendungen. Für Sportsendungen kann die für die Zulassung des Veranstalters nach Landesrecht zuständige Stelle Ausnahmen von Satz 2 gestatten.

(7) Sendungen, die ein Dritter finanziell fördert (Sponsor) und deren Inhalt nicht im unmittelbaren Zusammenhang mit den wirtschaftlichen Interessen des Sponsors oder eines anderen steht, sind neben der Werbung zulässig. Sie dürfen nicht mißbräuchlich politischen oder weltanschaulichen Interessen dienen. Andere Sendungen dürfen durch die Sponsorsendungen nicht unterbrochen werden; die Sponsorsendungen dürfen nicht durch Werbung unterbrochen werden. Der Name des Sponsors ist am Anfang und am Ende der Sendung anzugeben. Abs. 4 gilt entsprechend.

(8) Die für private Veranstalter nach Landesrecht zuständigen Stellen erlassen gemeinsame Richtlinien zur Durchführung der Abs. 3 bis 7.

Artikel 8
Sicherung der Meinungsvielfalt im bundesweit verbreiteten privaten Rundfunk

(1) Im privaten Rundfunk ist inhaltlich die Vielfalt der Meinungen im wesentlichen zum Ausdruck zu bringen. Die bedeutsamen politischen, weltanschaulichen und gesellschaftlichen Kräfte und Gruppen müssen in den Vollprogrammen angemessen zu Wort kommen; Auffassungen von Minderheiten sind zu berücksichtigen. Die Möglichkeit, Programme mit gleichartigen Nutzungsinhalten (Spartenprogramme) anzubieten, bleibt hiervon unberührt.

(2) Solange nicht mindestens drei im Geltungsbereich des Grundgesetzes veranstaltete private Vollprogramme von verschiedenen Veranstaltern bundesweit verbreitet werden, ist jedes der Rundfunkprogramme zur Meinungsvielfalt nach Abs. 1 verpflichtet. Wenn mindestens drei derartige Rundfunkprogramme bundesweit verbreitet werden, wird davon ausgegangen, daß das Gesamtangebot dieser Rundfunkprogramme den Anforderungen an die Meinungsvielfalt entspricht. Dies gilt nicht, wenn und solange die für diese Rundfunkprogramme nach Landesrecht zuständigen Stellen übereinstimmend feststellen, daß die Anforderungen an die Meinungsvielfalt durch das Gesamtangebot dieser Rundfunkprogramme nicht erfüllt sind; in diesem Fall ist jedes der Rundfunkprogramme zur Meinungsvielfalt nach Abs. 1 verpflichtet.

(3) Ein einzelnes Programm darf die Bildung der öffentlichen Meinung nicht in hohem Maße ungleichgewichtig beeinflussen.

(4) Die für die Zulassung des Veranstalters nach Landesrecht zuständige Stelle soll darauf hinwirken, daß an Veranstaltergemeinschaften auch Interessenten mit kulturellen Programmbeiträgen beteiligt werden. Ein Rechtsanspruch auf Beteiligung besteht nicht.

(5) Ein Veranstalter darf im Geltungsbereich des Grundgesetzes bundesweit jeweils nur ein Vollprogramm und ein Spartenprogramm im Hörfunk und im Fernsehen verbreiten; dabei sind auch anderweitige deutschsprachige Programme des Veranstalters einzubeziehen, die bundesweit ortsüblich empfangbar sind. In diesen Programmen sind regionale Programmteile (Fensterprogramme) nach Maßgabe des jeweiligen Landesrechts zulässig. Einem Veranstalter ist zuzurechnen, wer zu ihm oder zu einem an einer Veranstaltergemeinschaft Beteiligten im Verhältnis eines verbundenen Unternehmens im Sinne von § 15 Aktiengesetz steht oder sonst auf seine Programmgestaltung allein oder gemeinsam mit anderen maßgeblich einwirken kann oder wer unter einem entsprechenden Einfluß eines anderen Veranstalters oder einer Veranstaltergemeinschaft steht. Der Einfluß gilt nicht maßgeblich, wenn er sich unter 25 vom Hundert der Kapital- und Stimmrechtsanteile oder des Programms beschränkt und kein anderer Fall nach Satz 3 vorliegt.

(6) Wenn die Voraussetzungen des Abs. 2 Satz 1 vorliegen, hat der Veranstalter durch eigene Vorkehrungen – wie einen Programmbeirat mit wirksamem Einfluß auf das Rundfunkprogramm – zu gewährleisten, daß eine vorherrschende Einwirkung auf die Meinungsbildung durch bundesweiten privaten Rundfunk ausgeschlossen ist. Bei einem von einer Veranstaltergemeinschaft veranstalteten Programm bedarf es solcher Vorkehrungen nicht, wenn durch Vertrag oder Satzung ein vorherrschender Einfluß eines der Beteiligten mit mehr als 50 vom Hundert der Kapital- und Stimmrechtsanteile ausgeschlossen ist.

(7) Die Abs. 1 bis 6 gelten nur für bundesweit verbreiteten privaten Rundfunk. Bestimmungen des Landes, in dem die Zulassung nach Art. 7 Abs. 1 erteilt wird, mit weitergehenden Anforderungen an die Sicherung der Meinungsvielfalt bleiben unberührt.

Artikel 9
Programmgrundsätze für bundesweit verbreiteten privaten Rundfunk

(1) Für die Rundfunkprogramme gilt die verfassungsmäßige Ordnung. Die Rundfunkprogramme haben die Würde des Menschen sowie die sittlichen, religiösen und weltanschaulichen Überzeugungen anderer zu achten. Sie sollen die internationale Verständigung fördern. Die Vorschriften der allgemeinen Gesetze und die gesetzlichen Bestimmungen zum Schutz der persönlichen Ehre sind einzuhalten.

(2) Die Rundfunkvollprogramme sollen zur Darstellung der Vielfalt im deutschsprachigen und europäischen Raum mit einem angemessenen Anteil an Information, Kultur und Bildung beitragen; die Möglichkeit, Spartenprogramme anzubieten, bleibt hiervon unberührt. Die Rundfunkvollprogramme sollen einen wesentlichen Anteil an Eigen- und Auftragsproduktionen einschließlich Gemeinschaftsproduktionen aus dem deutschsprachigen und europäischen Raum enthalten.

(3) Informationssendungen haben den anerkannten journalistischen Grundsätzen zu entsprechen. Sie müssen unabhängig und sachlich sein. Nachrichten sind vor ihrer Verbreitung mit der nach den Umständen gebotenen Sorgfalt auf Wahrheit und Herkunft zu prüfen. Kommentare sind von der Berichterstattung deutlich zu trennen und unter Nennung des Verfassers als solche zu kennzeichnen.

(4) Bei Meinungsumfragen, die im Rundfunk durchgeführt werden, ist ausdrücklich anzugeben, ob sie repräsentativ angelegt sind und ein entsprechend abgesichertes Meinungsbild wiedergeben.

(5) Den evangelischen Kirchen, der katholischen Kirche und den jüdischen Gemeinden sind auf Wunsch angemessene Sendezeiten zur Übertragung religiöser Sendungen einzuräumen; die Veranstalter können die Erstattung ihrer Selbstkosten verlangen. Politische Parteien oder Vereinigungen, für die ein Wahlvorschlag zum Deutschen Bundestag oder zum Europäischen Parlament zugelassen ist, erhalten zur Vorbereitung der Wahlen angemessene Sendezeiten entsprechend § 5 Abs. 1 bis 3 des Parteiengesetzes; sie sind bei einer Kostenerstattung gemäß dem Umfang der jeweiligen Sendungen gleichzubehandeln.

(6) Die Abs. 1 bis 5 gelten nur für bundesweit verbreiteten privaten Rundfunk.

Artikel 10

Unzulässige Sendungen, Jugendschutz

(1) Sendungen sind unzulässig, wenn sie

1. zum Rassenhaß aufstacheln oder grausame oder sonst unmenschliche Gewalttätigkeiten gegen Menschen in einer Art schildern, die eine Verherrlichung oder Verharmlosung solcher Gewalttätigkeiten ausdrückt oder die das Grausame oder Unmenschliche des Vorgangs in einer die Menschenwürde verletzenden Weise darstellt (§ 131 StGB),
2. den Krieg verherrlichen,
3. pornographisch sind (§ 184 StGB),
4. offensichtlich geeignet sind, Kinder oder Jugendliche sittlich schwer zu gefährden.

(2) Sendungen, die geeignet sind, das körperliche, geistige oder seelische Wohl von Kindern oder Jugendlichen zu beeinträchtigen, dürfen nicht verbreitet werden, es sei denn, der Veranstalter trifft auf Grund der Sendezeit oder auf andere Weise Vorsorge, daß Kinder oder Jugendliche der betroffenen Altersstufen die Sendungen üblicherweise nicht wahrnehmen; der Veranstalter darf dies bei Sendungen zwischen 23 und 6 Uhr annehmen. Filme, die nach dem Gesetz zum Schutze der Jugend in der Öffentlichkeit für Jugendliche unter 16 Jahren nicht freigegeben sind, dürfen nur zwischen 22 und 6 Uhr und Filme, die für Jugendliche unter 18 Jahren nicht freigegeben sind, nur zwischen 23 und 6 Uhr verbreitet werden.

(3) Sendungen, die ganz oder im wesentlichen mit Schriften inhaltsgleich sind, die in die Liste nach § 1 des Gesetzes über die Verbreitung jugendgefährdender Schriften aufgenommen sind, sind nur in der Zeit zwischen 23 und 6 Uhr und nur dann zulässig, wenn die mögliche sittliche Gefährdung von Kindern oder Jugendlichen unter Berücksichtigung aller Umstände nicht als schwer angesehen werden kann.

(4) Die für die Zulassung nach Landesrecht zuständige Stelle kann in Richtlinien oder für den Einzelfall Ausnahmen von den Zeitgrenzen nach Abs. 2 Satz 2 und Abs. 3 gestatten und von der Bewertung nach Abs. 2 Satz 2 und Abs. 3 abweichen. Dies gilt im Falle des Abs. 2 Satz 2 vor allem für Filme, deren Bewertung länger als 15 Jahre zurückliegt.

Artikel 11

Weiterverbreitung bundesweit herangeführter Rundfunkprogramme

(1) Die zeitgleiche und unveränderte Weiterverbreitung von bundesweit herangeführten inländischen Rundfunkprogrammen, die in rechtlich zulässiger Weise veranstaltet werden, ist durch Landesrecht zu ermöglichen.

(2) Die zeitgleiche und unveränderte Weiterverbreitung von bundesweit herangeführten ausländischen Rundfunkprogrammen, die im Herkunftsland in rechtlich zulässiger Weise veranstaltet werden, ist jedenfalls dann durch Landesrecht zu ermöglichen, wenn die Anforderungen an die Veranstaltung von Rundfunkprogrammen nach diesem Staatsvertrag bei entsprechender Anwendung erfüllt sind und auch das Recht der Gegendarstellung oder ein ähnliches Recht gewährleistet ist.

(3) Im übrigen gelten die landesgesetzlichen Bestimmungen insbesondere über die Rangfolge bei der Weiterverbreitung.

Artikel 12

Aufsicht über den privaten Rundfunk

(1) Die für die Zulassung des Veranstalters nach Landesrecht zuständige Stelle überprüft bei und nach der Zulassung die Einhaltung der für die privaten Programmveranstalter geltenden Bestimmungen dieses Staatsvertrages. Sie trifft entsprechend den landesrechtlichen Regelungen die jeweiligen Entscheidungen.

(2) Die für die Zulassung der Veranstalter nach Landesrecht zuständigen Stellen stimmen sich mit dem Ziel einer ländereinheitlichen Verfahrensweise hinsichtlich der Anwendung des Abs. 1 untereinander ab. Sie sollen gemeinsame Verfahrensgrundsätze festlegen.

(3) Jede nach Landesrecht zuständige Stelle zur Aufsicht über private Veranstalter kann gegenüber der für die Zulassung des Veranstalters zuständigen Stelle nach Abs. 1 beanstanden, daß ein bundesweit verbreitetes Programm gegen die Bestimmungen dieses Staatsvertrages verstößt. Die für die Zulassung zuständige Stelle ist verpflichtet, sich mit der Beanstandung zu befassen und die beanstandende Stelle von der Überprüfung und von eingeleiteten Schritten zu unterrichten.

Artikel 13
Anpassung des Rundfunkgebührenrechts

(1) Der Rundfunkgebührenstaatsvertrag vom 5. Dezember 1974 wird wie folgt geändert:

1. Art. 6 Abs. 4 erhält folgende Fassung:

„(4) Die Deutsche Bundespost, die öffentlich-rechtlichen Rundfunkanstalten und die für private Veranstalter nach Landesrecht zuständigen Stellen sind von der Rundfunkgebührenpflicht befreit, soweit sie Rundfunkempfangsgeräte für dienstliche Zwecke bereithalten. Private Rundfunkveranstalter oder -anbieter werden auf Antrag gegen Vorlage ihrer Berechtigung zur Veranstaltung oder zum Anbieten von Rundfunk im Geltungsbereich des Grundgesetzes von der Rundfunkgebührenpflicht befreit, soweit sie Rundfunkempfangsgeräte für betriebliche Zwecke bereithalten."

2. Art. 8 erhält folgende Fassung:

„(1) Das Aufkommen aus der Grundgebühr steht der Landesrundfunkanstalt und in dem im besonderen Staatsvertrag über die Höhe der Rundfunkgebühr bestimmten Umfang der nach Landesrecht zuständigen Stelle zu, in deren Bereich das Rundfunkempfangsgerät zum Empfang bereitgehalten wird.

(2) Das Aufkommen aus der Fernsehgebühr steht der Landesrundfunkanstalt und in dem im besonderen Staatsvertrag über die Höhe der Rundfunkgebühr bestimmten Umfang der nach Landesrecht zuständigen Stelle, in deren Bereich das Fernsehempfangsgerät zum Empfang bereitgehalten wird, sowie dem ZDF zu. Der Artikel des ZDF nach § 23 Abs. 1 des ZDF-Staatsvertrages errechnet sich aus dem Aufkommen aus der Fernsehgebühr nach Abzug der Anteile der nach Landesrecht zuständigen Stellen.

(3) Nimmt eine nach Landesrecht zuständige Stelle ihr zustehende Anteile an der Rundfunkgebühr nicht in Anspruch, stehen diese Anteile den Landesrundfunkanstalten zu.

(4) Die Rundfunkgebühren sind an die zuständige Landesrundfunkanstalt als Schickschuld zu entrichten. Die Landesrundfunkanstalten können eine andere Stelle mit der Einziehung beauftragen; diese Stelle ist in den amtlichen Verkündungsblättern der Länder öffentlich bekanntzumachen. Die Landesrundfunkanstalten oder die von ihnen beauftragte Stelle führen die Anteile, die dem ZDF und den nach Landesrecht zuständigen Stellen zustehen, an diese ab. Die Kosten des Gebühreneinzugs tragen die Landesrundfunkanstalten, das ZDF und die nach Landesrecht zuständigen Stellen entsprechend ihren Anteilen.

(5) Ist eine Rundfunkgebühr ohne rechtlichen Grund entrichtet worden, hat derjenige, auf dessen Rechnung die Zahlung bewirkt worden ist, gegen die zuständige Landesrundfunkanstalt einen Anspruch auf Erstattung des entrichteten Betrages. Der Erstattungsanspruch verjährt mit Ende des vierten Jahres, das auf das Jahr folgt, in dem der Anspruch entstanden ist. Das ZDF und die nach Landesrecht zuständigen Stellen haben die auf sie entfallenden Anteile des Erstattungsbetrages an die zuständige Landesrundfunkanstalt abzuführen.

(6) Bescheide über rückständige Rundfunkgebühren werden im Verwaltungszwangsverfahren vollstreckt. Ersuchen um Vollstreckungshilfe gegen Gebührenschuldner, die in anderen Ländern ihren Wohnsitz oder ständigen Aufenthaltsort haben, können von der Landesrundfunkanstalt, an die die Gebühr zu entrichten ist, unmittelbar an die für den Wohnsitz oder ständigen Aufenthaltsort zuständige Vollstreckungsbehörde gerichtet werden."

(2) Der Staatsvertrag über die Höhe der Rundfunkgebühr und zur Änderung des Staatsvertrages über einen Finanzausgleich zwischen den Rundfunkanstalten vom 6. Juli/26. Oktober 1982 wird wie folgt geändert:

1. Art. 1 erhält folgende Fassung:

„Die Rundfunkgebühr wird wie folgt festgesetzt:

Die Grundgebühr beträgt monatlich 5,16 Deutsche Mark,

die Fernsehgebühr monatlich 11,44 Deutsche Mark."

2. Art. 2 erhält folgende Fassung:

„Die Landesrundfunkanstalten haben jährlich den Betrag von 52,125 Millionen Deutsche Mark von der ihnen zustehenden Grundgebühr an den Deutschlandfunk abzuführen. Die Anteile dieser Rundfunkanstalten bemessen sich nach dem zum Zeitpunkt des Inkrafttretens dieses Staatsvertrages geltenden Grundgebührenschlüssel."

3. Art. 3 erhält folgende Fassung:

„(1) Die Höhe des Anteils der nach Landesrecht zuständigen Stellen beträgt 2 vom Hundert des Aufkommens aus der Grundgebühr und 2 vom Hundert des Aufkommens aus der Fernsehgebühr. Aus dem jährlichen Gesamtaufkommen des Anteils aller nach Landesrecht zuständigen Stellen erhält jede nach Landesrecht zuständige Stelle vorab einen Sockelbetrag von 500 000 Deutsche Mark. Das verbleibende Aufkommen steht den einzelnen nach Landesrecht zuständigen Stellen im Verhältnis des Aufkommens in ihren Ländern zu.

(2) Die nach Landesrecht zuständigen Stellen erhalten auf Anforderung von ihrer zuständigen Landesrundfunkanstalt jeweils zur Mitte eines Kalendervierteljahres angemessene Abschlagszahlungen. Die Schlußzahlung für ein Kalenderjahr ist spätestens sechs Monate nach Ablauf des Kalenderjahres zu leisten."

(3) Die Änderungen nach Abs. 1 Nr. 2 und Abs. 2 gelten ab 1. Januar 1988 zunächst bis zum 31. Dezember 1988. Sie gelten ab 1. Januar 1989 bei einer Änderung des besonderen Staatsvertrages über die Höhe der Rundfunkgebühr auf Grund der nächsten Rundfunkgebührenerhöhung fort.

(4) Die Kündigungen des Rundfunkgebührenstaatsvertrages und des Vertragsverhältnisses nach dem Ersten Abschnitt des Staatsvertrages über die Höhe der Rundfunkgebühr und zur Änderung des Staatsvertrages über einen Finanzausgleich zwischen den Rundfunkanstalten durch die Länder Baden-Württemberg, Bayern, Niedersachsen und Rheinland-Pfalz zum 31. Dezember 1987 sind mit Unterzeichnung dieses Rundfunkstaatsvertrages aufgehoben.

Artikel 14
Kündigung

(1) Dieser Staatsvertrag gilt für unbestimmte Zeit; Art. 13 Abs. 3 bleibt unberührt. Der Staatsvertrag kann von jedem der vertragschließenden Länder zum Schluß des Kalenderjahres mit einer Frist von einem Jahr gekündigt werden. Die Kündigung kann erstmals zum 31. Dezember 1998 erfolgen. Wird der Staatsvertrag zu diesem Termin nicht gekündigt, kann die Kündigung mit gleicher Frist jeweils zu einem vier Jahre späteren Termin erfolgen. Die Kündigung ist gegenüber dem Vorsitzenden der Ministerpräsidentenkonferenz schriftlich zu erklären. Kündigt ein Land diesen Staatsvertrag, kann es zugleich den Rundfunkgebührenstaatsvertrag und den Staatsvertrag über die Höhe der Rundfunkgebühr zum gleichen Zeitpunkt kündigen; jedes andere Land kann daraufhin innerhalb von sechs Monaten nach Eingang der Kündigungserklärung dementsprechend ebenfalls zum gleichen Zeitpunkt kündigen. Zwischen den übrigen Ländern bleiben diese Staatsverträge in Kraft.

(2) Im Falle der Kündigung verbleibt es bei der vorgenommenen Aufteilung der Kanäle, solange für diese Kanäle noch Berechtigungen bestehen.

(3) Art. 3 Abs. 4 bis 6 kann von jedem der vertragschließenden Länder auch gesondert zum Schluß des Kalenderjahres, das auf die Feststellung des Finanzbedarfs des öffentlich-rechtlichen Rundfunks gemäß Art. 4 folgt, mit einer Frist von einem Jahr gekündigt werden, wenn der besondere Staatsvertrag über die Höhe der Rundfunkgebühr nicht nach Feststellung des Finanzbedarfs gemäß Art. 4 auf Grund einer Rundfunkgebührenerhöhung geändert wird. Die Kündigung kann erstmals zum 31. Dezember 1990 oder bei einer Änderung des besonderen Staatsvertrages über die Höhe der Rundfunkgebühr auf Grund einer Rundfunkgebührenerhöhung zum 1. Januar 1989 erstmals zum 31. Dezember 1992 erfolgen. Wird Art. 3 Abs. 4 bis 6 zu einem dieser Termine nicht gekündigt, kann die Kündigung mit gleicher Frist jeweils zu einem vier Jahre späteren Termin erfolgen. Die Kündigung ist gegenüber dem Vorsitzenden der Ministerpräsidentenkonferenz schriftlich zu erklären. Kündigt ein Land, kann jedes Land innerhalb von drei Monaten nach Eingang der Kündigungserklärung den Rundfunkgebührenstaatsvertrag und den Staatsvertrag über die Höhe der Rundfunkgebühr zum gleichen Zeitpunkt kündigen. In diesem Fall kann jedes Land außerdem innerhalb weiterer drei Monate nach Eingang der Kündigungserklärung nach Satz 5 die Art. 3 Abs. 1 Satz 4 sowie Art. 4 und 5 hinsichtlich einzelner oder sämtlicher Bestimmungen zum gleichen Zeitpunkt kündigen. Zwischen den übrigen Ländern bleiben die gekündigten Bestimmungen dieses Staatsvertrages und die in Satz 5 angegebenen Staatsverträge in Kraft.

(4) Für die Länder, die durch Kündigung aus diesem Staatsvertrag ganz oder teilweise ausscheiden, gelten für die Werbung die staatsvertraglichen oder auf Grund von Staatsverträgen vereinbarten Regelungen, die vor Inkrafttreten dieses Staatsvertrages maßgebend waren. Bis zum Ausscheiden getroffene Vereinbarungen nach Art. 5 für die Werbung im Fernsehen gelten fort. Art. 2 bleibt im Falle der Kündigung einzelner Länder unberührt.

Artikel 15
Regelung für Bayern

Der Freistaat Bayern ist berechtigt, eine Verwendung des Anteils an der Rundfunkgebühr nach Art. 6 zur Finanzierung der landesgesetzlich bestimmten Aufgaben der Bayerischen Landeszentrale für neue Medien im Rahmen der öffentlich-rechtlichen Trägerschaft vorzusehen. Im übrigen finden die für private Veranstalter geltenden Bestimmungen dieses Staatsvertrages auf Anbieter nach bayerischem Recht entsprechende Anwendung.

Artikel 16
Geltungsbereich, Inkrafttreten

(1) Soweit dieser Staatsvertrag keine anderweitigen Regelungen für die Veranstaltung und Verbreitung von Rundfunkprogrammen enthält oder zuläßt, sind die für die jeweilige Rundfunkanstalt oder den jeweiligen privaten Veranstalter geltenden landesrechtlichen Vorschriften anzuwenden.

(2) Für die in der ARD zusammengeschlossenen Landesrundfunkanstalten und das ZDF gelten Art. 9 Abs. 4 und Art. 10 entsprechend. Im Fall des Art. 10 Abs. 4 entscheidet die Rundfunkanstalt.

(3) Dieser Staatsvertrag tritt am 1. Dezember 1987 in Kraft. Sind bis zum 30. November 1987 nicht alle Ratifikationsurkunden bei der Staatskanzlei des Vorsitzenden der Ministerpräsidentenkonferenz hinterlegt, wird der Staatsvertrag gegenstandslos.

(4) Die Staatskanzlei des Vorsitzenden der Ministerpräsidentenkonferenz teilt den Ländern die Hinterlegung der Ratifikationsurkunden mit.

Bonn, den 3. April 1987
Für das Land Baden-Württemberg: Lothar Späth

Bonn, den 3. April 1987
Für den Freistaat Bayern: Franz Josef Strauß

Bonn, den 3. April 1987
Für das Land Berlin: Eberhard Diepgen

Bremen, den 1. April 1987
Für die Freie Hansestadt Bremen: Klaus Wedemeier

Bonn, den 3. April 1987
Für die Freie und Hansestadt Hamburg: Klaus von Dohnanyi

Bonn, den 3. April 1987
Für das Land Hessen: Holger Börner

Bonn, den 3. April 1987
Für das Land Niedersachsen: Ernst Albrecht

Bonn, den 3. April 1987
Für das Land Nordrhein-Westfalen: Johannes Rau

Bonn, den 3. April 1987
Für das Land Rheinland-Pfalz: Bernhard Vogel

Bonn, den 3. April 1987
Für das Saarland: Oskar Lafontaine

Bonn, den 3. April 1987
Für das Land Schleswig-Holstein: Uwe Barschel

Der Landtag hat das folgende Gesetz beschlossen:

Gesetz
zu dem Staatsvertrag über die Höhe der Rundfunkgebühr
und zur Änderung des Staatsvertrages
über einen Finanzausgleich zwischen den Rundfunkanstalten
(Rundfunkfinanzierungsstaatsvertrag)*)

Vom 21. Dezember 1988

§ 1

Dem Staatsvertrag über die Höhe der Rundfunkgebühr und zur Änderung des Staatsvertrages über einen Finanzausgleich zwischen den Rundfunkanstalten (Rundfunkfinanzierungsstaatsvertrag) wird zugestimmt.

§ 2

Anlage

(1) Der Staatsvertrag wird in der Anlage mit Gesetzeskraft veröffentlicht.

(2) Er tritt nach seinem Art. 8 Abs. 1 Satz 1 am 1. Januar 1989 in Kraft. Sollte der Staatsvertrag nach seinem Art. 8 Abs. 1 Satz 2 gegenstandslos werden, ist dies bis zum 31. Januar 1989 im Gesetz- und Verordnungsblatt Teil I bekanntzugeben.

§ 3

Das Gesetz über den Hessischen Rundfunk vom 2. Oktober 1948 (GVBl. S. 123), zuletzt geändert durch Gesetz vom 6. März 1980 (GVBl. I S. 93)[1], wird wie folgt geändert:

1. Nach § 3 wird folgender § 3a eingefügt:

„§ 3a

(1) Die Reklamesendungen im Dritten Fernsehprogramm werden mit Ablauf des 31. Dezember 1992 eingestellt.

(2) Reklamesendungen im Hörfunk können bis zu 128 Minuten werktäglich im Jahresdurchschnitt dauern.

(3) Art. 5 des Rundfunkstaatsvertrages vom 1./3. April 1987 (GVBl. I S. 166) findet Anwendung."

2. § 19 erhält folgende Fassung:

„§ 19

Die Haushalts- und Wirtschaftsführung der Anstalt wird vom Hessischen Rechnungshof geprüft. Der abschließende Bericht wird dem Rundfunkrat und dem Verwaltungsrat mit der Stellungnahme des Intendanten hierzu übermittelt."

§ 4

Dieses Gesetz tritt am Tage nach der Verkündung in Kraft.

Die verfassungsmäßigen Rechte der Landesregierung sind gewahrt.
Das vorstehende Gesetz wird hiermit verkündet.

Wiesbaden, den 21. Dezember 1988

Der Hessische Ministerpräsident
Dr. Wallmann

*) GVBl. II Anhang Staatsverträge S. 243
[1]) Ändert GVBl. II 74-1

Anlage zu § 2 Abs. 1

STAATSVERTRAG
über die Höhe der Rundfunkgebühr und zur Änderung des Staatsvertrages über einen Finanzausgleich zwischen den Rundfunkanstalten (Rundfunkfinanzierungsstaatsvertrag)

Das Land Baden-Württemberg,
der Freistaat Bayern,
das Land Berlin,
die Freie Hansestadt Bremen,
die Freie und Hansestadt Hamburg,
das Land Hessen,
das Land Niedersachsen,
das Land Nordrhein-Westfalen,
das Land Rheinland-Pfalz,
das Saarland und
das Land Schleswig-Holstein

schließen nachstehenden Staatsvertrag:

Erster Abschnitt

Höhe der Rundfunkgebühr

Artikel 1

Die Rundfunkgebühr wird mit Wirkung zum 1. Januar 1990 wie folgt festgesetzt:

Die Grundgebühr beträgt monatlich 6,00 DM, die Fernsehgebühr beträgt monatlich 13,00 DM.

Artikel 2

Die Landesrundfunkanstalten haben ab 1. Januar 1990 jährlich den Betrag von 58 Millionen DM von der ihnen zustehenden Grundgebühr an den Deutschlandfunk abzuführen; diese Verpflichtung besteht nur, solange der Deutschlandfunk ausschließlich Hörfunk veranstaltet. Die Anteile der Landesrundfunkanstalten bemessen sich nach dem am 1. Januar 1990 geltenden Grundgebührenschlüssel.

Artikel 3

(1) Die Höhe des Anteils der nach Landesrecht zuständigen Stellen beträgt 2 vom Hundert des Aufkommens aus der Grundgebühr und 2 vom Hundert des Aufkommens aus der Fernsehgebühr. Aus dem jährlichen Gesamtbetrag des Anteils aller nach Landesrecht zuständigen Stellen erhält jede nach Landesrecht zuständige Stelle vorab einen Sockelbetrag von 500 000,00 DM. Der verbleibende Betrag steht den einzelnen nach Landesrecht zuständigen Stellen im Verhältnis des Aufkommens aus der Rundfunkgebühr in ihren Ländern zu.

(2) Das Recht des Landesgesetzgebers, der nach Landesrecht zuständigen Stelle nur einen Teil des Anteils nach Absatz 1 zuzuweisen, bleibt unberührt.

(3) Die nach Landesrecht zuständigen Stellen erhalten nach Anforderung von ihrer zuständigen Landesrundfunkanstalt jeweils zur Mitte eines Kalendervierteljahres angemessene Abschlagszahlungen. Die Schlußzahlung für ein Kalenderjahr ist spätestens sechs Monate nach Ablauf des Kalenderjahres zu leisten.

Zweiter Abschnitt

Konkursfähigkeit

Artikel 4

(1) Eine Konkursfähigkeit des Zweiten Deutschen Fernsehens besteht nicht.

(2) Für die Kündigung von Absatz 1 gilt § 27 des Staatsvertrages über die Errichtung der Anstalt des öffentlichen Rechts „Zweites Deutsches Fernsehen" vom 6. Juni 1961.

Dritter Abschnitt

Änderung des Staatsvertrages über einen Finanzausgleich zwischen den Rundfunkanstalten

Artikel 5

Der Staatsvertrag über einen Finanzausgleich zwischen den Rundfunkanstalten vom 20. September 1973, geändert durch den Staatsvertrag über die Höhe der Rundfunkgebühr und zur Änderung des Staatsvertrages über einen Finanzausgleich zwischen den Rundfunkanstalten vom 6. Juli/26. Oktober 1982, wird wie folgt geändert:

1. Artikel 3 erhält folgende Fassung:

„Artikel 3

Umfang der Finanzausgleichsmasse

(1) Die Finanzausgleichsmasse beträgt ab 1. Januar 1990 jährlich mindestens 222 Millionen DM.

(2) Ab 1. Januar 1990 erhalten aus der Finanzausgleichsmasse der Sender Freies Berlin mindestens 96,544 Millionen DM, Radio Bremen mindestens 57,032 Millionen DM und der Saarländische Rundfunk mindestens 68,424 Millionen DM.

(3) Die Finanzausgleichsmasse nach Absatz 1 und die Zuwendungen nach Absatz 2 sind späteren Änderungen der Rundfunkgebühr im gleichen Verhältnis anzupassen."

2. Artikel 4 erhält folgende Fassung:

„Artikel 4

Vereinbarung der Rundfunkanstalten

Gemäß den vorstehenden Grundsätzen wird der Finanzausgleich von den in Artikel 2 Satz 1 genannten Rundfunkanstalten im einzelnen vereinbart. Die Rundfunkanstalten Radio Bremen, Saarländischer Rundfunk und Sender Freies Berlin sind dabei lediglich an der Aufbringung der Finanzierungsbeträge für die Gemeinschaftsaufgaben zu beteiligen; diese Beteiligungen sind bei der Vereinbarung der Zuwendungsbeträge an diese Anstalten zu berücksichtigen."

Vierter Abschnitt

Schlußbestimmungen

Artikel 6

Artikel 13 Abs. 1 Nummer 2 und Absatz 2 Nummer 1 und 2 des Rundfunkstaatsvertrages vom 1./3. April 1987 gilt ab dem 1. Januar 1989 fort.

Artikel 7

(1) Das Vertragsverhältnis nach dem Ersten Abschnitt dieses Staatsvertrages gilt für unbestimmte Zeit. Es kann von jedem Beteiligten zum Schluß eines Kalenderjahres mit einer Frist von einem Jahr, erstmals zum 31. Dezember 1992, gekündigt werden. Die Kündigung ist gegenüber dem Vorsitzenden der Ministerpräsidentenkonferenz schriftlich zu erklären. Die Kündigung eines Beteiligten läßt das Vertragsverhältnis unter den übrigen Beteiligten unberührt, jedoch kann jeder der übrigen Beteiligten das Vertragsverhältnis binnen einer Frist von drei Monaten nach Eingang der Kündigungserklärung zu demselben Zeitpunkt kündigen.

(2) Artikel 14 Abs. 3 Satz 2 und 3 des Rundfunkstaatsvertrages vom 1./3. April 1987 erhält folgende Fassung:

„Die Kündigung kann erstmals zum 31. Dezember 1992 erfolgen. Wird Artikel 3 Absatz 4 bis 6 zu diesem Termin nicht gekündigt, kann die Kündigung mit gleicher Frist jeweils zu einem vier Jahre späteren Termin erfolgen."

Artikel 8

(1) Dieser Staatsvertrag tritt am 1. Januar 1989 in Kraft. Sind nicht alle Ratifikationsurkunden bis zum 31. Dezember 1988 bei der Staatskanzlei des Vorsitzenden der Ministerpräsidentenkonferenz hinterlegt, wird der Staatsvertrag gegenstandslos.

(2) Die Staatskanzlei des Vorsitzenden der Ministerpräsidentenkonferenz teilt den Ländern den Zeitpunkt der Hinterlegung der letzten Ratifikationsurkunde mit.

Artikel 9

Der Staatsvertrag über die Höhe der Rundfunkgebühr und zur Änderung des Staatsvertrages über einen Finanzausgleich zwischen den Rundfunkanstalten vom 6. Juli/26. Oktober 1982, geändert durch den Rundfunkstaatsvertrag vom 1./3. April 1987, tritt am 31. Dezember 1989, sein Artikel 3 am 31. Dezember 1988 außer Kraft.

Bonn, den 14. Oktober 1988
Für das Land Baden-Württemberg: Lothar Späth

München, den 12. Oktober 1988
Für den Freistaat Bayern: Max Streibl

Mainz, den 7. Oktober 1988
Für das Land Berlin: Eberhard Diepgen

Bonn, den 14. Oktober 1988
Für die Freie Hansestadt Bremen: Klaus Wedemeier

Bonn, den 13. Oktober 1988
Für die Freie und Hansestadt Hamburg: Voscherau

Wiesbaden, den 12. Oktober 1988
Für das Land Hessen: Wallmann

Bonn, den 13. Oktober 1988
Für das Land Niedersachsen: Albrecht

Bonn, den 14. Oktober 1988
Für das Land Nordrhein-Westfalen: Johannes Rau

Mainz, den 7. Oktober 1988
Für das Land Rheinland-Pfalz: Bernhard Vogel

Bonn, den 14. Oktober 1988
Für das Saarland: Hans Kaspar

Bonn, den 14. Oktober 1988
Für das Land Schleswig-Holstein: Björn Engholm

5293

Satzung des Hessischen Rundfunks über das Verfahren zur Leistung der Rundfunkgebühren vom 28. November 1975

Auf Grund des § 3 Abs. 1 Sätze 4 ff. des Staatsvertrages über die Regelung des Rundfunkgebührenwesens vom 31. Oktober 1968 in der Fassung des Staatsvertrages zur Änderung des Staatsvertrages über die Regelung des Rundfunkgebührenwesens vom 7. August 1969 (GVBl. I S. 275) erläßt der Hessische Rundfunk mit Genehmigung der Landesregierung folgende Satzung:

§ 1 Geltungsbereich

Diese Satzung gilt für alle Rundfunkteilnehmer, die im Anstaltsbereich des Hessischen Rundfunks wohnen, sich ständig aufhalten oder ständig ein Rundfunkempfangsgerät zum Empfang bereithalten.

§ 2 Gebühreneinzugszentrale

Die Gebühreneinzugszentrale der öffentlich-rechtlichen Rundfunkanstalten der Bundesrepublik Deutschland — GEZ — in Köln führt als gemeinsames Rechenzentrum im Rahmen einer nicht rechtsfähigen öffentlich-rechtlichen Verwaltungsgemeinschaft der ARD-Landesrundfunkanstalten und des Zweiten Deutschen Fernsehens Verwaltungsgeschäfte des Gebühreneinzugs durch.

§ 3 Anzeigen, Formulare

Anzeigen über Beginn und Ende des Bereithaltens eines Rundfunkempfangsgerätes zum Empfang sind unverzüglich schriftlich der GEZ zuzuleiten. Hierfür sind die vorgesehenen Formulare zu verwenden. Die Formulare werden von den Rundfunkanstalten an Stellen, die für jedermann zugänglich sind und von den Rundfunkanstalten bekanntgegeben werden, kostenlos bereitgehalten. Sätze 1 bis 3 gelten auch für die Anzeige eines Wohnungswechsels sowie für sonstige Veränderungen, die das Teilnehmerverhältnis einschließlich des Zahlungsverfahrens betreffen.

§ 4 Teilnehmernummer

Jeder Rundfunkteilnehmer erhält eine Mitteilung über seine Teilnehmernummer. Sie ist bei allen Mitteilungen, Anfragen und Zahlungen anzugeben.

§ 5 Zahlungen

(1) Der Rundfunkteilnehmer kann die Rundfunkgebühren über die Deutsche Bundespost, eine Bank oder Sparkasse auf folgenden Zahlungswegen entrichten:

a) Lastschrift auf Grund einer Einziehungsermächtigung
b) Dauerüberweisungsauftrag
c) Einzelüberweisung oder Bareinzahlung.

(2) Die Kosten der Zahlungsübermittlung hat der Teilnehmer zu tragen.

(3) Änderungen des Zahlungsverfahrens müssen der GEZ spätestens zwei Wochen vor dem nächsten Zahlungstermin vorliegen. Dies gilt nicht bei Änderungen des Zahlungsweges innerhalb des Absatzes 1 Buchstabe c).

§ 6 Verrechnung

Zahlungen werden zunächst auf Säumniszuschläge und die Kosten im Zusammenhang mit rückständigen Gebühren und dann auf die jeweils älteste Gebührenschuld verrechnet.

§ 7 Säumniszuschläge, Kosten

(1) Der Rundfunkteilnehmer, der eine fällige Gebühr binnen zwei Wochen nicht entrichtet, erhält eine schriftliche Erinnerung, diese binnen zwei Wochen nachzuentrichten. Mit dieser Erinnerung wird ein Säumniszuschlag von 2,— DM fällig.

(2) Bleibt die Erinnerung ohne Erfolg, so wird ein weiterer Säumniszuschlag von 3,— DM fällig.

(3) Im übrigen werden Gebühren und Auslagen entsprechend den landesrechtlichen Regelungen erhoben.

§ 8 Überwachung

Die vom Hessischen Rundfunk mit der Überwachung Beauftragten sind berechtigt, für den Hessischen Rundfunk die gesetzlich bestimmten Auskünfte zu verlangen. Sie sind berechtigt, Rundfunkgebühren gegen Quittung einzuheben. Sie haben sich durch einen Dienstausweis auszuweisen.

§ 9 Inkrafttreten

Diese Satzung tritt am 31. Dezember 1975 in Kraft. Gleichzeitig tritt die am 15. Januar 1971 in Kraft getretene Satzung des Hessischen Rundfunks über das Verfahren zur Leistung von Rundfunkgebühren (StAnz. Hessen S. 470) außer Kraft.

6000 Frankfurt (Main), 28. 11. 1975

Der Rundfunkrat des Hessischen Rundfunks
Rudi Rohlmann
Vorsitzender

Gesetz- und Verordnungsblatt

für das Land Hessen · Teil I

1979	Ausgegeben zu Wiesbaden am 27. Dezember 1979	Nr. 26

Verordnung
über die Befreiung von der Rundfunkgebührenpflicht*)

Vom 18. Dezember 1979

Auf Grund des Art. 7 Abs. 1 des Rundfunkgebührenstaatsvertrags vom 5. Dezember 1974 (GVBl. 1975 I S. 135), in Verbindung mit § 1 des Gesetzes zu dem Rundfunkgebührenstaatsvertrag vom 27. Mai 1975 (GVBl. I S. 135), geändert durch Gesetz vom 28. Juni 1978 (GVBl. I S. 419), wird verordnet:

§ 1

Gebührenbefreiung aus sozialen Gründen

(1) Von der Rundfunkgebührenpflicht werden befreit:

1. Sonderfürsorgeberechtigte im Sinne des § 27 e des Bundesversorgungsgesetzes;
2. a) Blinde oder nicht nur vorübergehend wesentlich sehbehinderte Personen mit einer Minderung der Erwerbsfähigkeit von 60 vom Hundert allein wegen der Sehbehinderung,

   b) Hörgeschädigte, die gehörlos sind oder denen eine ausreichende Verständigung über das Gehör auch mit Hörhilfen nicht möglich ist;
3. Behinderte, die nicht nur vorübergehend um wenigstens 80 vom Hundert in ihrer Erwerbsfähigkeit gemindert sind und wegen ihres Leidens an öffentlichen Veranstaltungen ständig nicht teilnehmen können;
4. Empfänger von Hilfe zur Pflege nach dem Bundessozialhilfegesetz oder von

*) GVBl. II 74-9

Hilfe zur Pflege als Leistung der Kriegsopferfürsorge nach dem Bundesversorgungsgesetz;

5. Empfänger von Pflegezulagen nach § 267 Abs. 1 des Lastenausgleichsgesetzes oder Personen, denen wegen Pflegebedürftigkeit nach § 267 Abs. 2 Nr. 2 Buchst. c des Lastenausgleichsgesetzes ein Freibetrag zuerkannt wird;
6. Empfänger von laufender Hilfe zum Lebensunterhalt nach Abschnitt 2 oder § 51 des Bundessozialhilfegesetzes oder nach § 27 a des Bundesversorgungsgesetzes oder nach § 27 d des Bundesversorgungsgesetzes in Verbindung mit § 51 des Bundessozialhilfegesetzes;
7. Personen, deren monatliches Einkommen zusammen mit dem Einkommen der Haushaltsangehörigen eine Einkommensgrenze nicht übersteigt, die sich ergibt aus
   a) dem Eineinhalbfachen des Regelsatzes der Sozialhilfe (§ 22 des Bundessozialhilfegesetzes) für den Haushaltsvorstand,
   b) dem Einfachen des Regelsatzes der Sozialhilfe für sonstige Haushaltsangehörige und
   c) 30 vom Hundert des Regelsatzes der Sozialhilfe für jeden Haushaltsangehörigen, der das 65. Lebensjahr vollendet hat oder erwerbsunfähig im Sinne der gesetzlichen Rentenversicherung ist,
   d) den Kosten für die Unterkunft.

   Das Einkommen bestimmt sich nach den §§ 76 bis 78 des Bundessozialhilfegesetzes;
8. Bewohner von Altenwohnheimen, Altenheimen oder Altenpflegeheimen und sonstigen Pflegeheimen, deren nach dem Bundessozialhilfegesetz zu berücksichtigendes Einkommen nach Abzug der von ihnen zu leistenden Heimkosten den ortsüblichen Taschengeldsatz der Sozialhilfe nach § 21 Abs. 3 Satz 1 des Bundessozialhilfegesetzes zuzüglich eines Betrages in Höhe von 20 vom Hundert des Regelsatzes eines Haushaltsvorstandes nicht übersteigt.

(2) Innerhalb der Haushaltsgemeinschaft wird die Gebührenbefreiung nur gewährt, wenn

1. der Haushaltsvorstand selbst zu dem in Abs. 1 Nr. 1 bis 6 aufgeführten Personenkreis gehört;
2. der Ehegatte des Haushaltsvorstandes zu dem in Abs. 1 Nr. 1 bis 6 aufgeführten Personenkreis gehört;
3. ein anderer Haushaltsangehöriger, der zu dem in Abs. 1 Nr. 1 bis 6 aufgeführten Personenkreis gehört, nachweist, daß er selbst das Rundfunkempfangsgerät zum Empfang bereithält.

§ 2
Gebührenbefreiung aus Billigkeitsgründen

Unbeschadet der Gebührenbefreiung nach § 1 kann die Landesrundfunkanstalt in besonderen Härtefällen von der Rundfunkgebührenpflicht befreien.

§ 3
Gebührenbefreiung für Rundfunkempfangsgeräte in besonderen Betrieben oder Einrichtungen

Befreiung von der Rundfunkgebührenpflicht wird für Rundfunkempfangsgeräte gewährt, die in folgenden Betrieben oder Einrichtungen für den jeweils betreuten Personenkreis ohne besonderes Entgelt bereitgehalten werden:

1. in Krankenhäusern, Krankenanstalten, Heilstätten sowie in Erholungsheimen für Kriegsbeschädigte und Hinterbliebene, in Gutachterstationen, die stationäre Beobachtungen durchführen, in Einrichtungen der beruflichen Rehabilitation sowie in Müttergenesungsheimen;
2. in Einrichtungen für Behinderte, insbesondere in Heimen, in Ausbildungsstätten und in Werkstätten für Behinderte;
3. in Einrichtungen der Jugendhilfe im Sinne des Gesetzes für Jugendwohlfahrt, insbesondere in Jugendheimen, Häusern der offenen Tür, Jugendbildungsstätten, Kinder- und Jugenderholungsheimen, in Jugendherbergen, in Kindertagesstätten, Kinderheimen, in Waisenhäusern, Erziehungsheimen, in Lehrlings-, Schülerheimen und in anderen Jugendwohnheimen;
4. in Einrichtungen für Suchtkranke, Einrichtungen der Altenhilfe und in Durchwandererheimen.

Voraussetzung für die Befreiung von der Rundfunkgebührenpflicht nach Satz 1 ist, daß die Rundfunkempfangsgeräte von dem jeweiligen Rechtsträger des Betriebes oder der Einrichtung bereitgehalten werden. Die Gebührenbefreiung tritt nur ein, wenn der Rechtsträger gemeinnützigen oder mildtätigen Zwecken im Sinne der §§ 51 bis 68 der Abgabenordnung dient. Das gleiche gilt, wenn bei dem Betrieb oder der Einrichtung eines Rechtsträgers diese Voraussetzungen vorliegen. Bei Krankenhäusern, Altenwohnheimen, Altenheimen und Pflegeheimen genügt es, wenn diese Einrichtungen gemäß § 3 Nr. 20 des Gewerbesteuergesetzes von der Gewerbesteuer befreit sind.

§ 4
Gebührenbefreiung für Rundfunkempfangsgeräte in allgemein- und berufsbildenden Schulen

Für Rundfunkempfangsgeräte, die für ein volles Kalenderjahr in öffentlichen allgemeinbildenden und beruflichen Schulen, staatlich genehmigten Ersatzschulen und staatlich anerkannten Ergänzungsschulen, soweit sie auf gemeinnütziger Grundlage arbeiten, von dem jeweiligen Rechtsträger der Schule zu Unterrichtszwecken zum Empfang bereitgehalten werden, wird Gebührenbefreiung für die letzten drei Monate des Jahres gewährt.

§ 5

Antrag auf Befreiung von der Rundfunkgebührenpflicht

(1) Die Befreiung von der Rundfunkgebührenpflicht wird auf Antrag gewährt. Eine Gebührenbefreiung kann nur gewährt werden, wenn das Bereithalten eines Rundfunkempfangsgerätes gemäß Art. 4 des Rundfunkgebührenstaatsvertrags angezeigt wurde oder gleichzeitig mit dem Antrag auf Gebührenbefreiung angezeigt wird.

(2) Der Antrag ist in den Fällen des § 1 Abs. 1 Nr. 5 an das zuständige Ausgleichsamt, in den übrigen Fällen des § 1 Abs. 1 an den zuständigen örtlichen Träger der Sozialhilfe, in dessen Bezirk das Rundfunkempfangsgerät zum Empfang bereitgehalten wird, zu richten. Soweit Aufgaben der Sozialhilfe von Gemeinden erfüllt werden, ist der Antrag an diese zu richten. Über den Antrag entscheidet die Rundfunkanstalt auf Vorschlag der genannten Behörden. Die Rundfunkanstalt kann die Behörden zur Aushändigung des Befreiungsbescheides ermächtigen. In den Fällen der §§ 2 und 3 ist der Antrag unmittelbar an die Rundfunkanstalt zu richten, die über den Antrag entscheidet.

(3) Der Antragsteller hat die Voraussetzungen für die Befreiung von der Rundfunkgebührenpflicht glaubhaft zu machen. Die Rundfunkanstalt kann verlangen, daß in den Fällen des § 3 Satz 3 die Befreiung von der Körperschaftsteuer gemäß § 5 Abs. 1 Nr. 9 des Körperschaftsteuergesetzes oder bei Krankenhäusern, Altenwohnheimen, Altenheimen und Pflegeheimen in den Fällen des § 3 Satz 5 die Befreiung von der Gewerbesteuer gemäß § 3 Nr. 20 des Gewerbesteuergesetzes nachgewiesen wird.

(4) Der Beginn der Befreiung von der Rundfunkgebührenpflicht wird in der Entscheidung über den Antrag auf den Ersten des Monats festgesetzt, der dem Monat folgt, in dem der Antrag gestellt wird; wird der Antrag vor Ablauf der Frist eines gültigen Befreiungsbescheides gestellt, wird der Beginn der neuen Befreiung auf den Ersten des Monats nach Ablauf der Frist festgesetzt. Die Befreiung wird längstens jeweils für drei Jahre gewährt. Treten Tatsachen ein, wonach eine Voraussetzung für die Befreiung von der Rundfunkgebührenpflicht entfällt, so endet die Befreiung; die Tatsachen sind von dem Berechtigten unverzüglich der Rundfunkanstalt mitzuteilen.

§ 6

Inkrafttreten

(1) Diese Verordnung tritt mit Ausnahme des § 4 am 1. März 1980 in Kraft. Gleichzeitig tritt die Verordnung über die Befreiung von der Rundfunkgebührenpflicht vom 25. September 1975 (GVBl. I S. 219)[1]) außer Kraft. Befreiungsbescheide, die auf der Grundlage der bisherigen Vorschriften erteilt worden sind, werden durch die Bestimmungen dieser Verordnung nicht berührt.

(2) § 4 tritt am 1. Januar 1980 in Kraft.

Wiesbaden, den 18. Dezember 1979

Hessische Landesregierung

Der Ministerpräsident
Börner

1) GVBl. II 74-7

Gesetz über den privaten Rundfunk in Hessen (Hessisches Privatrundfunkgesetz – HPRG)

Vom 30. November 1988

(GVBl. 1988 I S. 385)
– GVBl. II 74-13 –

Übersicht

Auszug

HPRG

vom 30. November 1988 **§§ 47, 48**

§ 47 Finanzierung der Landesanstalt. (1) Die Landesanstalt erhebt auf Grund einer von ihr zu erlassenden Gebührensatzung für Amtshandlungen nach diesem Gesetz Gebühren und Auslagen. Die Vorschriften des Hessischen Verwaltungskostengesetzes[1] vom 11. Juli 1972 (GVBl. I S. 235), zuletzt geändert durch Gesetz vom 2. April 1981 (GVBl. I S. 137), sind entsprechend anzuwenden.

(2) Die Landesanstalt erhält bis zum 31. Dezember 1991 die Hälfte des zusätzlichen Anteils an der Rundfunkgebühr nach Art. 6 Abs. 1 des Rundfunkstaatsvertrages. Dieser Anteil ist zu mindestens 75 vom Hundert für die Förderung technischer Infrastruktur zur terrestrischen Versorgung des gesamten Landes mit Rundfunkprogrammen zu verwenden. Die Landesregierung wird ermächtigt, durch Rechtsverordnung der Landesanstalt in den Jahren 1989, 1990 und 1991 weitere 20 vom Hundert des zusätzlichen Anteils an der Rundfunkgebühr zuzuweisen, sofern dies zur Förderung technischer Infrastruktur zur terrestrischen Versorgung des gesamten Landes mit Rundfunkprogrammen oder zur Förderung Offener Kanäle erforderlich ist.

(3) Die Landesanstalt erhält ab dem 1. Januar 1992 20 vom Hundert des zusätzlichen Anteils an der Rundfunkgebühr nach Art. 6 Abs. 1 des Rundfunkstaatsvertrages; die Landesregierung wird ermächtigt, der Landesanstalt weitere Mittel aus dem zusätzlichen Anteil an der Rundfunkgebühr zuzuweisen, wenn dies zur Finanzierung ihrer Zulassungs- und Aufsichtsfunktionen und zur Förderung Offener Kanäle erforderlich ist.

(4) Soweit die Landesanstalt den zusätzlichen Anteil an der Rundfunkgebühr nach Art. 6 Abs. 1 des Rundfunkstaatsvertrages entsprechend den vorstehenden Absätzen nicht in Anspruch nimmt, steht er dem Hessischen Rundfunk zu. Der Hessische Rundfunk verwendet diese Beträge

1. zur Ausweitung seiner Darbietungen im Hörfunk und Fernsehen von im Lande veranstalteten Festspielen, künstlerischen Wettbewerben, Konzerten, Opern und Schauspielen und
2. zum Ausbau seines Sinfonieorchesters.

§ 48 Wirtschaftsführung; Haushalts- und Rechnungswesen. (1) Für das Haushalts-, Kassen- und Rechnungswesen sowie für die Rechnungslegung und -prüfung sind die für das Land Hessen geltenden Vorschriften anzuwenden. Der Haushaltsplan bedarf der Genehmigung. Über die Genehmigung entscheidet die oberste Landesbehörde im Einvernehmen mit dem Ministerium der Finanzen. Die Genehmigung darf nur versagt werden, wenn die Grundsätze einer geordneten und sparsamen Wirtschaftsführung nicht gewahrt sind.

ARD-Richtlinien über die Trennung von Werbung und Programm Stand 23. 3. 1988

Präambel

Werbung ist vom übrigen Rundfunkprogramm deutlich zu trennen und als solche zu kennzeichnen. Dieses Gebot der Trennung von Werbung und Programm dient der Unabhängigkeit der Programmgestaltung und der Einhaltung der Neutralität gegenüber dem Wettbewerb im freien Markt. Hierfür gelten zur Ausführung von Art. 3 Abs. 8 des Rundfunkstaatsvertrages vom 1./3. 4. 1987 sowie in Ergänzung der Grundsätze für die Zusammenarbeit im ARD-Gemeinschaftsprogramm „Deutsches Fernsehen" vom 9. 7. 1971 in der Fassung vom 1. 12. 1972 nachfolgende Grundsätze.

1. Werbespots

1.1 Kennzeichnung der Werbung

Werbung im Hörfunk und Fernsehen muß als solche deutlich erkennbar sein und ist vom übrigen Programm zu trennen.

Werbespots dürfen nur ausgestrahlt werden, wenn sie nach Inhalt und Art der Gestaltung nicht mit dem Programm verwechselt werden können.

1.2 Blockwerbung im Fernsehen

Fernsehwerbung darf nur in Blöcken ausgestrahlt werden.

1.3 Unterteilung von Fernsehsendungen durch Werbung

Fernsehsendungen von mehr als 60 Minuten Dauer dürfen einmal zu einer in der Programmvorschau angegebenen Zeit durch einen Werbeblock unterteilt werden.

Bei der Berechnung der Dauer einer Fernsehsendung nach Abs. 1 werden An- und Absagen, Trailer, Teaser, Programmvorschauen, ferner Erläuterungen, die im Zusammenhang mit der Sendung stehen, sowie die zwischengeschaltete Werbung zuzüglich etwaiger eingefügter sonstiger Programmteile mitgerechnet.

Mehrere an einem Tag ausgestrahlte Teile eines Programms, z. B. einer Serie, stellen keine einheitliche Fernsehsendung dar, wenn die einzelnen Teile selbständige Folgen/Episoden sind. Gleiches gilt, wenn zwischen zwei Teilen eines Programms neben der Werbung ein zusätzliches redaktionell gestaltetes Programmelement mit eigenem Einschaltwert eingefügt ist.

1.4 Sportsendungen im Fernsehen

Bei Sportsendungen können Werbeblöcke im Zusammenhang mit natürlichen Unterbrechungen der Sportereignisse (z. B. Spielpausen) auch außerhalb der im Programm angegebenen Zeiten gesendet werden.

1.5 Schutz von Kindern und Jugendlichen

Für Werbung, die sich auch an Kinder oder Jugendliche richtet, sind die Verhaltensregeln des Deutschen Werberats für die Werbung mit und vor Kindern im Werbefunk und Werbefernsehen einzuhalten. Die einschlägigen Verhaltensregeln des Deutschen Werberates über die Werbung für alkoholische Getränke sind zu beachten.

2. Schleichwerbung/Product Placement

2.1 Eine Darstellung von gewerblichen Waren oder deren Herstellern, von Dienstleistungen oder deren Anbietern, o. ä. (im folgenden Produkte genannt) in Bild und Ton mit werblicher Wirkung außerhalb des Werbeprogramms ist grundsätzlich ausgeschlossen. Ausnahmen sind nur zulässig, wenn und soweit sie aus überwiegenden journalistischen oder künstlerischen Gründen erforderlich sind.

2.2 Soweit gemäß Ziff. 2.1 die Darstellung von Produkten zulässig ist, muß durch die Art der Darstellung nach Möglichkeit die Förderung werblicher Interessen vermieden werden (z. B. Marktübersichten statt Einzeldarstellungen, Vermeidung werbewirksamer Kameraführung und – insbesondere bei Serien – Wechsel der Produkte und unterschiedliche Ausstattung).

2.3 Die vorgenannten Grundsätze sind auch beim Einsatz von fremdproduzierten Programmen zu beachten. Bei Ankauf oder Übernahme fertiger Produktionen sind Ausnahmen jedoch dann zulässig, wenn anders das Programm nicht ausgestrahlt werden könnte, gleichzeitig aber ein überwiegendes Interesse an der Programmnutzung besteht. Das gleiche gilt für die Berichterstattung von Sportwettkämpfen oder anderen öffentlichen Veranstaltungen; in diesen Fällen ist unvermeidbare Werbung jedoch soweit wie möglich einzuschränken.

2.4 Die Entgegennahme von Entgelten oder geldwerten Vorteilen für den Einsatz oder die Nennung von Produkten ist unzulässig. Dies gilt für alle Produktionsbeteiligten.

2.5 Für die Beschaffung von Rechten an Produktionen sowie Dienst- und Sachleistungen für die Herstellung von Produktionen sind angemessene Entgelte zu vereinbaren. Eine ausnahmsweise unentgeltliche oder verbilligte Entgegennahme von Produktionsmitteln oder sonstigen Leistungen ist nur möglich, wenn damit keine Einschränkung der journalistischen oder künstlerischen Darstellungsfreiheit verbunden ist.

2.6 Bei der Auslobung von Preisen ist besonders darauf zu achten, daß keine einseitige Bevorzugung von Produkten erfolgt (Wechsel der Produkte).

2.7 Die vorstehenden Grundsätze sind von allen Mitwirkenden an der Produktion zu beachten; sie sind von den Produktionsverantwortlichen zu überwachen. Die für den Einsatz der Produktion im Programm zuständige Redaktion trägt die Verantwortung für die Einhaltung dieser Grundsätze. Sie hat in Zweifelsfällen zu entscheiden oder die Entscheidung einer vorgesetzten Stelle einzuholen.

Es ist im Rahmen der Vertragsbestimmungen sicherzustellen, daß jeder Produktionsbeteiligte einschließlich der Auftragsproduzenten oder Koproduzenten diese Grundsätze einhält und im Zweifelsfall rechtzeitig Einvernehmen mit der zuständigen Redaktion einholt.

2.8 Für Gemeinschaftsprogramme trägt die jeweils produzierende oder programmliefernde Anstalt die Verantwortung für die Einhaltung dieser Richtlinien.

3. Hinweise auf Begleitmaterial/Merchandising

Redaktionelle Hinweise auf Bücher, Schallplatten, Videokassetten oder andere Publikationen sind nur zulässig, wenn sie Begleitmaterial zu einer Sendung darstellen oder wenn ein besonderes programmliches Interesse besteht (z. B. Ratgebersendungen).

Die Werbung im Programm für Produkte Dritter, die sich von Rundfunksendungen ableiten, ist nicht zulässig, es sei denn, daß ein besonderes Programminteresse besteht.

4. Sponsoring

4.1 Die Ausstrahlung von Sendungen, deren vollständige oder teilweise Herstellung und/oder Finanzierung durch einen Sponsor erfolgt, ist nur zulässig, wenn sie nicht den wirtschaftlichen Interessen des Sponsors oder eines Dritten dient; dies kann insbesondere dann angenommen werden, wenn eine Sendung der mäzenatischen Förderung von Kunst und Kultur oder der Förderung gemeinnütziger Ziele durch den Sponsor dient.

Der Sponsor ist im Vor- und/oder Abspann zu nennen.

4.2 Wird nicht die Sendung gesponsert, sondern soll im Programm ein Ereignis übertragen oder darüber berichtet werden, das von einem oder mehreren Sponsoren veranstaltet oder gefördert wird, so ist das zulässig, wenn und soweit ein überwiegendes Programminteresse besteht und die Unabhängigkeit der Programmgestaltung nicht eingeschränkt wird.

Es ist darauf hinzuwirken, daß der Programminhalt nicht mit dem Sponsor identifiziert werden kann und Hinweise auf den Sponsor das von den Rundfunkanstalten nicht zu vermeidende Maß an Werbung nicht überschreiten.

Der Sponsor wird genannt, sofern dies aus programmlichen Gründen erforderlich ist.

4.3 Für Übernahmen gesponserter Sendungen ausländischer Rundfunkveranstalter gilt Ziff. 4.2 entsprechend.

4.4 Die Sponsornennung hat sich auf den Firmennamen und/oder das Firmenkennzeichen (ohne Produktwerbung) zu beschränken. Die graphische Einblendung von Firmennamen/-logo darf jeweils 5 Sek. Zeitdauer nicht überschreiten.

4.5 Gesponserte Sendungen oder die Übertragung gesponserter Ereignisse im Gemeinschaftsprogramm der ARD setzen die Zustimmung der Fernsehprogrammkonferenz, bei gemeinsamen regionalen bzw. dritten Programmen die Zustimmung der beteiligten Anstalten voraus. Sie kann für bestimmte Sportereignisse aufgrund bestehender Usancen auch allgemein erteilt werden.

Soll eine gesponserte Sendung in die Programmpools für die dritten Programme oder Vorabendprogramme eingebracht werden, so sind alle am Pool beteiligten Anstalten hiervon zu informieren.

5. Spendenaufrufe/Wohltätigkeitsveranstaltungen

Spendenaufrufe sollen nur dann verbreitet werden, wenn die Spenden allgemein anerkannten humanitären, sozialen und kulturellen Zwecken dienen und die zweckentsprechende Spendenverwendung ausreichend sichergestellt ist.

Sofern solche Spendenaufrufe durch gestaltete Sendungen der Rundfunkanstalten oder durch Übertragung entsprechender Wohltätigkeitsveranstaltungen unterstützt werden, sind Ausnahmen von den Grundsätzen nach Abschnitten 2 bis 4 zulässig, wenn die Fernsehprogrammkonferenz vor der Sendung zustimmt und der wirtschaftliche Nutzen ganz oder überwiegend dem gemeinnützigen Zweck zugute kommt.

[G 1881]

HESSISCHER RUNDFUNK

Finanzordnung

400

GLIEDERUNG DER FINANZORDNUNG

September 1981 hr

400/1

FINANZORDNUNG DES HESSISCHEN RUNDFUNKS

In Ergänzung der Vorschriften des Gesetzes über den Hessischen Rundfunk vom 2. Oktober 1948 (RFG) und der Satzung des Hessischen Rundfunks vom 2. Juli 1949 (Satzung) erläßt der Intendant im Benehmen mit dem Rundfunkrat und dem Verwaltungsrat folgende Finanzordnung.

1 Das Geschäftsjahr

11 Das Geschäftsjahr des Hessischen Rundfunks ist das Kalenderjahr.

2 Der Haushaltsplan

21 Gliederung des Haushaltsplanes

211 Für jedes Geschäftsjahr wird ein Haushaltsplan aufgestellt.

212 Der Haushaltsplan besteht aus dem Ertrags- und Aufwandsplan und dem Finanzplan.

213 Die einzelnen Titel sind in den Erläuterungen zum Haushaltsplan in angemessenem Umfang in Untertitel aufzugliedern.

214 Dem Haushaltsplan sind ein Organisations- und ein Stellenplan beizufügen.

22 Der Ertrags- und Aufwandsplan

221 In den Ertrags- und Aufwandsplan sind alle zu erwartenden Erträge und Aufwendungen einschließlich der Zuweisungen und Auflösungen von Wertberichtigungen und Rückstellungen sowie die Bildung und Auflösung von Eigenkapital und Rücklagen einzustellen.

222 Der Ertrags- und Aufwandsplan gliedert sich nach Ertragsarten und Aufwandsarten. Dabei sind die betrieblichen Erträge und Aufwendungen von den neutralen Erträgen und Aufwendungen gesondert zu veranschlagen.

223 Im Ertrags- und Aufwandsplan sind mindestens folgende Positionen als selbständige Titel aufzuführen:

ERTRÄGE

I. Betriebserträge

Erträge aus Teilnehmergebühren
- Erträge aus Hörfunk-Gebühren
- Erträge aus Fernseh-Gebühren

Erträge aus Kostenerstattungen

Erträge aus Beteiligungen

Andere Betriebserträge

September 1981 hr

400/2

II. Neutrale Erträge

Erträge aus anderen Finanzanlagen

Erträge aus der Auflösung von Rückstellungen

Sonstige neutrale Erträge

AUFWENDUNGEN

I. Betriebsaufwendungen

Personalaufwendungen

Soziale Aufwendungen

Urheber-, Leistungs- und Herstellervergütungen

Anteil an Programmgemeinschaftsaufgaben und Co-Produktionen

Materialaufwendungen

Fremdleistungen

Reise- und Umzugskosten, Bewirtungen, Sitzungsgelder und Aufwandsentschädigungen für Aufsichtsorgane und Dispositionsmittel

Steuern

Abschreibungen und Wertberichtigungen

Zuwendungen zum Finanzausgleich

II. Neutrale Aufwendungen

III. Verstärkungsmittel

ERGEBNIS

Überschuß/Fehlbetrag (Übertrag in den Finanzplan)

224 Zur Vermeidung von Überziehungen wegen unvorhersehbarer, aber notwendiger Aufwendungen (betriebliche und neutrale Aufwendungen) sollen Verstärkungsmittel in angemessenem Umfange eingeplant werden.

Sie bleiben bis zur Freigabe durch den Intendanten oder Verwaltungsdirektor gesperrt.

23 Der Finanzplan

231 Der Finanzplan umfaßt die Investitionen und die zu ihrer Finanzierung herangezogenen Mittel.

232 In den Finanzplan sind die Anlagenbeschaffungen (Ersatzbeschaffungen und Erweiterungen), die Aufnahme, die Gewährung und die Rückzahlung von Darlehen einzustellen.

233 Im Finanzplan sind mindestens folgende Positionen aufzuführen:

400/3

MITTELAUFBRINGUNG

Übertrag aus der Ertrags- und Aufwandsplanung (Überschuß)

Abschreibungen und Wertberichtigungen

Abgänge von Sachanlagen und immateriellen Werten

Wertpapiere des Anlagevermögens (Abgang)

Rückflüsse (Ausleihungen mit einer Laufzeit von mindestens 4 Jahren)

Programmvermögen (Abnahme)

Andere Aktiva (Abnahme) / Andere Passiva (Zunahme)

- Anteil am GEZ-Vermögen

Zuführung zu Pensionsrückstellungen

MITTELVERWENDUNG

Übertrag aus der Ertrags- und Aufwandsplanung (Fehlbetrag)

Investitionen (Sachanlagen und immaterielle Werte)

Ausleihungen mit einer Laufzeit von mindestens 4 Jahren (Zugang)

Deckungsstock für die Alters- und Hinterbliebenenversorgung (Zuführung)

Programmvermögen (Zunahme)

Andere Aktiva (Zunahme) / Andere Passiva (Abnahme)

- Anteil am GEZ-Vermögen

ERGEBNIS

Überschuß/Fehlbetrag

VERWENDUNG DES ÜBERSCHUSSES/FINANZIERUNG DES FEHLBETRAGES

Zunahme der kurzfristig verfügbaren Mittel

Einstellung in Kapital / Rücklagen

Abnahme der kurzfristig verfügbaren Mittel

Entnahme aus Kapital / Rücklagen

Geplante Kreditaufnahme

234 Zur Finanzierung unvorhersehbarer, aktivierungspflichtiger Ausgaben sollen innerhalb des gesamten Finanzplanes deckungsfähige Verstärkungsmittel in angemessenem Umfange eingestellt werden. Sie bleiben bis zur Freigabe durch den Intendanten oder Verwaltungsdirektor gesperrt.

400/4

24 Veranschlagungsgrundsätze

241 Im Haushaltsplan sind alle Erträge/Einnahmen (Mittelherkünfte) und Aufwendungen/Ausgaben (Mittelverwendungen) mit Ausnahme der durchlaufenden Gelder und der Sondervermögen zu veranschlagen, die voraussichtlich im kommenden Geschäftsjahr anfallen.

Im Rahmen der Grundsätze ordnungsmäßiger Buchführung sind Saldierungen möglich.

242 Der Haushaltsplan ist sowohl im Ertrags- und Aufwandsplan als auch im Finanzplan in Erträgen und Aufwendungen bzw. Einnahmen und Ausgaben auszugleichen.

243 Für einen und denselben Zweck sollen Mittel nicht an verschiedenen Stellen des Haushaltsplanes veranschlagt und verausgabt werden.

244 Ausgaben für bauliche und technische Investitionen sollen erst dann in den Haushaltsplan eingestellt werden, wenn Pläne, Kostenvoranschläge oder Erläuterungen vorliegen, aus denen der Zweck und der Kostenumfang der Investitionen ersichtlich sind. Liegen diese Unterlagen bis zur Verabschiedung des Haushaltsplanes nicht vor, so können entsprechende Mittel in den Haushaltsplan eingesetzt werden, sie sind aber bis zur Vorlage der erforderlichen Unterlagen zu sperren.

Der Rundfunkrat kann sich auch damit einverstanden erklären, daß die Freigabe durch den Verwaltungsrat nach Vorlage der entsprechenden Unterlagen erfolgt.

245 Bei allen Investitionsausgaben, die für eine sich auf mehrere Jahre erstreckende einheitliche Aufgabe in den Haushaltsplan eingestellt werden, sind bei der ersten Einstellung die voraussichtlichen Gesamtkosten anzugeben. In den folgenden Haushaltsplänen sind die voraussichtlichen Teilkostenbeträge für das jeweils laufende Haushaltsjahr aufzunehmen. Außerdem sind in den Erläuterungen zu den Haushaltsplänen der folgenden Geschäftsjahre die Summen der für die betreffende Aufgabe insgesamt bewilligten und der insgesamt ausgegebenen Beträge aufzuführen.

25 Rücklagen, Rückstellungen, Abschreibungen

251 Für die Bildung einer Rücklage für etwa anfallende außergewöhnliche Wertminderungen und Verluste sind im Ertrags- und Aufwandsplan jährlich solange mindestens 0,5 % der Netto-Erträge aus Teilnehmergebühren Hörfunk und Fernsehen zu veranschlagen, bis diese Rücklage mindestens 5 % des letzten Jahresaufkommens aus Teilnehmergebühren erreicht hat (Sicherheits-Rücklage).

252 Für Investitionen und unvorhergesehene Aufwendungen können weitere Mittel einer Rücklage zugeführt werden (Allgemeine Rücklage).

253 Entnahmen aus den genannten Rücklagen sind im Haushaltsplan zu veranschlagen und in der Haushaltsrechnung nachzuweisen.

254 Der Gegenwert der Rücklagen ist bis zu ihrer Verwendung zinstragend anzulegen. Es ist darauf zu achten, daß die Rücklagemittel im Bedarfsfalle verfügbar sind und einen möglichst günstigen Ertrag bringen.

255 Für Abschreibungen sollen im Ertrags- und Aufwandsplan jährlich Mittel veranschlagt werden. Die Abschreibungen sollen nach den Grundsätzen ordnungsmäßiger kaufmännischer Bilanzierung bemessen werden.

256 Im Ertrags- und Aufwandsplan unter Aufwendungen veranschlagte Mittel für langfristige Rückstellungen, die sich aus der Verpflichtung des Hessischen Rundfunks aus seiner Versorgungsordnung ergeben, können für Investitionen herangezogen werden. Sie sind im Finanzplan als Einnahme einzustellen.

400/5

26 **Genehmigung des Haushaltsplanes**

261 Der Intendant soll auf Grund der Voranschläge der einzelnen Abteilungen einen Entwurf zum Haushaltsplan aufstellen und dem Verwaltungsrat möglichst bis zum 15. Oktober zuleiten.

262 Im Haushaltsplan ist bei den einzelnen Ansätzen das Haushalts-Ist des letzten abgeschlossenen Geschäftsjahres, sowie das Haushalts-Soll und das voraussichtliche Haushalts-Ist des laufenden Geschäftsjahres anzugeben. Die einzelnen Ansätze sind zu erläutern. Diese Erläuterungen sind Bestandteil des Haushaltsplanes.

263 Der Verwaltungsrat kann die Vorprüfung des Haushaltsplanes einem Ausschuß, der aus Mitgliedern des Verwaltungsrats gebildet ist, übertragen (Wirtschaftsausschuß). Auf Grund des Berichtes dieses Ausschusses soll der Verwaltungsrat den Entwurf gemäß § 15 Abs. 1 Ziffer 3 RFG prüfen und ihn gemäß § 16 Abs. 2 der Satzung mit seiner Stellungnahme bis zum 15. November an den Rundfunkrat weiterleiten.

264 Die Genehmigung des Haushaltsplanes obliegt dem Rundfunkrat, die Vorberatung und Prüfung erfolgt durch den Finanzausschuß (§ 3 Abs. 2 der Satzung). Die Genehmigung soll gemäß § 16 Abs. 2 der Satzung bis zum 15. Dezember für das folgende Geschäftsjahr vorliegen.

265 Solange für ein Geschäftsjahr noch kein Haushaltsplan aufgestellt oder genehmigt ist, ist der Intendant gemäß § 16 Abs. 4 der Satzung ermächtigt, die laufenden Aufwendungen nach dem genehmigten Ertrags- und Aufwandsplan des Vorjahres zu leisten und zwar mit monatlich einem Zwölftel der Jahressumme. Im Finanzplan dürfen Ausgaben nur insoweit geleistet werden, als noch bewilligte Haushaltsreste aus dem vorangegangenen Haushaltsjahr vorliegen, oder die Ausgaben für neue Einzelpositionen durch besonderen Beschluß des Verwaltungsrats auf Grund von Vorlagen genehmigt sind.

266 Der Intendant leitet den genehmigten Haushaltsplan dem Rechnungshof des Landes Hessen zu.

27 **Nachtragshaushalt und durchlaufende Posten**

271 Zur Vorlage eines Nachtragshaushaltsplanes ist der Intendant verpflichtet, wenn sich im Laufe des Geschäftsjahres zeigt, daß

der im Haushaltsplan vorgesehene Ausgleich der Erträge und Aufwendungen bzw. Einnahmen und Ausgaben auch bei voller Ausnutzung möglicher Sparmaßnahmen nur durch Änderung des Haushaltsplanes erreicht werden kann

und

über- und außerplanmäßige Aufwendungen/Ausgaben in erheblichem Umfange geleistet werden müssen.

272 Erträge/Einnahmen, die nicht in das Vermögen des Hessischen Rundfunks übergehen und Aufwendungen/Ausgaben, die außerhalb der Haushaltsrechnung für Dritte geleistet werden (durchlaufende Posten), sind außerhalb des Haushaltsplanes auf gesonderten Konten zu verbuchen. Hierzu gehören Beträge, deren Verwendung zweckgebunden ist, z. B. Erträge/Einnahmen und Aufwendungen/Ausgaben für den Finanzausgleich der Arbeitsgemeinschaft der Rundfunkanstalten, Spenden, Sammlungen usw. Der Bestand der durchlaufenden Posten ist alljährlich in der Jahresrechnung auszuweisen und - wenn nötig - im Geschäftsbericht zu erläutern.

September 1981 hr

400/6

28 Ausführung des Haushaltsplanes

281 Mittelbewirtschaftung

2811 Durch den Haushaltsplan werden Ansprüche Dritter oder Verbindlichkeiten gegen Dritte weder begründet noch aufgehoben.

2812 Der Wirtschaftsführung ist der vom Rundfunkrat genehmigte Haushaltsplan zugrunde zu legen. Dem Haushaltsplan sind Nachträge gleichzuachten, die ihn ändern oder ergänzen.

2813 Überschreitungen, die nicht durch Minderaufwendungen/Minderausgaben an anderer Stelle gemäß Ziffer 2844 ausgeglichen werden können und daher im Haushaltsplan keine Deckung finden, sind nur mit vorheriger Zustimmung des Rundfunkrats nach Anhören des Verwaltungsrats zulässig (§ 16 Absatz 3 Satz 2 der Satzung).

2814 Nach Genehmigung des Haushaltsplanes leitet der Geschäftsführer den für die Verwaltung der einzelnen Titel und Untertitel verantwortlichen Bediensteten auszugsweise Abschriften des Haushaltsplanes zu. Damit werden die erwähnten Bediensteten ermächtigt, über die auf ihren Bereich entfallenden Beträge im Rahmen einer sparsamen Wirtschaftsführung zu verfügen. Die Vorschriften über die Befugnis, finanzielle Verpflichtungen für den Hessischen Rundfunk einzugehen, sind zu beachten (Vertretungs- und Unterschriftenrichtlinien). Der Intendant kann durch besondere Verfügung bestimmte Mittel sperren.

2815 Die zur Verfügung gestellten Mittel müssen so verwaltet werden, daß sie zur Deckung aller Aufwendungen/Ausgaben ausreichen, die unter die einzelne Zweckbestimmung fallen.

2816 Die unter Ziffer 2814 genannten Bediensteten erhalten mindestens vierteljährlich Listen, aus denen der Stand der Ist-Aufwendungen/Ist-Ausgaben und das Auftragsobligo für die betreffenden Titel bzw. Untertitel ersichtlich sind.

282 Allgemeine Grundsätze einer sparsamen Wirtschaftsführung

2821 Die Haushaltsmittel dürfen bei den einzelnen Zweckbestimmungen nur soweit und nicht eher in Anspruch genommen werden, als dies bei Anwendung der gebotenen Wirtschaftlichkeit und Sparsamkeit erforderlich ist.

2822 Der Ausführung von Bauten sind ausführliche Bauentwurfszeichnungen und Kostenberechnungen zugrunde zu legen. Bei den Bauaufträgen und der Abrechnung der Leistungen sind die Vorschriften der Verdingungsordnung für Bauleistungen (VCB) anzuwenden. Diese können durch besondere Vertragsbedingungen ergänzt oder abgeändert werden.

283 Bedienstete des Hessischen Rundfunks, die grob fahrlässig eine Maßnahme oder eine Zahlung veranlassen, durch die eine Überschreitung der Haushaltsmittel entsteht oder erkennbar unvermeidlich wird, sind zum Schadenersatz verpflichtet. Eine Ersatzpflicht entfällt, wenn der Intendant oder sein Stellvertreter nachträglich die Genehmigung zu einer solchen Anordnung erteilt.

284 Übertragbarkeit und Deckungsfähigkeit der Mittel

2841 Die bewilligten Beträge dürfen nur für den im Haushaltsplan bezeichneten Zweck ausgegeben werden. Dabei dürfen im Ertrags- und Aufwandsplan die Mittel nur soweit verwendet werden, als es die gestellte Aufgabe innerhalb des Haushaltsjahres erfordert. Bewilligungsmittel können im Ertrags- und Aufwandsplan nicht auf das nächste Geschäftsjahr übertragen werden. Soweit Verpflichtungen, die aus Mitteln des Ertrags- und Aufwandsplanes zu begleichen sind, dem Grunde nach weiterbestehen, sind die Beträge, falls sie nicht als Verbindlichkeit zu erfassen sind, den Rückstellungen zuzuweisen.

2842 Im Finanzplan bewilligte und noch nicht verbrauchte Mittel können auf das nächste Geschäftsjahr übertragen werden.

2843 Mehrausgaben gegenüber einer übertragbaren Ausgabebewilligung (Vorgriffe) sind Haushaltsüberschreitungen, die aus der nächsten Bewilligung für den gleichen Zweck vorweg zu decken sind. Ausnahmen können im Haushaltsplan zugelassen werden.

2844 Sind im Ertrags- und Aufwandsplan mehrere Ausgabebewilligungen als gegenseitig deckungsfähig bezeichnet, so dürfen die bei einer Bewilligung ersparten Mittel, solange sie verfügbar sind, zur Begleichung von Mehrbedürfnissen bei einer anderen dieser Bewilligungen verwendet werden. Dies gilt sinngemäß auch für die in den Erläuterungen zum Haushaltsplan angegebenen Untertitel eines selbständigen Titels.

2845 Titel im Finanzplan können nicht für gegenseitig deckungsfähig erklärt werden. Die Untertitel eines Titels im Finanzplan sind gegenseitig deckungsfähig.

285 Überschreitungen

2851 Über- und außerplanmäßige Aufwendungen/Ausgaben einschließlich der Mehraufwendungen/Mehrausgaben aus übertragbaren Mitteln bedürfen der vorherigen Zustimmung des Intendanten. Sie darf nur ausnahmsweise im Falle eines unabweisbaren Bedürfnisses erteilt werden. Solche Überschreitungen sind unverzüglich dem Verwaltungsrat und, sofern sie 100.000,-- DM je selbständigem Titel im Ertrags- und Aufwandsplan oder Finanzplan übersteigen, dem Rundfunkrat mitzuteilen.

2852 Liegen die Voraussetzungen der Ziffer 2851 Satz 2 nicht vor, bedürfen Über- und außerplanmäßige Aufwendungen/Ausgaben bis zu 1.000.000,-- DM der vorherigen Zustimmung des Verwaltungsrats, darüber hinausgehende Über- und außerplanmäßige Aufwendungen/Ausgaben der vorherigen Zustimmung des Rundfunkrats nach Anhören des Verwaltungsrats. Bei Über- und außerplanmäßigen Aufwendungen/Ausgaben, die im Haushaltsplan keine Deckung finden, ist in jedem Fall die vorherige Zustimmung des Rundfunkrats nach Anhören des Verwaltungsrats erforderlich.

2853 Über- und außerplanmäßige Aufwendungen/Ausgaben, die sich bei der Aufstellung des Jahresabschlusses zwangsläufig ergeben und unvermeidbar sind, bedürfen nicht der besonderen Mitteilung an die Aufsichtsgremien oder deren Zustimmung.

3 Die Jahresrechnung

31 Die Jahresrechnung des Hessischen Rundfunks besteht aus einer Vermögensrechnung (Bilanz) und einer Ertrags- und Aufwandsrechnung.

32 Hinsichtlich der Gliederung und der Wertansätze der Vermögensrechnung (Bilanz) gilt sinngemäß das Aktiengesetz vom 6. September 1965 (§§ 151 ff), soweit sich nicht aus den besonderen Erfordernissen des Rundfunks zweckmäßigerweise Abweichungen ergeben.

321 Mit mindestens einem Erinnerungswert oder einem Festwert sind anzusetzen

bespielte Tonträger
bespielte Bildträger (einschl. belichteter Filme)
Filmrechte
eigene Vorproduktionen Hörfunk
eigene Vorproduktionen Fernsehen

400/8

33 Die Ertrags- und Aufwandsrechnung ist in der Form der Staffelrechnung in Anlehnung an § 157 AktG unter Berücksichtigung der Erfordernisse einer Rundfunkanstalt zu erstellen.

34 Betriebsüberschüsse

341 Betriebsüberschüsse sind gemäß § 18 Abs. 3 RFG nur für kulturelle Einrichtungen und Zwecke zu verwenden, die unmittelbar oder mittelbar der Förderung des Rundfunks und seiner Leistungen dienen.

342 Als Betriebsüberschuß gilt die Summe der Erträge zuzüglich der Entnahmen aus Kapital und Rücklagen abzüglich der Summe aller Aufwendungen, der Zuweisungen zu Kapital und Rücklagen, sowie eines etwaigen Fehlbetrages aus dem Vorjahr.

35 Gemäß § 21 der Satzung erfolgt die Veröffentlichung der Jahresrechnung (Ertrags- und Aufwandsrechnung und der Vermögensrechnung) im "Staatsanzeiger für das Land Hessen". Der Bestätigungsvermerk des Wirtschaftsprüfers soll mitveröffentlicht werden.

36 Prüfung der Jahresrechnung

361 Die Jahresrechnung des Hessischen Rundfunks unterliegt der Prüfung durch den Rechnungshof des Landes Hessen (§ 19 RFG) und durch einen vom Verwaltungsrat benannten Wirtschaftsprüfer (§ 17 der Satzung).

362 Die Prüfung durch einen Wirtschaftsprüfer erstreckt sich unter anderem darauf, ob

die Jahresrechnung, die Buchführung und das Kassenwesen den gesetzlichen Vorschriften, der Satzung und dieser Finanzordnung ensprechen,

die einzelnen Rechnungsbeträge rechnerisch begründet und belegt sind,

der Haushaltsplan eingehalten wurde.

Der Verwaltungsrat und der Rundfunkrat sind berechtigt, dem Prüfer zusätzliche Aufträge zu erteilen.

363 Nach Abschluß seiner Prüfung hat der Prüfer einen Bericht über seine Prüfung zu erstellen. Hierin sind insbesondere die Ursachen für etwa noch nicht genehmigte über- und außerplanmäßige Aufwendungen/Ausgaben zu erläutern, um den Aufsichtsorganen eine Grundlage für ihre Entscheidung über die Genehmigung dieser Überschreitungen zu geben.

364 Der Prüfer hat seine Feststellungen in einer Schlußbemerkung (Bestätigungsvermerk) zusammenzufassen. Aus dieser muß hervorgehen, ob nach pflichtmäßiger Prüfung auf Grund des Haushaltsplanes, der Bücher und Schriften des Hessischen Rundfunks sowie der vom Intendanten erteilten Aufklärungen und Nachweise das Kassenwesen, die Buchführung und die Jahresrechnung den Vorschriften des RFG, der Satzung und der Finanzordnung entsprechen, ferner ob die über- und außerplanmäßigen Aufwendungen/Ausgaben vom Rundfunkrat genehmigt sind und welche Überschreitungen nicht oder noch nicht genehmigt wurden.

37 Genehmigung der Jahresrechnung

371 Der Prüfungsbericht ist dem Verwaltungsrat vorzulegen (§ 17 der Satzung).

September 1981 hr

372 Er dient dem Verwaltungsrat als Unterlage zur Prüfung der Jahresrechnung und des Geschäftsberichtes (§ 15 Abs. 1 Ziffer 3 RFG). Der Verwaltungsrat soll insbesondere die noch nicht genehmigten Überschreitungen überprüfen und in der dem Rundfunkrat zuzuleitenden Stellungnahme zur Jahresrechnung hierauf sowie auf das Ergebnis des Prüfungsberichtes eingehen.

373 Mit dem Antrag an den Rundfunkrat auf Genehmigung der Jahresrechnung ist ein Antrag auf Genehmigung der noch nicht genehmigten über- oder außerplanmäßigen Aufwendungen/Ausgaben zu verbinden. Dem Rundfunkrat sind hierzu die Jahresrechnung, der Geschäftsbericht und die Stellungnahme des Verwaltungsrats vorzulegen.

374 Aufgrund dieser Unterlagen beschließt die Hauptversammlung (§ 5 der Satzung) nach Prüfung durch den Finanzausschuß (§ 3 Ziffer 2 der Satzung) über

die Genehmigung der Jahresrechnung und des Geschäftsberichtes,
die Feststellung eines eventuellen Betriebsüberschusses oder Fehlbetrages, deren Verwendung oder Deckung,
die Entlastung des Verwaltungsrats und des Intendanten.

375 Werden über- oder außerplanmäßige Aufwendungen/Ausgaben nicht genehmigt, so ist dies im Beschluß über die Genehmigung der Jahresrechnung ausdrücklich festzustellen.

376 Vor der Feststellung des Betriebsüberschusses kann der Rundfunkrat über die bereits von der Verwaltung vorgenommenen Zuweisungen zu den Rücklagen hinaus weitere Zuweisungen veranlassen. Er kann außerdem bei den Rücklagen Beträge auflösen oder Zuweisungen herabsetzen lassen.

377 Der Rundfunkrat kann die Entlastung des Verwaltungsrats und des Intendanten innerhalb von drei Jahren nach Schluß des Geschäftsjahres, auf das sich die Entlastung bezieht, widerrufen, falls sich nachträglich - etwa durch eine Denkschrift des Landesrechnungshofes - schwerwiegende Umstände ergeben, die dem Rundfunkrat bei der Beschlußfassung über die Entlastung nicht bekannt waren.

4 Die Haushaltsrechnung

41 Die Haushaltsrechnung besteht aus den Abrechnungen des Ertrags- und Aufwandsplanes und des Finanzplanes.

42 In der Abrechnung des Ertrags- und Aufwandsplanes wird die Verwendung der im Ertrags- und Aufwandsplan zur Verfügung gestellten Mittel nach Kostenarten nachgewiesen.

43 In der Abrechnung des Finanzplanes erfolgt der Nachweis der vermögens- und kapitalwirksamen Veränderungen der Vermögensrechnung.

431 In der Abrechnung des Finanzplanes sind neben den Ist-Beträgen die bei den einzelnen Titeln verbliebenen übertragbaren Haushaltsreste anzugeben. Eine Einstellung als Haushaltsrest ist nur insoweit zulässig, als in den folgenden Geschäftsjahren noch aus der betreffenden Bewilligung zu deckende Ausgaben zu erwarten sind. Ausgabereste können nur insoweit übertragen werden, als sie durch Bestände an Mitteln des Finanzplanes oder durch Einnahmereste gedeckt sind.

400/10

432 Einsparungen, die im abgeschlossenen Geschäftsjahr möglich wurden, weil

die nachgewiesenen Ausgaben für eine Aufgabe den Ansatz nicht erreicht haben,
geplante langfristige Ausgaben in Wegfall gekommen sind,

dürfen nicht als übertragbare Bewilligungsreste in den nächsten Finanzplan übernommen werden (Minderausgaben).

433 Reichen die in der Abrechnung des Finanzplanes angefallenen Einnahmen zuzüglich der übertragbaren Reste nicht aus, um die angefallenen Ausgaben zuzüglich der übertragbaren Reste zu decken, so ist in Höhe des Unterschiedsbetrages eine Zuweisung zum Eigenkapital vorzunehmen (Mehrausgaben).

5 Beteiligungen

51 Rechte und Pflichten

511 Ein Unternehmen, das einen gewerblichen oder sonstigen Betrieb zum Gegenstand hat, soll der Hessische Rundfunk nur gründen oder sich an ihm beteiligen, wenn das Unternehmen in Form einer juristischen Person, deren Satzung ein Aufsichtsgremium vorsieht, betrieben wird. Die Beteiligung bedarf gemäß § 14 Abs. 1 Ziffer b der Satzung des Hessischen Rundfunks der Genehmigung des Verwaltungsrats.

512 Der Hessische Rundfunk soll sich durch geeignete Abmachungen den erforderlichen Einfluß auf die Geschäftsführung des Unternehmens und eine angemessene Vertretung im Aufsichtsgremium sichern. Insbesondere soll er im Rahmen der gegebenen Möglichkeiten auf der Einräumung folgender Rechte durch die Satzung oder durch unwiderrufliche Vereinbarung bestehen:

Die Geschäftsführung des Unternehmens ist durch einen dem Verwaltungsrat genehmen Wirtschaftsprüfer oder eine Wirtschaftsprüfungsgesellschaft zu prüfen.

Der Verwaltungsrat kann dem Prüfer auf Kosten des Unternehmens unmittelbar Aufträge erteilen, wenn das Unternehmen einem Ersuchen auf Erteilung eines Auftrages nicht nachkommt.

Der Landesrechnungshof kann durch Beauftragte Einsicht in den Betrieb und in die Bücher und Schriften des Unternehmens nehmen.

513 Auf die Einräumung der genannten Rechte ist nach Möglichkeit auch dann hinzuwirken, wenn der Hessische Rundfunk Anteile an bestehenden Unternehmungen besitzt oder solche erwirbt.

514 Die Vorschriften der Ziffern 511 bis 513 gelten entsprechend, wenn sich ein Unternehmen, an dem der Hessische Rundfunk unmittelbar oder mittelbar beteiligt ist, an der Gründung eines neuen Unternehmens beteiligt oder eine Beteiligung an einem bestehenden Unternehmen übernimmt.

52 Prüfung durch den Verwaltungsrat

521 Der Verwaltungsrat prüft die Betätigung des Hessischen Rundfunks als Aktionär oder Gesellschafter auf Grund der dem Hessischen Rundfunk als Gesellschafter zugänglichen Unterlagen und der von den auf Vorschlag des Hessischen Rundfunks gewählten Mitgliedern der Aufsichtsgremien der Beteiligungsgesellschaft erstatteten Berichte.

522 Ergibt die Prüfung Mängel, so hat der Hessische Rundfunk die nach den Gesetzen oder der Satzung des betreffenden Unternehmens möglichen Maßnahmen zur Abstellung der Mängel zu treffen.

523 Der Verwaltungsrat kann auf die Rechte nach Ziffer 521 verzichten, falls eines oder mehrere seiner Mitglieder dem Aufsichtsgremium des betreffenden Unternehmens angehören.

53 Prüfung durch den Landesrechnungshof

531 Prüft der Landesrechnungshof die Beteiligung des Hessischen Rundfunks als Aktionär oder Gesellschafter auf Grund der in Ziffer 521 genannten Unterlagen und erachtet er eine Ergänzung der von dem Wirtschaftsprüfer oder der Wirtschaftsprüfungsgesellschaft vorgenommenen Prüfung für erforderlich, so hat der Verwaltungsrat, wenn ihm dem Unternehmen gegenüber Rechte gemäß Ziffer 512 zustehen, die Ergänzung zu veranlassen.

6 Kassen- und Belegwesen

61 Geldverkehr

611 Erträge/Einnahmen und Aufwendungen/Ausgaben bedürfen entsprechender Anweisung. Die Befugnis, solche Anweisungen zu erteilen, regelt der Intendant in einer Dienstanweisung.

612 Die Namen und Unterschriften der Anweisungsberechtigten mit Angaben über eventuelle Begrenzung der Vollmachten sind bei der Kasse zu hinterlegen.

613 Die laufende Kontrolle der Kassen obliegt der Abteilung Revision.

62 Buchführung

621 Die Bücher des Hessischen Rundfunks sind nach den Grundsätzen ordnungsmäßiger kaufmännischer Buchführung unter Berücksichtigung der Bestimmungen dieser Finanzordnung zu führen. Die Buchungen werden nach einem Kontenplan vorgenommen, der entsprechend dem aufgestellten Haushaltsplan zu gliedern ist (Ziffer 2). Für einzelne Teile der Buchhaltung (z. B. Anlagenbuchhaltung, Kontokorrentbuchhaltung) werden gesonderte Dienstanweisungen erlassen.

63 Belegwesen

631 Alle Erträge/Einnahmen und Aufwendungen/Ausgaben sind zu belegen.

632 Alle Belege über Haushaltserträge/-einnahmen und -aufwendungen/-ausgaben müssen einen Hinweis auf die betreffenden Konten, sowie die Unterschrift des nach Ziffer 2814 hierfür verantwortlichen Mittelverwalters oder seines Beauftragten enthalten.

633 Die Belege werden nach einheitlichen Ablageorten abgelegt.

634 Die an den Rechnungsbelegen angebrachten Prüfzettel oder die Belege selbst müssen folgende Angaben enthalten:

genaue Angaben über den einzunehmenden oder zu zahlenden Betrag, den Einzahlungspflichtigen oder Empfänger,

eine Begründung, wenn sich Zweck und Anlaß der Zahlung oder Berechnung nicht aus den beigefügten Unterlagen ergeben.

400/12

die Kontierungsvermerke für Buchhaltung, Betriebsabrechnung und Datenverarbeitung,

die Bestätigung der sachlichen und - soweit erforderlich - der fachtechnischen Richtigkeit,

die Bestätigung der rechnerischen Richtigkeit,

den Inventarisierungsvermerk bei Gegenständen des Anlagevermögens,

den Perforierstempel für die Rechnungseingangs- und Buchungsbelegnummer.

64 Sachliche und fachtechnische Feststellung

641 Mit der Feststellung der sachlichen Richtigkeit der im Rechnungsbeleg aufgeführten Angaben wird bestätigt und bescheinigt, daß die Leistungen erfüllt oder die Lieferungen erfolgt sind, und die Grundsätze der Wirtschaftlichkeit gewahrt wurden. Die sachliche Feststellung darf nur von einem mit dem Sachverhalt vertrauten Bediensteten vorgenommen werden.

642 Sind zur Prüfung eines Rechnungsbeleges besondere Fachkenntnisse, z. B. auf fernmelde-, maschinen- oder bautechnischem Gebiet, erforderlich, so hat neben der sachlichen Feststellung eine fachtechnische Feststellung zu erfolgen.

643 Niemand kann Rechnungsbelege, die seine Person betreffen, selbst feststellen.

65 Rechnerische Feststellung

651 Mit Ausnahme der Rechnungen für bauliche Anlagen (Investitions- und Instandhaltungskonten der Bauabteilung und Technik) sind die übrigen Rechnungen unverzüglich von der Rechnungsprüfstelle auf rechnerische Richtigkeit zu prüfen.

652 Soweit die Preise mit dem Auftrag festgelegt wurden, obliegt der Rechnungsprüfstelle auch die Kontrolle der Übereinstimmung. In allen anderen Fällen schließt die sachliche und fachtechnische Feststellung die Preisprüfung mit ein.

7 Inkrafttreten

71 Diese Finanzordnung ersetzt die bisherige Finanzordnung vom 1. Oktober 1968 und tritt mit sofortiger Wirkung in Kraft.

Frankfurt am Main, den 19. August 1981

HESSISCHER RUNDFUNK
Anstalt des öffentlichen Rechts

Wolfgang Lehr

September 1981 hr

R e v i s i o n s o r d n u n g

des

HESSISCHEN RUNDFUNKS

800/1

1 **Stellung der Revision**

11 Die Abteilung Revision untersteht unmittelbar dem Intendanten.

12 Bei der Durchführung ihrer Aufgaben und der Beurteilung von Sachverhalten ist die Revision nur dem Gesetz, der Satzung und den speziellen Bestimmungen des Hessischen Rundfunks unterworfen. Die Revision arbeitet - unbeschadet ihrer unmittelbaren Verantwortung gegenüber dem Intendanten - unabhängig und nicht weisungsgebunden.

13 Die Prüfer haben die ihnen übertragenen Aufgaben in eigener Verantwortung zu erledigen. Ihre Arbeitsergebnisse haben sie dem Leiter der Revision vorzulegen. Sie sind verpflichtet, ihm alle wesentlichen Wahrnehmungen mitzuteilen, die sich bei ihrer Arbeit ergeben haben, auch wenn sie nicht Gegenstand des Prüfungsauftrags waren.

14 Der Leiter der Revision entscheidet über die Form der Berichterstattung sowie über die Wertung der Prüfungsfeststellungen.

2 **Aufgaben der Revision**

21 Die Revision ist für alle Prüfungsfragen des Hessischen Rundfunks zuständig. Dazu gehören auch u. a. Wirtschaftlichkeitsuntersuchungen, Gutachten, Stellungnahmen zu Organisationsfragen. Die Aufträge erteilt der Intendant.

22 Die Revision hat regelmäßig folgende Aufgaben auszuführen (Dauerauftrag):

221 Prüfung der Haupt- und Nebenkassen.

222 Prüfung der Einhaltung der wesentlichsten Dienstanweisungen und anderen Vorschriften und Dienstvereinbarungen - insbesondere soweit sie im hr-Handbuch erfaßt sind.

223 Prüfung der Wirtschaftlichkeit von Fernseh- und Hörfunkproduktionen unter Beachtung der künstlerischen und programmlichen Erfordernisse.

224 Stellungnahmen zu Planstellenanforderungen und -veränderungen.

225 Stellungnahmen zur Schaffung neuer und Änderung oder Aufhebung bestehender Dienstanweisungen etc.

800/2

23 Vor Beginn jeden Geschäftsjahres ist ein Arbeitsplan für das Jahr aufzustellen und dem Intendanten zur Genehmigung vorzulegen.

3 <u>Durchführung der Prüfungen</u>

31 Soweit nicht gesetzliche Bestimmungen oder Anweisungen des Intendanten entgegenstehen, gilt folgendes:

Der Leiter und die Prüfer der Revision sind berechtigt, im Rahmen ihrer Prüfungen alle Stellen des Hessischen Rundfunks aufzusuchen und Ortsbesichtigungen vorzunehmen. Auf Verlangen sind ihnen alle erforderlichen Unterlagen auszuhändigen und Auskünfte zu erteilen. Der Leiter und die Prüfer der Revision sind berechtigt, die Veranstaltungen des Hessischen Rundfunks (Proben, Produktionen und Sendungen) zu besuchen.

32 Der Leiter der Revision und die Prüfer weisen sich durch einen vom Intendanten ausgestellten besonderen Dienstausweis aus.

33 Alle Stellen des Hessischen Rundfunks sind verpflichtet, die Arbeit der Revision zu unterstützen.

4 <u>Unterlagen</u>

41 Von der Absicht, größere organisatorische Änderungen vorzunehmen, Richtlinien, Dienstanweisungen des hr-Handbuchs usw. einzuführen, zu ergänzen, zu ändern oder aufzuheben ist der Revision so rechtzeitig Kenntnis zu geben, daß sie vor der Verwirklichung Stellung nehmen kann.

42 Die Revision erhält von den Direktionen die für ihre Arbeit notwendigen Informationen und Unterlagen. Dazu zählen insbesondere nach Erscheinen oder Änderung

421 Geschäftsverteilungspläne, Haushalts- und Stellenpläne, Jahresrechnungen.

422 Gehalts- und Lohntarife, Honorarrahmen und ähnliche Festlegungen.

423 Berichte über Diebstähle, Verluste und Schadensfälle unter Darlegung des Sachverhalts.

424 Namen und Unterschriftsproben der anweisungsberechtigten Mitarbeiter.

425 Prüfungsberichte und Gutachten vom Landesrechnungshof, von Prüfungsgesellschaften und von Gutachtern.

5 <u>Berichterstattung der Revision</u>

51 Die Revision erstattet über ihre Prüfungen und sonstigen Tätigkeiten in der Regel schriftlich Bericht. Das geschieht in der Form von Protokollen, Berichten, Stellungnahmen oder Gutachten. Die Schriftstücke sind dem Intendanten und den Direktoren zuzuleiten, deren Geschäftsbereich betroffen ist.

52 Vor der endgültigen Berichterstattung werden die zuständigen Direktoren informiert und gegebenenfalls eine Schlußbesprechung mit den betroffenen Bereichen durchgeführt.

53 Die zuständigen Direktoren oder deren Beauftragte entscheiden über die zu treffenden Maßnahmen.

54 Wird über Prüfungsbemerkungen der Revision oder deren Erledigung keine Übereinstimmung erzielt, so entscheidet der Intendant.

55 Die jeweils zuständigen Direktoren tragen verfahrensmäßig die Verantwortung für die erforderlichen Maßnahmen.

56 Nach einer angemessenen Zeit - in der Regel nach 3 Monaten - stellt die Revision fest, welche Maßnahmen aufgrund der Prüfungsergebnisse erfolgt sind und unterrichtet den Intendanten über das Ergebnis.

6 <u>Allgemeine Grundsätze</u>

61 Mitarbeiter der Revision dürfen keine Einnahme- und Ausgabeanweisungen anfertigen, keine Richtigkeitsbescheinigungen auf Anweisungen, Belegen und Büchern abgeben und ferner nicht an einer Kassenverwaltung, Buch- oder Wirtschaftsführung des Hessischen Rundfunks beteiligt werden.

62 Geprüfte Belege und sonstige Unterlagen und angebrachte Prüfungsbemerkungen sind durch Stempel- oder Handzeichen zu zeichnen.

800/4

63 Alle Informationen und Kenntnisse, die Mitarbeiter der Revision aufgrund ihrer Tätigkeit erlangen, sind ihrer Bedeutung entsprechend so vertraulich zu behandeln, wie dies im Rahmen des Prüfungsauftrags möglich ist.

Frankfurt am Main, den 20. Februar 1974

HESSISCHER RUNDFUNK
Anstalt des öffentlichen Rechts

(Werner Hess)

Anlage VIII / 5

Erträge

Seite 1

Vorläufige Abrechnung des Ertrags- und Aufwandsplanes 1988

-Einzelaufstellung nach Untertiteln-

Untertitel		Ist 1988	Haushaltssoll 1988			Mehr- + Minder- ./. Erträge	Ist 1987
			Haushaltsplan	Nachträge	Insgesamt		
		DM	DM	DM	DM	DM	DM
30001	Erträge aus Hörfunkgebühren	148.885.523,05	143.460.000,--	3.380.000,--	146.840.000,--	+ 2.045.523,05	142.911.226,85
30101	Erträge aus Fernsehgebühren	196.519.353,60	190.050.000,--	3.970.000,--	194.020.000,--	+ 2.499.353,60	188.935.782,51
30	Erträge aus Gebühren	345.404.876,65	333.510.000,--	7.350.000,--	340.860.000,--	+ 4.544.876,65	331.847.009,36
31001	Bestandsveränderungen	./. 2.601.650,37	750.000,--	800.000,--	1.550.000,--	./. 4.151.650,37	10.558.074,05
32001	Kostenerstattung Werbefunk	22.281.416,43	15.400.000,--	7.068.000,--	22.468.000,--	./. 186.583,57	15.870.694,10
32101	Kostenerstattung Werbefernsehen	109.753.367,48	56.800.000,--	39.026.000,--	95.826.000,--	+ 13.927.367,48	110.280.534,51
32211	Erträge aus Programm-, Produktions- und Sendehilfen	447.393,31	250.000,--	-,--	250.000,--	+ 197.393,31	177.727,38
32221	Kostenerstattungen von anderen Rundfunkanstalten	1.307.920,42	970.000,--	315.000,--	1.285.000,--	+ 22.920,42	993.223,12
32231	Sonstige Kostenerstattungen	4.585.766,74	3.700.000,--	921.000,--	4.621.000,--	./. 35.233,26	3.765.031,73
32232	Erträge aus Konzerten und öffentlichen Veranstaltungen	1.474.889,10	1.100.000,--	135.000,--	1.235.000,--	+ 239.889,10	1.137.120,74
32	Erträge aus Kostenerstattungen	139.850.753,48	78.220.000,--	47.465.000,--	125.685.000,--	+ 14.165.753,48	132.224.331,58
33001	Erträge aus Koproduktionen	2.593.902,30	60.000,--	2.421.000,--	2.481.000,--	+ 112.902,30	1.857.442,36
33011	Zuschüsse für Schulfunk	73.095,60	75.000,--	-,--	75.000,--	./. 1.904,40	76.478,55
33012	Zuschüsse für Schulfernsehen	431.000,--	540.000,--	./. 110.000,--	430.000,--	+ 1.000,--	539.000,--
33013	Zuschüsse für Gesundheitsspots	80.000,--	-,--	80.000,--	80.000,--	-,--	100.000,--
33014	Zuschüsse für Umweltspots	100.000,--	-,--	100.000,--	100.000,--	-,--	-,--
33016	Zuschüsse für Gastkonzerte und Konzertreisen	6.500,--	-,--	-,--	-,--	+ 6.500,--	1.101.434,27
33121	Erträge aus Verkaufserlösen der Junior-Film	188.818,75	100.000,--	750.000,--	850.000,--	./. 661.181,25	126.139,--
33122	Erträge aus der Verwertung von Ko- und Auftrags-produktionen	37.294,81	-,--	-,--	-,--	+ 37.294,81	-,--
33123	Erträge aus Lizenzvergaben	271.652,07	-,--	250.000,--	250.000,--	+ 21.652,07	454.167,94
33125	Erträge aus sonstigen Programmverwertungen	136.190,68	-,--	-,--	-,--	+ 136.190,68	-,--
33161	Erträge aus der Kabelverwertung im Ausland	735.449,22	-,--	400.000,--	400.000,--	+ 335.449,22	418.041,54
33171	Erträge aus Leerkassettenvergütungen (Ausland)	31.958,63	-,--	-,--	-,--	+ 31.558,63	30.386,81
33181	Erträge aus Geräte-/Leerkassettenvergütungen (VFF)	386.461,--	-,--	386.000,--	386.000,--	+ 461,--	-,--
	Übertrag	5.071.923,06	775.000,--	4.277.000,--	5.052.000,--	+ 19.923,06	4.703.090,47

Anlage VIII / 6

Erträge
Seite 2

Untertitel		Ist 1988	Haushaltssoll 1988			Mehr- + / Minder- ./. Erträge		Ist 1987
			Haushaltsplan	Nachträge	Insgesamt			
		DM	DM	DM	DM		DM	DM
	Übertrag	5.071.923,06	775.000,--	4.277.000,--	5.052.000,--	+	19.923,06	4.703.090,47
33201	Erträge aus Sendermitbenutzung	123.635,47	122.000,--	-,--	122.000,--	+	1.635,47	122.518,78
33301	Erträge aus Lizenzen, Materialverkäufen und Sonstiges	76.424,38	100.000,--	-,--	100.000,--	./.	23.575,62	76.629,--
33401	Erträge aus Mieten und Pachten	1.043.762,04	1.100.000,--	-,--	1.100.000,--	./.	56.237,96	1.101.857,10
33402	Erträge aus Dienstwohnungen	29.823,52	30.000,--	-,--	30.000,--	./.	176,48	31.889,48
33611	Erträge aufgrund von Arbeitsbeschaffungsmaßnahmen	462.145,--	160.000,--	200.000,--	360.000,--	+	102.145,--	24.411,--
33621	Erträge gem. Vorruhestandsregelung	51.026,67	10.000,--	30.000,--	40.000,--	+	11.026,67	37.269,48
33	Sonstige betriebliche Erträge	6.858.740,14	2.297.000,--	4.507.000,--	6.804.000,--	+	54.740,14	6.097.665,31
34011	Erträge aus dem Abgang von Gegenständen des Anlagevermögens	235.872,79	-,--	87.000,--	87.000,--	+	148.872,79	137.052,47
34012	Erträge aus dem Abgang von Wertpapieren des Anlagevermögens	156.900,--	157.000,--	-,--	157.000,--	./.	100,--	117.000,--
34111	Erträge aus der Auflösung von Rückstellungen zur Alterversorgung	-,--	-,--	-,--	-,--		-,--	68.073,--
34121	Erträge aus der Auflösung von sonstigen Rückstellungen	470.520,57	-,--	-,--	-,--	+	470.520,57	1.766.875,01
34	Sonstige betriebliche Erträge	863.293,36	157.000,--	87.000,--	244.000,--	+	619.293,36	2.089.000,48
35001	Sonstige Erträge	708.575,84	-,--	450.000,--	450.000,--	+	258.575,84	353.179,70
35005	Erträge aus Berlinpräferenz	3.980,30	-,--	-,--	-,--	+	3.980,30	-,--
35011	Erträge aus dem Abgang von Gegenständen des Umlaufvermögens	360.345,68	-,--	-,--	-,--	+	360.345,68	152.284,80
35012	Erträge aus dem Zugang am Gemeinschaftsvermögen GEZ	237.532,67	-,--	-,--	-,--	+	237.532,67	34.906,90
35013	Erträge aus Schadensfällen	25.384,73	-,--	-,--	-,--	+	25.384,73	52.477,89
35111	Erträge aus Vorsteuer - Kostenerstattung Werbefunk	749.517,51	400.000,--	100.000,--	500.000,--	+	249.517,51	414.202,40
35112	Erträge aus Vorsteuer - Kostenerstattung Werbefernsehen	3.993.241,54	1.700.000,--	1.300.000,--	3.000.000,--	+	993.241,54	1.765.810,26
35	Sonstige betriebliche Erträge	6.078.578,27	2.100.000,--	1.850.000,--	3.950.000,--	+	2.128.578,27	2.772.861,95
33-35	Sonstige betriebliche Erträge insgesamt	13.800.611,77	4.554.000,--	6.444.000,--	10.998.000,--	+	2.802.611,77	10.959.527,74

Anlage VIII / 7

Erträge
Seite 3

Untertitel		Ist 1988 DM	Haushaltssoll 1988 Haushaltsplan DM	Nachträge DM	Insgesamt DM	Mehr- + Minder- ./. Erträge DM	Ist 1987 DM
37101	Erträge aus Beteiligungen an der WIR	-,--	35.450.000,--	./. 35.450.000,--	-,--	-,--	-,--
38001	Zinserträge aus Sondervermögen	9.982.742,33	10.100.000,--	-,--	10.100.000,--	./. 117.257,67	9.635.159,23
38011	Zinserträge aus langfristigen Darlehen des Anlagevermögens	374,04	-,--	-,--	-,--	+ 374,04	374,04
38101	Zinserträge	10.708.552,64	7.000.000,--	4.000.000,--	11.000.000,--	./. 291.447,36	10.190.801,91
38103	Andere Zinsen und ähnliche Erträge	152,13	-,--	-,--	-,--	+ 152,13	-,--
38	Erträge aus anderen Wertpapieren und Ausleihungen des Finanzanlagevermögens, sonstige Zinsen und ähnliche Erträge	20.691.821,14	17.100.000,--	4.000.000,--	21.100.000,--	./. 408.178,86	19.826.335,18
	ERTRÄGE INSGESAMT	517.146.412,67	469.584.000,--	30.609.000,--	500.193.000,--	+ 16.953.412,67	505.415.277,91
91	Fehlbetrag aus dem Ertrags- und Aufwandsplan (Auflösung von Kapital)	40.691.085,49	44.312.000,--	./. 11.901.000,--	32.411.000,--	+ 8.280.085,49	1.798.679,82
		557.837.498,16	513.896.000,--	18.708.000,--	532.604.000,--	+ 25.233.498,16	507.213.957,73

Anlage VIII / 8

Vorläufige Abrechnung des Ertrags- und Aufwandsplanes 1988
-Einzelaufstellung nach Untertiteln-

Aufwendungen
Seite 1

Untertitel		Ist 1988 DM	Haushaltssoll 1988 Haushaltsplan DM	Nachträge DM	Insgesamt DM	Mehr- + Minder- ./. Aufwendungen DM	Ist 1987 DM
40001	Vergütungen Planstellen	122.800.577,55	124.900.000,--	-,--	124.900.000,--	./. 2.099.422,45	118.582.106,23
40002	Weihnachtszuwendungen Planstellen	9.808.323,29	9.950.000,--	-,--	9.950.000,--	./. 141.676,71	9.431.942,82
40003	Jubiläumszuwendungen	403.674,62	380.000,--	-,--	380.000,--	+ 23.674,62	295.572,43
40004	Rückstellungen für Jubiläumszuwendungen	62.752,--	-,--	-,--	-,--	+ 62.752,--	3.394.877,--
40011	Vergütungen für Arbeitnehmer mit Zeitverträgen ohne Planstellen	1.168.753,85	1.000.000,--	350.000,--	1.350.000,--	./. 181.246,15	817.197,97
40012	Vergütungen für Ortskräfte in Auslandstudios	625.639,97	730.000,--	-,--	730.000,--	./. 104.360,03	562.283,61
40021	Vergütungen Aushilfen	2.660.949,76	2.700.000,--	-,--	2.700.000,--	./. 39.050,24	2.486.685,64
40031	Ausbildungsvergütungen Volontäre, Praktikanten	650.897,68	760.000,--	-,--	760.000,--	./. 109.102,32	659.262,37
40032	Ausbildungsvergütungen für Auszubildende	249.727,11	330.000,--	-,--	330.000,--	./. 80.272,89	246.888,64
40033	Weihnachtszuwendungen für Auszubildende	44.702,08	65.000,--	-,--	65.000,--	./. 20.297,92	55.698,44
40051	Auslandszuschläge	20.350,--	25.000,--	-,--	25.000,--	./. 4.650,--	10.175,--
40071	Aufwendungen für Urlaubsverpflichtungen	341.770,--	320.000,--	-,--	320.000,--	+ 21.770,--	212.530,--
	Personalaufwendungen	138.838.117,91	141.160.000,--	350.000,--	141.510.000,--	./. 2.671.882,09	136.755.220,15
40101	Dienstaufwandsentschädigungen	88.211,82	95.000,--	-,--	95.000,--	./. 6.788,18	88.150,--
40111	Funktions-, Leistungs- und ähnliche Zulagen	339.960,02	380.000,--	50.000,--	430.000,--	./. 90.039,98	340.409,52
40112	Selbstfahrervergütungen	128.791,34	135.000,--	-,--	135.000,--	./. 6.208,66	130.114,14
40121	Mehrarbeit-Vergütungen	1.408.519,71	1.850.000,--	-,--	1.850.000,--	./. 441.480,29	1.661.867,05
40131	Zeitzuschläge	1.693.550,55	1.850.000,--	-,--	1.850.000,--	./. 156.449,45	1.765.561,45
40141	Instrumenten- und Kleidergelder	109.200,45	125.000,--	-,--	125.000,--	./. 15.799,55	111.155,69
40142	Kfz-Pauschale für dienstl. Benutzung privater PKW	65.120,--	80.000,--	-,--	80.000,--	./. 14.880,--	71.630,--
40151	Familienzuschläge	2.080.984,44	2.100.000,--	-,--	2.100.000,--	./. 19.015,56	1.981.518,49
40161	Abfindungs- und Übergangsgelder	18.029,23	50.000,--	-,--	50.000,--	./. 31.970,77	90.897,35
40191	Übrige Arbeitsentgelte	10.733,61	10.000,--	-,--	10.000,--	+ 733,61	8.720,84
	Sonstige Arbeitsentgelte	5.943.101,17	6.675.000,--	50.000,--	6.725.000,--	./. 781.898,83	6.250.024,53
40981	Verstärkungsmittel für Personalaufwand	-,--	3.000.000,--	./. 3.000.000,--	-,--	-,--	-,--
40	Personalaufwendungen	144.781.219,08	150.835.000,--	./. 2.600.000,--	148.235.000,--	./. 3.453.780,92	143.005.244,68

Untertitel		Ist 1988	Haushaltssoll 1988 Haushaltsplan	Nachträge	Insgesamt	Mehr- + Minder- ./. Aufwendungen	Ist 1987
		DM	DM	DM	DM	DM	DM
41001	Sozialversicherungsbeitrage	16.841.095,40	17.400.000,--	./. 300.000,--	17.100.000,--	./. 258.904,60	15.874.167,88
41002	Zuschuß zur befreienden Lebensversicherung	335.860,91	360.000,--	-,--	360.000,--	./. 24.139,09	343.473,31
41003	Zuschuß zu Krankenversicherungsbeiträgen	3.059.279,43	3.150.000,--	./. 50.000,--	3.100.000,--	./. 40.720,57	2.841.520,07
41004	Beitrage zur Berufsgenossenschaft	901.614,48	750.000,--	-,--	750.000,--	+ 151.614,48	773.533,93
	Soziale Abgaben	21.137.850,22	21.660.000,--	./. 350.000,--	21.310.000,--	./. 172.149,78	19.832.695,19
41211	Beihilfen an Festangestellte	460.578,--	500.000,--	-,--	500.000,--	./. 39.422,--	378.334,--
41311	Zuschuß zum Kasinoessen	750.291,88	745.000,--	-,--	745.000,--	+ 5.291,88	732.501,39
41405	Fahrtkostenzuschuß	26.086,11	30.000,--	-,--	30.000,--	./. 3.913,89	26.483,86
41406	Sonstige Personalnebenkosten	37.228,06	50.000,--	-,--	50.000,--	./. 12.771,94	20.862,32
	Sonstige Personalaufwendungen	63.314,17	80.000,--	-,--	80.000,--	./. 16.685,83	47.346,18
41501	Zuführung zu Altersversorgungsrückstellungen	50.867.588,--	23.900.000,--	2.500.000,--	26.400.000,--	+ 24.467.588,--	28.315.068,--
41511	Beiträge an Pensionskassen	4.786,15	3.000,--	-,--	3.000,--	+ 1.786,15	1.672,50
41521	Versorgungsleistungen	24.594.210,52	24.800.000,--	150.000,--	24.950.000,--	./. 355.789,48	22.869.379,83
41522	Sonstige Versorgungsleistungen (Art. 131 GG)	5.579,80	6.000,--	-,--	6.000,--	./. 420,20	5.492,52
41541	Beiträge zur Gruppenversicherung	1.722,24	2.000,--	-,--	2.000,--	./. 277,76	1.722,24
41571	Nachversicherungsbeiträge nach dem Betriebsrentengesetz (VBL)	176.461,89	130.000,--	-,--	130.000,--	+ 46.461,89	88.875,92
41581	Beihilfen an Versorgungsempfänger	855.365,--	550.000,--	150.000,--	700.000,--	+ 155.365,--	606.555,--
	Aufwendungen für Altersversorgung (Festangestellte)	76.505.713,60	49.391.000,--	2.800.000,--	52.191.000,--	+ 24.314.713,60	51.888.766,01
41602	Tarifrenten	2.122.806,93	800.000,--	-,--	800.000,--*	+ 1.322.806,93	1.400.000,--
41603	Sozialaufwendungen für Tarifrentner	286.447,38	-,--	-,--	-,--	+ 286.447,38	198.260,55
	Aufwendungen für Vorruhestandsregelung	2.409.254,31	800.000,--	-,--	800.000,--	+ 1.609.254,31	1.598.260,55
41981	Verstärkungsmittel für Sozialaufwand	-,--	1.300.000,--	./. 1.300.000,--	-,--	-,--	-,--
41	Soziale Abgaben, Aufwendungen für Unterstützung und Altersversorgung	101.327.002,18	74.476.000,--	1.150.000,--	75.626.000,--	+ 25.701.002,18	74.477.903,32
40+41	Personal- und Sozialaufwand insgesamt	246.108.221,26	225.311.000,--	./. 1.450.000,--	223.861.000,--	+ 22.247.221,26	217.483.148,--

* Zuweisung der Verstärkungsmittel für Personalaufwand: Untertitel 41602 800.000 DM

Anlage VIII / 10

Aufwendungen
Seite 3

Untertitel		Ist 1988 DM	Haushaltssoll 1988 Haushaltsplan DM	Nachträge DM	Insgesamt DM	Mehr- + Minder- ./. Aufwendungen DM	Ist 1987 DM
42001	Urhebervergütungen (verlagsgebunden) HF	388.945,37	432.000,--	-,--	432.000,--	./. 43.054,63	344.023,90
42002	Urhebervergütungen (verlagsgebunden) FS	299.998,27	465.000,--	-,--	465.000,--	./. 165.001,73	354.599,54
42101	Urhebervergütungen (nicht verlagsgebunden) HF	12.381.766,60	11.345.000,--	280.000,--	11.625.000,--*	+ 756.766,60	11.701.842,15
42102	Urhebervergütungen (nicht verlagsgebunden) FS	6.481.169,49	6.495.000,--	55.000,--	6.550.000,--*	./. 68.830,51	6.331.368,24
42201	Gemavergütungen	4.653.966,78	4.600.000,--	-,--	4.600.000,--	+ 53.966,78	4.350.723,81
42301	Sonstige Urhebervergütungen HF	146.180,--	82.000,--	-,--	82.000,--	+ 64.180,--	85.660,88
42302	Sonstige Urhebervergütungen FS	1.180.356,34	1.390.000,--	20.000,--	1.410.000,--	./. 229.643,66	1.173.295,65
42401	Leistungsvergütungen (Honorare) HF	10.288.933,56	8.998.000,--	1.150.000,--	10.148.000,--*	+ 140.933,56	8.369.529,63
42402	Leistungsvergütungen (Honorare) FS	12.064.204,39	14.401.000,--	948.000,--	15.349.000,--*	./. 3.284.795,61	11.822.103,54
42412	Leistungsvergütungen für Programmverwertungen durch Dritte	505.000,--	-,--	200.000,--	200.000,--	+ 305.000,--	465.000,--
42492	Programmverstärkungsmittel FS	-,--	200.000,--	./. 200.000,--	-,--	-,--	-,--
	Urheber- und Leistungsvergütungen	48.390.520,80	48.408.000,--	2.453.000,--	50.861.000,--	./. 2.470.479,20	44.998.147,34
42501	Gesetzliche soziale Abgaben für freie Mitarbeiter	2.299.819,07	2.350.000,--	20.000,--	2.370.000,--	./. 70.180,93	2.088.066,57
42502	Berufsunfallversicherung für freie Mitarbeiter	111.914,83	110.000,--	-,--	110.000,--	+ 1.914,83	100.000,--
42503	Sondervergütungen für freie Mitarbeiter	1.313.304,42	1.330.000,--	30.000,--	1.360.000,--	./. 46.695,58	1.187.643,52
42504	Pensionskasse für freie Mitarbeiter	569.683,98	550.000,--	20.000,--	570.000,--	./. 316,02	500.930,91
42505	Ergänzungsurlaubsgeld für freie Mitarbeiter	117.519,44	100.000,--	-,--	100.000,--	+ 17.519,44	92.760,49
42506	Honorarzuschuß für freie Mitarbeiter	444.000,79	500.000,--	10.000,--	510.000,--	./. 65.999,21	403.216,94
42507	Honorarfortzahlung und Sonstiges für freie Mitarbeiter	538.433,94	500.000,--	20.000,--	520.000,--	+ 18.433,94	407.241,38
42508	Tarifliche Sonderzahlungen an ständige freie Mitarbeiter	-,--	50.000,--	-,--	50.000,--	./. 50.000,--	18.418,72
42509	Krankengeldzuschuß nach § 405 RVO für freie Mitarbeiter	56.111,66	40.000,--	-,--	40.000,--	+ 16.111,66	53.607,25
42511	Künstlersozialabgabe	443.888,31	520.000,--	10.000,--	530.000,--	./. 86.111,69	413.799,05
42601	Zuführung zu Altersversorgungsrückstellungen für freie Mitarbeiter	1.296.275,--	1.500.000,--	./. 200.000,-	1.300.000,--	./. 3.725,--	-,--
42602	Versorgungsleistungen für freie Mitarbeiter	385.260,--	310.000,--	-,--	310.000,--	+ 75.260,--	236.431,12
	Soziale Leistungen für freie Mitarbeiter	7.576.211,44	7.860.000,--	./. 90.000,--	7.770.000,--	./. 193.788,56	5.502.115,95

Anlage VIII / 11

Aufwendungen
Seite 4

Untertitel		Ist 1988 DM	Haushaltssoll 1988 Haushaltsplan DM	Nachträge DM	Insgesamt DM	Mehr- + Minder- ./. Aufwendungen DM	Ist 1987 DM
42701	Übertragung von Theater-, Konzert-, Sport- und sonstigen Veranstaltungen HF	289,60	37.000,--	-,--	37.000,--	./. 36.710,40	56.700,--
42702	Übertragung von Theater-, Konzert-, Sport- und sonstigen Veranstaltungen FS	1.210.739,70	955.000,--	-,--	955.000,--	+ 255.739,70	997.721,20
42703	Filme und Filmeinblendungen, Auftragsproduktionen	9.907.444,31	7.361.000,--	1.101.000,--	8.462.000,--*	+ 1.445.444,31	10.743.030,96
42705	Nachrichten und Wetterdienst einschließlich Übermittlungskosten	1.389.477,97	1.460.000,--	-,--	1.460.000,--	./. 70.522,03	1.312.462,17
42891	GVL-Vergütungen	1.431.421,20	1.500.000,--	-,--	1.500.000,--	./. 68.578,80	1.345.054,39
42901	Materialentschädigungen HF	261.569,73	253.000,--	-,--	253.000,--	+ 8.569,73	206.261,72
42902	Materialentschädigungen FS	8.577,71	24.000,--	-,--	24.000,--	./. 15.422,29	14.356,37
	Allgemeine Vergütungen	14.209.520,22	11.590.000,--	1.101.000,-	12.691.000,--	+ 1.518.520,22	14.675.586,81
42	Urheber-, Leistungs- und Herstellervergütungen	70.176.252,46	67.858.000,--	3.464.000,--	71.322.000,--	./. 1.145.747,54	65.175.850,10
43001	Umlagefähige Gemeinschaftssendungen HF	2.476.061,26	2.551.000,--	-,--	2.551.000,--	./. 74.938,74	2.040.996,94
43002	Umlagefähige Gemeinschaftssendungen FS	4.704.887,45	4.580.000,--	450.000,--	5.030.000,--	./. 325.112,55	3.006.962,06
43003	Filmgemeinschaftseinkäufe	6.822.485,17	7.240.000,--	860.000,--	8.100.000,--	./. 1.277.514,83	5.426.858,60
43004	Sonstige Gemeinschaftsaufgaben	22.795,38	50.000,--	-,--	50.000,--	./. 27.204,62	229.969,21
43005	Programmdirektion Deutsches Fernsehen	525.359,49	475.000,--	47.000,--	522.000,--	+ 3.359,49	471.106,40
43006	Zentrale Sendeleitung	35.194,92	41.000,--	-,--	41.000,--	./. 5.805,08	36.362,61
43007	ARD-TV-Leitungsbüro	172.641,11	152.000,--	120.000,--	272.000,--	./. 99.358,89	200.282,06
43008	ARD-Aktuell	2.912.469,--	3.250.000,--	-,--	3.250.000,--	./. 337.531,--	2.972.789,--
43009	Videotextdienst ARD/ZDF	81.464,24	120.000,--	-,--	120.000,--	./. 38.535,76	170.113,27
43011	ARD-Magazin	93.105,59	115.000,--	-,--	115.000,--	./. 21.894,41	111.100,--
43014	Studio Bonn, Umlagen	245.206,73	230.000,--	75.000,--	305.000,--	./. 59.793,27	170.268,17
43051	Versorgungsrückstellung für Degeto-Film GmbH	235.592,--	157.000,--	-,--	157.000,--	+ 78.592,--	158.220,--
43052	Versorgungsrückstellung für Programmdirektion DFS	103.158,--	35.000,--	-,--	35.000,--	+ 68.158,--	41.576,--
43053	Versorgungsrückstellung für ARD-TV-Leitungsbüro	40.056,--	12.000,--	-,--	12.000,--	+ 28.056,--	4.743,--
	Anteilkosten an Programmgemeinschaftsaufgaben	18.470.476,34	19.008.000,--	1.552.000,--	20.560.000,--	./. 2.089.523,66	15.041.347,32

Anlage VIII / 12

Aufwendungen

Seite 5

Untertitel		Ist 1988 DM	Haushaltssoll 1988 Haushaltsplan DM	Nachträge DM	Insgesamt DM	Mehr- + Minder- ./. Aufwendungen DM	Ist 1987 DM
43101	Anteilkosten bei Koproduktionen HF	192.531,41	225.000,--	-,--	225.000,--	./. 32.468,59	133.088,44
43102	Anteilkosten bei Koproduktionen FS	6.273.255,50	4.785.000,--	./. 100.000,--	4.685.000,--	+ 1.588.255,50	3.670.634,39
	Anteilkosten bei Koproduktionen	6.465.786,91	5.010.000,--	./. 100.000,--	4.910.000,--	+ 1.555.786,91	3.803.722,83
43201	Satellitenprogramm EINS PLUS	876.000,--	1.050.000,--	./. 174.000,--	876.000,--	-,--	566.964,--
43501	Bearbeitungskosten für Filme	375.486,14	560.000,--	-,--	560.000,--	./. 184.513,86	470.415,12
43502	Bearbeitungskosten für MAZ	124.740,29	100.000,--	68.000,--	168.000,--	./. 43.259,71	154.797,16
43503	Überspielkosten für FS-Archivmaterial	468.235,63	870.000,--	-,--	870.000,--	./. 401.764,37	717.400,51
43601	Kosten für Produktionen in fremden Ateliers und Außenaufnahmen	1.955.155,54	1.813.000,--	175.000,--	1.988.000,--	./. 32.844,46	1.616.276,27
43602	Fremdlöhne für Fernsehproduktionen*	3.684.193,37	2.406.000,--	1.400.000,--	3.806.000,--	./. 121.806,63	3.256.955,82
43611	Strom- und Montagekosten (bei Außenübertragungen	1.104.593,64	795.000,--	380.000,--	1.175.000,--	./. 70.406,36	877.170,93
	Produktionsbezogene Fremdleistungen	7.712.404,61	6.544.000,--	2.023.000,--	8.567.000,--	./. 854.595,39	7.093.015,81
43	Anteil an Programmgemeinschaftsaufgaben und Koproduktionen, produktionsbezogene Fremdleistungen	33.524.667,86	31.612.000,--	3.301.000,--	34.913.000,--	./. 1.388.332,14	26.505.049,96
42+43	insgesamt	103.700.920,32	99.470.000,--	6.765.000,--	106.235.000,--	./. 2.534.079,68	91.680.900,06

* Zuweisung der Programmverstärkungsmittel:

Hörfunk	Untertitel 42101	268.000 DM
	Untertitel 42401	223.000 DM
	Untertitel 47003	9.000 DM
		500.000 DM
Fernsehen	Untertitel 42102	24.000 DM
	Untertitel 42402	85.000 DM
	Untertitel 42703	191.000 DM
		300.000 DM

Anlage VIII / 13

Aufwendungen

Seite 6

Untertitel		Ist 1988	Haushaltssoll 1988			Mehr- + / Minder- ./. Aufwendungen		Ist 1987
			Haushaltsplan	Nachträge	Insgesamt			
		DM	DM	DM	DM		DM	DM
44001	MAZ-Bänder	815.707,95	872.000,--	-,--	872.000,--	./.	56.292,05	787.539,84
44002	Rohfilm	1.600.674,86	1.850.000,--	-,--	1.850.000,--	./.	249.325,14	1.870.028,42
44011	Magnettonbänder	720.626,38	820.000,--	-,--	820.000,--	./.	99.373,62	742.839,87
44012	Magnettonfilm	177.532,28	260.000,--	-,--	260.000,--	./.	82.467,72	180.735,17
44101	Bibliotheksbucher	31.960,15	40.000,--	-,--	40.000,--	./.	8.039,85	33.050,40
44102	Handbücher und verschiedene Druckerzeugnisse	111.360,62	100.000,--	-,--	100.000,--	+	11.360,62	100.073,26
44103	Zeitungen und Zeitschriften	300.781,49	360.000,--	-,--	360.000,--	./.	59.218,51	280.416,39
44111	Industrietonträger	81.334,40	178.000,--	-,--	178.000,--	./.	96.665,60	115.475,89
44112	Noten	17.197,17	19.000,--	-,--	19.000,--	./.	1.802,83	17.821,31
44201	Technisches Verbrauchsmaterial	3.001.005,39	3.073.000,--	100.000,--	3.173.000,--	./.	171.994,61	2.981.397,63
44202	Verbrauchswerkzeuge und Kleingerate	244.013,60	250.000,--	-,--	250.000,--	./.	5.986,40	247.338,06
44203	Verbrauchsmaterial der Betriebswerkstätten	2.170.470,29	1.855.000,--	317.000,--	2.172.000,--	./.	1.529,71	1.930.534,98
44204	Verbrauchsmaterial Kasino	113.831,54	110.000,--	-,--	110.000,--	+	3.831,54	81.847,79
44205	Büroverbrauchsmaterial	725.010,58	700.000,--	-,--	700.000,--	+	25.010,58	738.547,40
44212	Treibstoffe	376.845,50	500.000,--	-,--	500.000,--	./.	123.154,50	388.920,82
44213	Röhren und Halbleiter	754.853,62	992.000,--	-,--	992.000,--	./.	237.146,38	643.619,70
44214	Scheinwerferlampen	197.255,46	297.000,--	./. 80.000,--	217.000,--	./.	19.744,54	147.798,52
44215	Glüh- und Leuchtstofflampen	164.647,74	106.000,--	80.000,--	186.000,--	./.	21.352,26	100.246,71
44216	Reifen	55.043,31	60.000,--	-,--	60.000,--	./.	4.956,69	68.543,35
44217	Archiv-Bedarf	112.171,25	119.000,--	-,--	119.000,--	./.	6.828,75	124.184,19
44221	Fundus und Requisiten	906.984,43	585.000,--	127.000,--	712.000,--	+	194.984,43	811.421,58
44223	Preise und Geschenke	103.315,63	150.000,--	-,--	150.000,--	./.	46.684,37	147.658,15
44224	Sonstiges Verbrauchsmaterial	167.679,01	175.000,--	-,--	175.000,--	./.	7.320,99	158.474,72
44225	Dienst- und Schutzkleidung	137.870,97	140.000,--	-,--	140.000,--	./.	2.129,03	130.220,04
44226	Verbrauchsmaterial für Belegschaftsveranstaltungen und -sport	55.228,22	50.000,--	-,--	50.000,--	+	5.228,22	18.506,40
44227	Verbrauchsmaterial Aus- und Fortbildung	20.683,20	30.000,--	-,--	30.000,--	./.	9.316,80	16.392,11
44902	Gebrauchs- und sonstige Einrichtungsgegenstände von geringem Wert	61.310,51	60.000,--	-,--	60.000,--	+	1.310,51	63.997,89
44	Aufwendungen für Roh-, Hilfs- und Betriebsstoffe und für bezogene Waren	13.225.395,55	13.751.000,--	544.000,--	14.295.000,--	./.	1.069.604,45	12.927.630,59

Anlage VIII / 14 Aufwendungen
Seite 7

Untertitel		Ist 1988 DM	Haushaltssoll 1988 Haushaltsplan DM	Nachträge DM	Insgesamt DM	Mehr- + Minder- ./. Aufwendungen DM	Ist 1987 DM
45511	Festgemietete Ü- und M-Leitungen	842.059,27	1.230.000,--	-,--	1.230.000,--	./. 387.940,73	784.379,99
45521	Vorübergehend überlassene Tonleitungen aus dem Ausland	241.790,57	410.000,--	-,--	410.000,--	./. 168.209,43	233.263,69
45561	Technische Leistungen der DBP (TL)	28.827.039,--	27.200.000,--	600.000,--	27.800.000,--	+ 1.027.039,--	27.539.781,--
45562	Regionale HF-Dauerleitungsnetze	1.266.127,71	1.300.000,--	250.000,--	1.550.000,--	./. 283.872,29	1.235.885,24
45563	Richtfunk der DBP	551.777,--	450.000,--	-,--	450.000,--	+ 101.777,--	610.551,--
45564	Vorübergehend überlassene Ton- und Meldeleitungen	956.096,25	820.000,--	-,--	820.000,--	+ 136.096,25	855.913,55
45565	Fernseh-Restversorgung (DBP)	1.217.490,--	1.200.000,--	100.000,--	1.300.000,--	./. 82.510,--	439.536,--
45581	HF-Sternpunkt Frankfurt	1.121.121,39	1.000.000,--	50.000,--	1.050.000,--*	+ 71.121,39	942.826,37
	Technische Leistungen der Deutschen Bundespost	35.023.501,19	33.610.000,--	1.000.000,--	34.610.000,--	+ 413.501,19	32.642.136,84
45711	Abschreibungen auf Sachanlagen	28.374.464,69	26.720.000,--	1.500.000,--	28.220.000,--*	+ 154.464,69	26.152.189,66
45712	Sonderabschreibungen auf Sachanlagen	35.000,--	-,--	35.000,--	35.000,--	-,--	-,--
45713	Abschreibungen auf geringwertige Wirtschaftsgüter	1.244.372,98	1.400.000,--	-,--	1.400.000,--	./. 155.627,02	846.487,75
	Abschreibungen	29.653.837,67	28.120.000,--	1.535.000,--	29.655.000,--	./. 1.162,33	26.998.677,41
45901	Kosten für den Gebühreneinzug durch die GEZ	9.590.100,62	9.513.000,--	-,--	9.513.000,--	+ 77.100,62	8.963.858,80
45902	Versorgungsrückstellung für GEZ	502.236,--	354.000,--	-,--	354.000,--	+ 148.236,--	371.158,--
45921	Kosten des Rundfunkgebühren-Ermittlungsdienstes	3.463.540,78	3.000.000,--	800.000,--	3.800.000,--	./. 336.459,22	3.422.456,08
45951	Sonstige Aufwendungen im Zusammenhang mit dem Einzug der Rundfunkgebühren	35,--	-,--	-,--	-,--	+ 35,--	69,--
45971	Kosten für Rücklastschriften	426.669,09	730.000,--	-,--	730.000,--	./. 303.330,91	634.157,59
45981	Vollstreckungskosten	196,--	-,--	-,--	-,--	+ 196,--	206,--
	Aufwendungen für den Gebühreneinzug	13.982.777,49	13.597.000,--	800.000,--	14.397.000,--	./. 414.222,51	13.391.905,47
45	Techn. Leistungen der Deutschen Bundespost, Abschreibungen, Aufwendungen für den Gebühreneinzug	78.660.116,35	75.327.000,--	3.335.000,--	78.662.000,--	./. 1.883,65	73.032.719,72

* Zuweisung der Verstärkungsmittel allgemein:

Untertitel 45581 100.000 DM

Untertitel 45711 220.000 DM

Untertitel		Ist 1988	Haushaltssoll 1988 Haushaltsplan	Nachträge	Insgesamt	Mehr- + Minder- ./. Aufwendungen	Ist 1987
		DM	DM	DM	DM	DM	DM
46011	Beiträge an den Pensionssicherungsverein	1.371.300,--	1.165.000,--	225.000,--	1.390.000,--	./. 18.700,--	1.528.550,--
46021	Konkursausfallgeld	119.000,--	140.000,--	-,--	140.000,--	./. 21.000,--	125.000,--
46031	Ausgleichsabgabe für Schwerbehinderte	99.345,--	100.000,--	-,--	100.000,--	./. 655,--	86.053,--
	Beiträge Pensionssicherungsverein und sonstige Abgaben	1.589.645,--	1.405.000,--	225.000,--	1.630.000,--	./. 40.355,--	1.739.603,--
46701	Rundfunkbetriebstechnik GmbH (RBT)	2.231.000,--	2.232.000,--	29.000,--	2.261.000,--	./. 30.000,--	1.926.000,--
46702	Schule für Rundfunktechnik (SRT)	724.290,51	708.000,--	5.000,--	713.000,--	+ 11.290,51	1.226.273,53
46703	UER-Kosten	326.964,45	311.000,--	16.000,--	327.000,--	./. 35,55	303.092,52
46704	Altershilfe für freie Mitarbeiter	201.595,82	252.000,--	-,--	252.000,--	./. 50.404,18	207.983,92
46705	Deutsches Rundfunkmuseum	8.646,72	9.000,--	-,--	9.000,--	./. 353,28	8.632,19
46706	Institut für Rundfunktechnik (IRT)	2.150.000,--	2.222.000,--	./. 72.000,--	2.150.000,--	-,--	2.010.000,--
46707	Zentrale Schallplattenkatalogisierung (ZSK)	96.019,50	103.000,--	-,--	103.000,--	./. 6.980,50	94.291,45
46708	Zentralstelle Fortbildung Programm (ZFP)	177.022,31	192.000,--	-,--	192.000,--	./. 14.977,69	171.888,57
46709	KEF-Büro der ARD	-,--	-,--	12.000,--	12.000,--	./. 12.000,--	-,--
46711	ARD-Büro	55.683,80	64.000,--	-,--	64.000,--	./. 8.316,20	55.213,34
46712	ARD-Jahrbuch	15.111,--	13.000,--	-,--	13.000,--	+ 2.111,--	12.589,71
46714	Medienkommission	14.100,30	13.000,--	-,--	13.000,--	+ 1.100,30	12.765,44
46715	FS-Sternpunkt	292.767,35	181.000,--	109.000,--	290.000,--	+ 2.767,35	224.987,71
46716	UER-Schaltstelle	54.421,97	34.000,--	-,--	34.000,--	+ 20.421,97	34.477,39
46717	Meß- und Empfangsstation Wittsmoor	25.974,--	27.000,--	-,--	27.000,--	./. 1.026,--	25.918,50
46718	Deutsches Rundfunkarchiv (DRA)	439.860,76	402.000,--	-,--	402.000,--	+ 37.860,76	394.783,77
46719	Deutsche Film- und Fernsehakademie	-,--	4.000,--	-,--	4.000,--	./. 4.000,--	3.444,70
46721	Internationaler Musikwettbewerb	75.345,68	75.000,--	-,--	75.000,--	+ 345,68	72.347,--
46722	Magnus-Stiftung	4.094,11	5.000,--	-,--	5.000,--	./. 905,89	4.127,28
46723	Unterstützung RRG-Angestellte	36.977,24	36.000,--	-,--	36.000,--	+ 977,24	33.282,48
46724	Beitrag ABU, URTNA und CCIR	2.634,24	7.000,--	-,--	7.000,--	./. 4.365,76	2.582,86
46726	Versorgungsleistungen für Gemeinschaftseinrichtungen (hr-Anteil)	6.996,75	8.000,--	-,--	8.000,--	./. 1.003,25	5.006,87
46761	Versorgungsrückstellung für Rundfunkbetriebstechnik	621.156,--	197.000,--	-,--	197.000,--	+ 424.156,--	256.957,--
46762	Versorgungsrückstellung für Schule für Rundfunktechnik	107.250,--	52.000,--	-,--	52.000,--	+ 55.250,--	83.134,--
46763	Versorgungsrückstellung für Instititut für Rundfunktechn.	299.262,--	172.000,--	-,--	172.000,--	+ 127.262,--	223.473,--
46764	Versorgungsrückstellung für DRA einschl. ZSK	42.509,--	39.000,--	-,--	39.000,--	+ 3.509,--	54.596,--
46766	Versorgungsrückstellung für sonst. Gemeinschaftseinr.	60.124,--	19.000,--	-,--	19.000,--	+ 41.124,--	54.918,--
46767	Versorgungsrückstellung für Hörfunk-Sternpunkt	21.095,--	7.000,--	-,--	7.000,--	+ 14.095,--	28.252,--
46769	Versorgungsrückstellung für ZFP	1.786,--	23.000,--	-,--	23.000,--	./. 21.214,--	3.722,--
46771	Versorgungsrückstellung für RRG-Angestellte	19.658,--	-,--	-,--	-,--	+ 19.658,--	-,--
	Anteil an Gemeinschaftseinrichtungen und -aufgaben	8.112.346,51	7.407.000,--	99.000,--	7.506.000,--	+ 606.346,51	7.534.741,23

Anlage VIII / 16

Aufwendungen
Seite 9

	Untertitel	Ist 1988	Haushaltssoll 1988 Haushaltsplan	Nachträge	Insgesamt	Mehr- + Minder- ./. Aufwendungen	Ist 1987
		DM	DM	DM	DM	DM	DM
46801	Kantinenzuschusse (Verlustausgleich)	172.183,23	-,--	-,--	-,--	+ 172.183,23	200.192,07
46811	Fortbildungsmaßnahmen	550.804,19	500.000,--	50.000,--	550.000,--	+ 804,19	490.578,59
46812	Fremdleistungen für Fortbildung	149.106,69	240.000,--	-,--	240.000,--	./. 90.893,31	150.000,--
46821	Kosten für ärztliche Betreuung	105.969,07	130.000,--	-,--	130.000,--	./. 24.030,93	96.115,14
46831	Fremdleistungen für Belegschaftsveranstaltungen und -sport	26.372,50	50.000,--	-,--	50.000,--	./. 23.627,50	97.340,50
46901	Meinungsforschung Hörer und Zuschauer	347.915,01	340.000,--	50.000,--	390.000,--	./. 42.084,99	961.627,16
46911	hr-Fernsehtext	287.850,39	270.000,--	-,--	270.000,--	+ 17.850,39	206.191,16
46921	Kosten der Presseabteilung	821.903,75	790.000,--	-,--	790.000,--	+ 31.903,75	806.568,58
46922	Kosten der Öffentlichkeitsarbeit	1.264.195,95	1.175.000,--	120.000,--	1.295.000,--	./. 30.804,05	1.055.559,63
46923	Publizistische Kosten der Verwaltung	168.552,25	134.000,--	-,--	134.000,--	+ 34.552,25	133.394,53
46924	Schulfunkhefte, Lernhefte für Hessen Drei	152.872,26	185.000,--	-,--	185.000,--	./. 32.127,74	198.184,33
46925	Programmhefte Hörfunk und Fernsehen	196.622,82	195.000,--	-,--	195.000,--	+ 1.622,82	179.505,93
46926	Plakate und sonstige Drucksachen für öffentliche Veranstaltungen	422.537,39	394.000,--	-,--	394.000,--	+ 28.537,39	274.057,84
46927	Formulare u.ä.	381.558,98	380.000,--	20.000,--	400.000,--	./. 18.441,02	401.915,17
46931	PR-Anzeigen	27.609,09	65.000,--	-,--	65.000,--	./. 37.390,91	36.172,61
46932	Stellenanzeigen	245.895,63	260.000,--	-,--	260.000,--	./. 14.104,37	237.147,82
46941	EDV-Fremdleistungen	850.522,61	1.095.000,--	-,--	1.095.000,--	./. 244.477,39	953.616,99
46942	Externe Datenbanken	29.928,02	55.000,--	-,--	55.000,--	./. 25.071,98	31.787,51
46943	Datenfernleitungen	80.022,73	105.000,--	-,--	105.000,--	./. 24.977,27	50.174,80
46951	Rollenmaterial für Hörfunk	93.534,07	113.000,--	-,--	113.000,--	./. 19.465,93	92.846,70
46952	Rollenmaterial für Fernsehen	24.021,89	35.000,--	-,--	35.000,--	./. 10.978,11	13.742,47
46953	Fremdleistungen für Dokumentation	154.457,11	232.000,--	-,--	232.000,--	./. 77.542,89	132.748,39
46954	Vervielfältigung	461.839,36	462.000,--	85.000,--	547.000,--	./. 85.160,64	390.228,87
46961	Nebenkosten des Geldverkehrs	170.463,65	240.000,--	-,--	240.000,--	./. 69.536,35	169.717,24
46991	Sonstige Fremdleistungen für Hörfunk	369.894,45	200.000,--	50.000,--	250.000,--	+ 119.894,45	318.262,35
46992	Sonstige Fremdleistungen für Fernsehen	718.317,87	947.000,--	./. 465.000,--	482.000,--	+ 236.317,87	354.080,15
46993	Sonstige Fremdleistungen für Anlagen-, Hörfunk-, Fernseh- und Filmtechnik	564.415,82	567.000,--	25.000,--	592.000,--	./. 27.584,18	381.152,59
46994	Sonstige Fremdleistungen für Sendertechnik	110.752,28	143.000,--	-,--	143.000,--	./. 32.247,72	69.167,96
46995	Sonstige Fremdleistungen für Verwaltung und allgemein	1.050.931,58	1.000.000,--	-,--	1.000.000,--	+ 50.931,58	1.010.339,97
46997	Produktionshilfen von in- und ausländischen Rundfunkanstalten	160.507,36	141.000,--	-,--	141.000,--	+ 19.507,36	148.930,53
46998	Theaterkarten	13.136,30	17.000,--	-,--	17.000,--	./. 3.863,70	12.194,10
	Verschiedene Fremdleistungen	10.174.694,30	10.460.000,--	./. 65.000,--	10.395.000,--	./. 220.305,70	9.653.541,68
46	Übrige betriebliche Aufwendungen	19.876.685,81	19.272.000,--	259.000,--	19.531.000,--	+ 345.685,81	18.927.885,91

Aufwendungen
Seite 10

Untertitel		Ist 1988 DM	Haushaltssoll 1988 Haushaltsplan DM	Nachträge DM	Insgesamt DM	Mehr- + Minder- ./. Aufwendungen DM		Ist 1987 DM
47001	Reisekosten für Betriebsangehörige (Inland)	3.302.784,88	3.500.000,--	24.000,--	3.524.000,--	./.	221.215,12	3.292.684,02
47002	Reisekosten für Betriebsangehörige (Ausland)	1.331.692,81	1.900.000,--	-,--	1.900.000,--	./.	568.307,19	2.122.658,03
47003	Reisekosten für freie Mitarbeiter Hörfunk	1.692.813,91	1.488.000,--	345.000,--	1.833.000,--	./.	140.186,09	1.737.662,14
47004	Reisekosten für freie Mitarbeiter Fernsehen	2.255.057,89	2.204.000,--	65.000,--	2.269.000,--	./.	13.942,11	2.127.394,14
47005	Reisekosten für Gremienmitglieder	26.599,60	90.000,--	-,--	90.000,--	./.	63.400,40	44.121,63
47006	Umzugskosten und Trennungsentschädigungen	133.696,52	150.000,--	-,--	150.000,--	./.	16.303,48	148.218,05
47007	Zehrgelder	18.318,20	29.000,--	-,--	29.000,--	./.	10.681,80	30.894,70
47008	Reise- und Fahrtkosten bei Personaleinstellung	86.992,48	90.000,--	-,--	90.000,--	./.	3.007,52	44.838,43
	Reise- und Fahrtkosten	8.847.956,29	9.451.000,--	434.000,--	9.885.000,--	./.	1.037.043,71	9.548.471,14
47101	Repräsentations- und Bewirtungskosten	407.812,04	330.000,--	-,--	330.000,--	+	77.812,04	429.264,78
47102	Sachaufwendungen für Betriebsangehörige	28.276,90	40.000,--	-,--	40.000,--	./.	11.723,10	31.814,92
47201	Sitzungsgelder und Aufwandsentschädigungen für Gremienmitglieder	221.328,30	240.000,--	-,--	240.000,--	./.	18.671,70	221.110,51
47202	Sitzungsgelder und sonstige Entschädigungen an Dritte	1.000,--	2.000,--	-,--	2.000,--	./.	1.000,--	1.430,--
47301	Verfügungsfonds des Intendanten	12.854,75	16.000,--	-,--	16.000,--	./.	3.145,25	14.537,86
	Sonstige Aufwendungen	671.271,99	628.000,--	-,--	628.000,--	+	43.271,99	698.158,07
47401	Mieten und Pachten für Grundstücke und Gebäude	1.549.125,12	1.570.000,--	100.000,--	1.670.000,--	./.	120.874,88	1.250.781,19
47402	Mieten und Leasing EDV	4.157.838,58	4.497.000,--	-,--	4.497.000,--	./.	339.161,42	3.802.758,44
47403	Saalmieten	1.012.066,61	925.000,--	25.000,--	950.000,--	+	62.066,61	799.755,60
47404	Mieten für techn. Anlagen und Geräte	1.018.502,97	726.000,--	500.000,--	1.226.000,--	./.	207.497,03	682.141,19
47405	Mieten für Kopiergeräte	20.838,51	30.000,--	-,--	30.000,--	./.	9.161,49	21.897,60
47406	Musikinstrumentenmieten	34.333,60	40.000,--	-,--	40.000,--	./.	5.666,40	20.577,26
47407	Fahrzeugmieten	114.778,45	200.000,--	-,--	200.000,--	./.	85.221,55	135.492,34
47408	Leihgebühren für Ausstattung	736.577,06	718.000,--	70.000,--	788.000,--	./.	51.422,94	508.265,54
47409	Leasingkosten für Software EDV	1.157.275,57	1.272.000,--	-,--	1.272.000,--	./.	114.724,43	805.896,78
	Mieten, Pachten und Leihgebühren	9.801.336,47	9.978.000,--	695.000,--	10.673.000,--	./.	871.663,53	8.027.565,94
47501	Instandhaltung Funkhaus, Bauabteilung	4.092.279,27	3.763.000,--	140.000,--	3.903.000,--	+	189.279,27	3.719.617,33
47502	Instandhaltung Funkhaus, Anlagentechnik	1.566.554,24	1.742.000,--	150.000,--	1.892.000,--	./.	325.445,76	1.452.074,95
47503	Instandhaltung Funkhaus, Sendertechnik	30.575,12	53.000,--	-,--	53.000,--	./.	22.424,88	30.107,16
47504	Instandhaltung Sender, Bauabteilung	708.098,92	740.000,--	25.000,--	765.000,--	./.	56.901,08	663.985,94
47505	Instandhaltung Außenstellen, Bauabteilung	368.935,80	385.000,--	-,--	385.000,--	./.	16.064,20	295.377,97
47506	Instandhaltung Sender und Außenstudios, Sendertechnik	263.593,23	287.000,--	-,--	287.000,--	./.	23.406,77	532.738,27
	Übertrag	7.030.036,58	6.970.000,--	315.000,--	7.285.000,--	./.	254.963,42	6.693.901,62

Anlage VIII / 18

Aufwendungen
Seite 11

Untertitel		Ist 1988	Haushaltssoll 1988 Haushaltsplan	Nachträge	Insgesamt	Mehr- + Minder- ./. Aufwendungen	Ist 1987
		DM	DM	DM	DM	DM	DM
	Übertrag	7.030.036,58	6.970.000,--	315.000,--	7.285.000,--	./. 254.963,42	6.693.901,62
47507	Instandhaltung Außenstudios und Außenstellen, Anlagentechnik	63.676,23	88.000,--	-,--	88.000,--	./. 24.323,77	80.773,47
47508	Instandhaltung von Dienstwohnungen	29.066,75	40.000,--	-,--	40.000,--	./. 10.933,25	24.747,69
47511	Instandhaltung techn. Anlagen und Geräte, Anlagentechnik	1.242.140,88	1.515.000,--	-,--	1.515.000,--	./. 272.859,12	1.247.109,69
47512	Instandhaltung techn. Anlagen und Geräte, Sendertechnik	1.070.598,51	1.148.000,--	-,--	1.148.000,--	./. 77.401,49	759.641,81
47513	Instandhaltung Inventar	196.658,18	246.000,--	-,--	246.000,--	./. 49.341,82	140.640,69
47514	Instandhaltung Büromaschinen	189.436,25	200.000,--	-,--	200.000,--	./. 10.563,75	179.997,29
47515	Instandhaltung Kraftfahrzeuge	319.943,91	400.000,--	-,--	400.000,--	./. 80.056,09	386.800,12
47516	Instandhaltung Musikinstrumente	178.790,43	213.000,--	./. 30.000,--	183.000,--	./. 4.209,57	92.392,40
47517	Instandhaltung Fundus	31.250,57	45.000,--	-,--	45.000,--	./. 13.749,43	37.745,05
47518	Instandhaltung EDV-Anlagen und Geräte	540.453,77	710.000,--	-,--	710.000,--	./. 169.546,23	577.683,90
47521	Strom	4.557.772,53	4.750.000,--	-,--	4.750.000,--	./. 192.227,47	4.364.336,23
47522	Wasser	296.609,01	320.000,--	80.000,--	400.000,--	./. 103.390,99	364.872,02
47523	Heizkosten	758.341,90	1.580.000,--	./. 80.000,--	1.500.000,--	./. 741.658,10	928.899,90
47531	Reinigung der Gebäude	1.915.795,--	1.950.000,--	-,--	1.950.000,--	./. 34.205,--	1.859.130,11
47532	Sonstige Reinigungskosten und Gebühren	236.724,93	215.000,--	-,--	215.000,--	+ 21.724,93	187.903,44
47533	Gebäudebewachung	1.850.480,44	2.140.000,--	-,--	2.140.000,--	./. 289.519,56	1.685.079,20
	Unterhalts-, Bewirtschaftungs- und Reparaturkosten, Energiekosten, Reinigung und Sonstiges	20.507.775,87	22.530.000,--	285.000,--	22.815.000,--	./. 2.307.224,13	19.611.654,63
47701	Fracht- und Transportkosten	770.641,15	750.000,--	-,--	750.000,--	+ 20.641,15	798.734,06
47703	Fahrgelder	95.574,19	100.000,--	-,--	100.000,--	./. 4.425,81	96.490,89
47811	Telefonkosten	2.168.142,05	2.020.000,--	35.000,--	2.055.000,--	+ 113.142,05	2.017.040,51
47821	Telegramm- und Fernschreiberkosten	320.503,13	290.000,--	-,--	290.000,--	+ 30.503,13	286.718,83
47831	Porto	463.911,52	460.000,--	-,--	460.000,--	+ 3.911,52	451.785,02
47901	Wirtschaftsprüfungskosten	176.156,43	159.000,--	-,--	159.000,--	+ 17.156,43	157.199,98
47902	Rechtskosten	220.688,68	140.000,--	-,--	140.000,--	+ 80.688,68	459.259,33
47903	Sonstige Gutachten	123.760,41	400.000,--	-,--	400.000,--	./. 276.239,59	223.063,58
47904	Verschiedene Kfz-Gebühren	50.078,95	30.000,--	-,--	30.000,--	+ 20.078,95	31.772,35
47905	Parkplatzbewachungsgebühren	21.101,--	25.000,--	-,--	25.000,--	./. 3.899,--	19.301,50
	Verschiedene Fremdleistungen	4.410.557,51	4.374.000,--	35.000,--	4.409.000,--	+ 1.557,51	4.541.366,05
47	Übrige betriebliche Aufwendungen	44.238.898,13	46.961.000,--	1.449.000,--	48.410.000,--	./. 4.171.101,87	42.427.215,83

Anlage VIII / 19
Aufwendungen
Seite 12

Untertitel		Ist 1988 DM	Haushaltssoll 1988 Haushaltsplan DM	Haushaltssoll 1988 Nachträge DM	Haushaltssoll 1988 Insgesamt DM	Mehr- + Minder- ./. Aufwendungen DM	Ist 1987 DM
48001	Kfz-Versicherungen	141.880,54	136.000,--	-,--	136.000,--	+ 5.880,54	134.190,05
48002	Sach- und Personenversicherungen	904.427,27	972.000,--	-,--	972.000,--	./. 67.572,73	894.540,42
48003	Eigenversicherungen	5.315,10	20.000,--	-,--	20.000,--	./. 14.684,90	7.899,23
	Versicherungen	1.051.622,91	1.128.000,--	-,--	1.128.000,--	./. 76.377,09	1.036.629,70
48111	Verluste aus Wertminderung oder dem Abgang von Gegenständen des Umlaufvermögens	42.117,07	-,--	-,--	-,--	+ 42.117,07	128.917,54
48121	Verluste aus dem Abgang von Gegenständen des Anlagevermögens	83.603,08	50.000,--	-,--	50.000,--	+ 33.603,08	136.798,30
48141	Mitgliedsbeiträge	25.029,57	20.000,--	-,--	20.000,--	+ 5.029,57	17.950,84
48142	Spenden, Zuschüsse	788,--	10.000,--	-,--	10.000,--	./. 9.212,--	250,--
48171	Sonstige Aufwendungen	11.579.497,01	-,--	10.122.000,--	10.122.000,--	+ 1.457.497,01	11.616.993,41
	Andere Aufwendungen	11.731.034,73	80.000,--	10.122.000,--	10.202.000,--	+ 1.529.034,73	11.900.910,09
48	Übrige betriebliche Aufwendungen	12.782.657,64	1.208.000,--	10.122.000,--	11.330.000,--	+ 1.452.657,64	12.937.539,79
46-48	Übrige betriebliche Aufwendungen insgesamt	76.898.241,58	67.441.000,--	11.830.000,--	79.271.000,--	./. 2.372.758,42	74.292.641,53

* Zuweisung der Programmverstärkungsmittel HF
s. Gruppe 42/43

Anlage VIII / 20
Aufwendungen
Seite 13

Untertitel	Ist 1988 DM	Haushaltssoll 1988 Haushaltsplan DM	Haushaltssoll 1988 Nachträge DM	Haushaltssoll 1988 Insgesamt DM	Mehr- + Minder- ./. Aufwendungen DM	Ist 1987 DM
49001 Zuwendungen zum Finanzausgleich der LRA	8.520.612,--	8.462.000,--	59.000,--	8.521.000,--	./. 388,--	8.269.368,--
49101 Zuwendungen an Deutschlandfunk	4.861.488,--	4.862.000,--	-,--	4.862.000,--	./. 512,--	4.861.488,--
49211 Abschreibungen und Wertberichtigungen auf Finanzanlagen	63.217,--	-,--	-,--	-,--	+ 63.217,--	28.394,--
49221 Abschreibungen und Wertberichtigungen auf Wertpapiere des Umlaufvermögens	827.394,05	-,--	-,--	-,--	+ 827.394,05	-,--
Abschreibungen auf Finanzanlagen und Wertpapiere des Umlaufvermögens	890.611,05	-,--	-,--	-,--	+ 890.611,05	28.394,--
49301 Zinsen und ähnliche Aufwendungen	91.262,17	-,--	50.000,--	50.000,--	+ 41.262,17	535.680,90
49401 Außerordentliche Aufwendungen	-,--	50.000,--	-,--	50.000,--	./. 50.000,--	-,--
49502 Körperschaftsteuer	23.600.000,--	17.725.000,--	./. 1.725.000,--	16.000.000,--	+ 7.600.000,--	24.000.000,--
49601 Kraftfahrzeugsteuer	99.432,21	110.000,--	-,--	110.000,--	./. 10.567,79	98.092,19
49602 Grundsteuer	6.197,67	5.000,--	-,--	5.000,--	+ 1.197,67	3.633,14
49603 Vergnügungsteuer	-,--	-,--	-,--	-,--	-,--	261,60
49604 Rundfunksteuer Studio Madrid	-,--	2.000,--	-,--	2.000,--	./. 2.000,--	-,--
49605 Übrige Steuern	1.175.000,--	680.000,--	-,--	680.000,--*	+ 495.000,--	-,--
Sonstige Steuern	1.280.629,88	797.000,--	-,--	797.000,--	+ 483.629,88	101.986,93
49902 Verstärkungsmittel Innovationen, Strukturveränderungen	-,--	700.000,--	./. 700.000,--	-,--	-,--	-,--
49 Zuwendungen an andere Rundfunkanstalten gem. Staatsvertrag, Abschreibungen auf Finanzanlagen und Wertpapiere des Umlaufvermögens, Zinsen und ähnliche Aufwendungen, außerordentliche Aufwendungen, Steuern, Verstärkungsmittel	39.244.603,10	32.596.000,--	./. 2.316.000,--	30.280.000,--	+ 8.964.603,10	37.796.917,83
AUFWENDUNGEN INSGESAMT	557.837.498,16	513.896.000,--	18.708.000,--	532.604.000,--	+ 25.233.498,16	507.213.957,73

* Zuweisung der Verstärkungsmittel allgemein:
Untertitel 49605 680.000 DM

Literaturverzeichnis

ARD (Hrsg.): ARD-Jahrbuch 1976 - 1989.

Dies.: Rundfunkanstalten und Tageszeitungen Bd. III, 1965.

Bachof, Otto: Verbot des Werbefernsehens durch Bundesgesetz?, 1966.

Badura, Peter: Das Verwaltungsmonopol, 1963.

— Rundfunkfreiheit und Finanzautonomie, 1986.

Bank, Bernhard: Über die Eigenständigkeit des Rechnungshofes zwischen Parlament und Regierung, DÖV 1962, S. 526 ff.

Bausch, Hans (Hrsg.): ARD 1950 - 1975, Königsteiner Gespräche, Referate und Diskussionen des Presse-Seminars der ARD in Königstein/Taunus am 27. / 28. Mai 1975, 1975.

Becker, Helmut / *Kluge*, Alexander: Kulturpolitik und Ausgabenkontrolle, Zur Theorie und Praxis der Rechnungsprüfung, 1961.

Berendes, Konrad: Die Staatsaufsicht über den Rundfunk, 1973.

— Zulässigkeit einer staatlichen Rechtsaufsicht über die Rundfunkanstalten, DÖV 1975, S. 413 ff.

Bethge, Herbert: Rechtsfragen der Mitbestimmung im Bereich des Rundfunks, UFITA Bd. 58 (1970), S. 134 ff.

— Der verfassungsrechtliche Stellenwert der Werbung in öffentlich-rechtlichen Rundfunkanstalten, Media-Perspektiven 1983, S. 690 ff.

— Das Recht der öffentlich-rechtlichen Rundfunkanstalten zur Herausgabe von Programmzeitschriften, JZ 1986, S. 366 ff.

— Zur Existenz und Relevanz eines Finanzleistungsanspruchs einer Rundfunkanstalt gegen den Staat, DÖV 1987, S. 97 ff.

— Der verfassungsrechtliche Standort des öffentlich-rechtlichen Rundfunks, 1987.

Blasius, Hans: Finanzkontrolle und Gesetzgebung, Können Rechnungshöfe einen Beitrag zur Gesetzgebung leisten?, DÖV 1989, S. 298 ff.

Börner, Bodo: Organisation, Programm und Finanzierung: der Rundfunkanstalten im Lichte der Verfassung, 1984.

Bork, Reinhard: Werbung im Programm, 1988.

Brack, Hans: Theoretische Betrachtungen über die Finanzierung von Hörfunk und Fernsehen, RuF 1968, S. 239 ff.

— Organisation und wirtschaftliche Grundlagen des Hörfunks und des Fernsehens in Deutschland, 1968.

Büch, Martin Peter: Zur Bestimmung der Grundsätze der Wirtschaftlichkeit und Sparsamkeit in öffentlichen Haushalten der Bundesrepublik Deutschland; Diss. jur., 1975.

Bühringer, Heinz: Aufsicht und Kontrolle bei öffentlich-rechtlichen Rundfunkanstalten, in: Fleck (Hrsg.), Planung, Aufsicht und Kontrolle von Rundfunk-Unternehmen, 1987.

Bussmann, Kurt: Die Beziehung der Rundfunkanstalten zu den Zeitungsverlagen unter der Sicht des Wettbewerbsrechts, 1965.

Eichhorn, Peter / *v. Loesch*, Achim (Hrsg.): Rundfunkökonomie, 1983.

Emmerich, Volker / *Steiner*, Udo: Möglichkeiten und Grenzen der wirtschaftlichen Betätigung der öffentlich-rechtlichen Rundfunkanstalten, 1986.

Fleck, Florian H.: Planung, Aufsicht und Kontrolle von Rundfunk-Unternehmen, 1987.

Forsthoff, Ernst: Rechtsfragen der Werbesendungen im Fernsehen, DÖV 1957, S. 97 ff.

Forsthoff, Martin: Grenzen des Rundfunkmonopols, AfP 1975, S. 739 ff.

Fritz, Roland: Massenmedium Rundfunk — Die rechtliche Stellung der Rundfunkräte und ihre tatsächliche Einflußnahme auf die Programmgestaltung, 1977.

Fünfgeld, Hermann: Die Finanzpolitik der Rundfunkanstalten im Spannungsfeld zwischen Programmauftrag und Gebührenhoheit der Länder, in: Bausch (Hrsg.), Königsteiner Gespräche, 1975, S. 43 ff.

— Zur Personalwirtschaft der öffentlich-rechtlichen Rundfunkanstalten, Media-Perspektiven 1983, S. 751 ff.

— Zur Personalwirtschaft von öffentlich-rechtlichen Rundfunkanstalten, in: Eichhorn, v. Loesch (Hrsg.), Rundfunkökonomie, 1983, S. 62 ff.

— Strategische Planung in den öffentlich-rechtlichen Rundfunkanstalten, in: Lüder (Hrsg.), Rundfunk im Umbruch: Stand und Entwicklung der finanziellen und wirtschaftlichen Situation der öffentlich-rechtlichen Rundfunkanstalten, 1985, S. 77 ff.

Fünfgeld, Hermann / *Diemel*, Egon / *Gläser*, Martin: Finanzplanung im Rundfunk — Geplante Defizite?, 1981.

Fuhr, Ernst W. / *Winter*, Michael: ZDF-Staatsvertrag, 2. Aufl., 1985.

Gegenwart, Helmut: HR-Gesetz geändert, in: ARD-Jahrbuch 1989, S. 398 f.

— Hessisches Privatrundfunkgesetz (HPRG) verabschiedet, in: ARD-Jahrbuch 1989, S. 400.

GEZ: GEZ-Geschäftsbericht 1987.

Greifeld, Andreas: Der Rechnungshof als Wirtschaftlichkeitsprüfer, 1981.

Groß, Rolf: Das dritte Rundfunkurteil des Bundesverfassungsgerichts, DVBl. 1982, S. 561 ff.

Grupp, Alfred: Grundfragen des Rundfunkgebührenrechts, 1983.

Hadding, Walther / *Häuser*, Franz: Rechtsfragen des bargeldlosen Zahlungsverkehrs, 1984.

Haselmeyer, Helmuth: Betriebswirtschaftliche Probleme der Fernsehproduktion, in: Eichhorn / v. Loesch (Hrsg.), Rundfunkökonomie, 1983, S. 37 ff.

Herbers, Heinz-H.: Wirtschaftliche Grundlagen und Probleme des Rundfunks, in: Aufermann / Scharf / Schlie (Hrsg.), Fernsehen und Hörfunk für die Demokratie, 1979.

Herrmann, Günter: Die Rundfunkanstalt, AöR Bd. 90 (1965), S. 286 ff.

— Zur Zuständigkeit für die Regelung der Rundfunkgebühren, UFITA Bd. 50 / Teil A (1967), S. 147 ff.

— Zum Rechtsstreit um die Rundfunkgebühren, FuR 1968, S. 159 ff.

— Fernsehen und Hörfunk in der Verfassung der Bundesrepublik Deutschland, 1975.

Hessischer Rundfunk: HR-Geschäftsbericht 1986, 1987, 1988.

— HR-Handbuch, Zusammenstellung der Gesetze und Verordnungen des HR (Loseblattsammlung, Stand: Juli 1989), o. J.

Heydt, Volker: Rundfunkfinanzierung aus dem Staatshaushalt, AÖR Bd. 100 (1975), S. 584 ff.

Hilf, Willibald: Die finanzielle Situation der öffentlich-rechtlichen Rundfunkanstalten, Lage und zukünftige Entwicklung, in: Lüder (Hrsg.), Rundfunk im Umbruch: Stand und Entwicklung der finanziellen und wirtschaftlichen Situation der öffentlich-rechtlichen Rundfunkanstalten, 1985, S. 27 ff.

Hoffmann-Riem, Wolfgang: Rundfunkfreiheit durch Rundfunkorganisation, 1979.

Hübner u. a. (Hrsg.): Programmauftrag und Wirtschaftlichkeit der öffentlich-rechtlichen Rundfunkanstalten, 1989.

Hutten, Christoph: Die erwerbswirtschaftliche Beteiligung der öffentlich-rechtlichen Rundfunkanstalten am audiovisuellen Markt, Diss. jur., 1976.

Institut der deutschen Wirtschaft: Rundfunkfinanzen, Pessimismus mit System, in: Medienspiegel, Jahrgang 13, Nr. 15, vom 10. April 1989, S. 3.

Ipsen, Hans Peter: Die Rundfunkgebühr, 2. Auflage, 1958.

— Zur Rechtsnatur der Rundfunkgebühr nach dem Fernseh-Urteil des Bundesverfassungsgerichts, Gutachtliche Stellungnahme, 1961.

— Zur Legalität des Werbefernsehens, NJW 1963, S. 2049 ff.

— Rechtsfragen zur „Ausgliederung" des Werbefernsehens, NJW 1963, S. 2102 ff.

— Der Fersehvorschlag der Zeitungsverleger, DÖV 1964, S. 793 ff.

— Zum Funktionsbereich der öffentlich-rechtlichen Rundfunkanstalten außerhalb der unmittelbaren Programmveranstaltung, DÖV 1974, S. 721 ff.

Jahn, Bernd Uwe: Die Anwendbarkeit allgemeiner presse- und rundfunkrechtlicher Straftatbestände, 1973.

Jank, Klaus Peter: Die Rundfunkanstalten der Länder und des Bundes. Eine systematische Darstellung ihrer organisatorischen Grundlagen, 1967.

— Die Verfassung der deutschen Rundfunkanstalten, DVBl. 1963, S. 44 ff.

Jecht, Hans: Die öffentliche Anstalt, Wandlung und Struktur, 1963.

Kamman, Uwe: Besinnung auf das Wesentliche, in: epd Nr. 95 vom 5. 12. 1987, S. 3.

Karpen, Ulrich: Rechnungsprüfung bei den Rundfunkanstalten und Datenschutz, 1989.

KEF: Fünfter Bericht der Kommission zur Ermittlung des Finanzbedarfs der Rundfunkanstalten vom 20. 11. 1985, 1985.

— Sechster Bericht der Kommission zur Ermittlung des Finanzbedarfs der Rundfunkanstalten vom 6. 10. 1987, 1987.

— Siebter Bericht der Kommission zur Ermittlung des Finanzbedarfs der Rundfunkanstalten vom 5. 12. 1989, 1990.

Kewenig, Wilhelm A.: Zu Inhalt und Grenzen der Rundfunkfreiheit, 1978.

Kiefer, Heinz J.: Die Unternehmensfunktion Aufsicht und Kontrolle für das Medien-Informations-Unternehmen, in: Fleck (Hrsg.), Planung, Aufsicht und Kontrolle von Rundfunk-Unternehmen, 1987.

Kirchhof, Ferdinand: Die Höhe der Gebühr, 1981.

Klein, Hans.-H.: Die Teilnahme des Staats am wirtschaftlichen Wettbewerb, 1969.

— Zum Begriff der öffentlichen Aufgabe, DÖV 1965, S. 755 ff.

König: Zielorientierte Rechnungslegung für die öffentlich-rechtlichen Rundfunkanstalten in der Bundesrepublik Deutschland, 1983.

Kollek, Andreas: Rechtsfragen der Rundfunk-Finanzierung, Diss. jur., 1987.

Krause-Ablaß, Günter B.,: Bedeutung des Fernseh-Urteils des Bundesverfassungsgerichts, JZ 1962, S. 158 ff.

— Zum Begriff des Rundfunks, RuF 1971, S. 284 ff.

Krebs, Walter: Die öffentliche Anstalt, NVwZ 1985, S. 609 ff.

Kübler, Friedrich: Rundfunkauftrag und Programminformationen, 1986.

Kull, Edgar: Rundfunk-Grundversorgung, AfP 1987, Bd. 2, S. 462 ff.

Lange, Bernd-Peter: Alternative Finanzierungskonzepte für den Rundfunk, in: Lüder (Hrsg.), Rundfunk im Umbruch: Stand und Entwicklung der finanziellen und wirtschaftlichen Situation der öffentlich-rechtlichen Rundfunkanstalten, 1985, S. 183 ff.

Larenz, Karl: Allgemeiner Teil des Deutschen Bürgerlichen Rechts, 6. Aufl., 1983.

— Methodenlehre der Rechtswissenschaft, 5. Aufl., 1983.

Lehr, Wolfgang: Programmauftrag und Wirtschaftlichkeit der öffentlich-rechtlichen Rundfunkanstalt, Media-Perspektiven 1983, S. 365 ff.

— Programmauftrag und Wirtschaftlichkeit einer öffentlich-rechtlichen Rundfunkanstalt, in: Hübner u. a. (Hrsg.), Programmauftrag und Wirtschaftlichkeit der öffentlich-rechtlichen Rundfunkanstalten, 1989, S. 19 ff.

Lehr, Wolfgang / *Berg,* Klaus: Rundfunk und Presse in Deutschland, Rechtsgrundlagen der Massenmedien, 2. Auflage, 1976.

Lerche, Peter: Rechtsprobleme des Werbefernsehens, 1965.

— Rundfunkmonopol, 1970.

— Verfassungsfragen zum Entwurf der Landesregierung Nordrhein-Westfalen eines Gesetzes über den „Westdeutschen Rundfunk", AfP 1984, S. 183 ff.

Leisner, Walter: Werbefernsehen und öffentliches Recht, 1967.

Lüder, Klaus (Hrsg.): Rundfunk im Umbruch, Stand und Entwicklung der finanziellen und wirtschaftlichen Situation der öffentlich-: rechtlichen Rundfunkanstalten, 1985.

Maier, Oskar: Planungsverfahren von heute für eine öffentlich-rechtliche Rundfunkanstalt — Ausblick auf Planungskriterien von morgen, in: Fleck (Hrsg.), Planung, Aufsicht und Kontrolle von Rundfunk-Unternehmen, 1987 S. 79 ff.

Maier, Oskar / *Lowak*, Jutta: Kostenstruktur der Landesrundfunkanstalten, Media-Perspektiven 1982, S. 81 ff.

Maunz, Theodor: Grenzen der Betätigung öffentlich-rechtlicher Rundfunkanstalten, DVBl 1974, S. 1 ff.

Maunz, Theodor u. a.: Grundgesetz Bd. 1 Loseblatt, Stand 1989.

Michel, Elmar: Bericht der Kommission zur Untersuchung der Wettbewerbsgleichheit von Presse, Funk/Fernsehen und Film, BT-Drucksache V/2120, 1967. (zit.: Michel-Bericht).

Monopolkommission: Siebtes Hauptgutachten der Monopolkommission, 1986/1987, BT Drucks. 11/2677.

Moser, Artur: Rundfunk und Grundgesetz, JZ 1951, S. 70 ff.

Müller-Merbach, Heiner: Einführung in die Betriebswirtschaftslehre, 2. Auflage, 1976.

Nagel, Hannelore: Hörfunk- und Fernsehgebühr, FuR 1968, S. 164 ff.

— Nochmals zur Fernsehgebühr, FuR 1968, S. 231 ff.

Oppermann, Thomas / *Kilian*, Michael: Rechtsgrundsätze der Finanzierung öffentlich-rechtlichen Rundfunks in der dualen Rundfunkverfassung der Bundesrepublik Deutschland, 1989.

Ossenbühl, Fritz: Rundfunkfreiheit und die Finanzautonomie des DLF, 1969.

— Rundfunk zwischen Staat und Gesellschaft, 1975.

— Rundfunkfreiheit und Rechnungsprüfung, 1984.

o. V.: Kelm: Erhöhung der Rundfunkgebühr unzureichend, in: FAZ vom 20. 6. 1988.

o. V.: Hessisches Kabinett billigt Entwurf eines Mediengesetzes, in: FAZ vom 22. 6. 1988.

o. V.: Intendant Kelm: Gesetz des HR nicht ändern, in: FR vom 4. 10. 1988.

o. V.: Stellungnahme zum sechsten Bericht der Kommission zur Ermittlung des Finanzbedarfs der Rundfunkanstalten (KEF), in: Media Perspektiven — Dokumentation, Presse-Informationen der ARD vom 27. 11. 1987.

o. V.: Intendanten: Programminnovationen sind drastisch zusammengestrichen worden; in: Handelsblatt, Nr. 229, vom 30. 11. 1987.

o. V.: KEF-Vorsitzender fordert funktionsfähigen Finanzausgleich, in: epd, Nr. 93, vom 28. 11. 1987.

o. V.: Damit öffentliche Bäume nicht in den Himmel wachsen, in: FR vom 30. 11. 1987.

o. V.: Hessischer Rundfunk klagt, in: FAZ vom 20. 12. 1988.

o. V.: Rundfunkrat hält Kelm zum Sparen an, in: FNP vom 20. 12. 1988.

o. V.: HR muß Millionen Mark einsparen, in: FR, Nr. 297, vom 21. 12. 1988.

o. V.: Hessischer Rundfunk soll sparen, in: FAZ vom 23. 12. 1988.

o. V.: Keine Kredite für die Programmherstellung, in: FR Nr. 57, vom 8. 3. 1989.

o. V.: Wird Finanzbeschluß neu interpretiert?, in: FR Nr. 64, vom 16. 3. 1989.

o. V.: HR-Rundfunkrat ändert Sparbeschluß, in: FAZ, vom 22. 4. 1989.

o. V.: HR: Kapitaldefizit nur noch 40 Millionen Mark, in: FR, Nr. 153 vom 6. 7. 1989, S. 9.

o. V.: Presseerklärung des HR vom 10. 7. 1989 zu der Sitzung des Rundfunkrats am 7. 7. 1989.

Pfifferling, Jürgen: Rundfunkwerbung in der Bundesrepublik Deutschland, Media-Perspektiven 1976, S. 489 ff.

Piduch, Erwin A.: Bundeshaushaltsrecht, Bd. II, Loseblatt, Stand 1982.

Püttner, Günter: Wirtschaftlichkeit und deren Durchsetzung in Rundfunkanstalten aus rechtlicher Sicht, in: Hübner u. a. (Hrsg.), Programmauftrag und Wirtschaftlichkeit der öffentlich-rechtlichen Rundfunkanstalten, 1989, S. 93 ff.

Ricker, Reinhart: Die Kompetenzen der Rundfunkräte im Programmbereich, 1987.

Rombach, Hans-Wolfgang: Möglichkeiten und Probleme der Sicherung wirtschaftlichen Handelns der öffentlich-rechtlichen Rundfunkanstalten, in: Lüder (Hrsg.), Rundfunk im Umbruch: Stand und Entwicklung der finanziellen und wirtschaftlichen Situation der öffentlich-rechtlichen Rundfunkanstalten,: 1985, S. 51 ff.

Rossen, Helge: Freie Meinungsbildung durch den Rundfunk, 1988.

Rudolf, Walter: Aufsicht bei Funk und Fernsehen, ZRP 1977, S. 213 ff.

Rüfner, Wolfgang: Formen öffentlicher Verwaltung, Schriften zum öffentlichen Recht, Bd. 44, S. 1967.

Salmen, Rudolf: Das Wirtschaftlichkeitsprinzip in der kommunalen Finanz- und Haushaltsplanung, 1980.

Scharnke, Dieter: Die strafrechtliche Verantwortlichkeit der leitenden Personen des Rundfunks, 1978.

Schmiedel, Ekkehard: Begriff und Prinzip der Wirtschaftlichkeit von Rundfunkanstalten, in: Eichhorn/v. Loesch (Hrsg.), Rundfunkökonomie, 1983, S. 146 ff.

Schmitt Glaeser, W.: Bestands- und Entwicklungsgarantie für den öffentlich-rechtlichen Rundfunk, BayVBl. 1985, 97 ff.

Schneider, Hans: Werbung im Rundfunk, 1965.

— Rundfunk als Bundesaufgabe, in: Zehner, Günter, Der Fernsehstreit vor dem Bundesverfassungsgericht, Bd. 1, 1964, S. 417 ff.

Schneider, Hans P. / Radeck, Bernd: Verfassungsprobleme der Rundfunkfinanzierung aus Werbeeinnahmen, 1989.

Scholz, Franz: Kommentar zum GmbH-Gesetz, Bd. 2, 7. Aufl. 1988.

Schreckenberger, Waldemar: Die Finanzierung der öffentlich-rechtlichen Rundfunkanstalten unter besonderer Berücksichtigung von Fragen der Wirtschaftlichkeit und der sich verändernden Medienordnung, in: Hübner u. a. (Hrsg.), Programmauftrag und Wirtschaftlichkeit der öffentlich-rechtlichen Rundfunkanstalten, 1989, S. 5 ff.

Seeger, Julius: Die Produktion von Bildton-Kassetten durch die Rundfunkanstalten, DÖV 1972, S. 253 ff.

Seidel, Norbert: Betriebliche Planungssysteme öffentlich-rechtlicher Rundfunkanstalten — Dargestellt am Beispiel des Westdeutschen Rundfunks, in: Eichhorn / v. Loesch (Hrsg.), Rundfunkökonomie, 1983, S. 120 ff.

Sieben, Günter: Der KEF-Bericht aus betriebswirtschaftlicher Sicht, Media-Perspektiven 1982, S. 73 ff.

— Planung und Kontrolle — Grundlagen der Wirtschaftlichkeit von Rundfunkanstalten, in: Hübner u. a. (Hrsg.), Programmauftrag und Wirtschaftlichkeit der öffentlich-rechtlichen, Rundfunkanstalten, 1989, S. 37 ff.

Sölch, Rudi: Management und Organisation in Rundfunkanstalten, in: Eichhorn/v. Loesch (Hrsg.), Rundfunkökonomie, 1983, S. 92 ff.

Starck, Christian: Rundfunkfreiheit als Organisations-Problem, 1973.

— Rundfunkräte und Rundfunkfreiheit, ZRP 1970, S. 217 ff.

Steimer, Hans-Jürgen: Grundprobleme der Rundfunkfinanzierung unter besonderer Berücksichtigung der Finanzierung des „Zweiten Deutschen Fernsehens", Diss. jur., 1985.

Stern, Klaus: Funktionsgerechte Finanzierung der Rundfunkanstalten durch den Staat, 1969.

Stern, Klaus / *Betghe*, Herbert: Öffentlich-rechtlicher und privatrechtlicher Rundfunk, 1971.

— Programmauftrag und Wirtschaftlichkeit der öffentlich-rechtlichen Rundfunkanstalten, 1984.

— Funktionsgerechte Finanzierung der Rundfunkanstalten durch den Staat, 1986.

Stock, Martin: Neues über Verbände und Rundfunkkontrolle, AÖR Bd. 104 (1979), S. 1 ff.

Stolte, Dieter: KEF-Empfehlung geht an der Realität vorbei, in: epd vom 2. 12. 1987, S. 5.

Thieme, Werner: Der Finanzausgleich im Rundfunkwesen, AöR Bd. 88 (1963), S. 38 ff.

— Rundfunkfinanzierung im Bundesstaat, 1977.

Torz, Peter: Die privatwirtschaftliche Betätigung der öffentlichen Hand und das Grundgesetz, DÖV 1958, S. 205 ff.

Ullrich, Walter / *Thomsen*, Heiko: Zur Ausgliederung des Werbefunks aus den Rundfunkanstalten, DÖV 1962, S. 245 ff.

— Der finanzielle Wert des Werbefunks, NJW 1964, S. 574 ff.

Ulmer, Peter: Programminformationen der Rundfunkanstalten in kartell- und wettbewerbsrechtlicher Sicht, 1983.

Varnbüler, Axel v.: Rechtsfragen der Rundfunkfinanzierung, FuR 1979, S. 630 ff.

Vialon, Friedrich: Haushaltsrecht, 2. Auflage, 1959.

Vogel, Bernhard: Ansprache des Ministerpräsidenten des Landes Rheinland-Pfalz, in: Lüder (Hrsg.), Rundfunk im Umbruch: Stand und Entwicklung der finanziellen und wirtschaftlichen Situation der öffentlich-rechtlichen Rundfunkanstalten, 1985, S. 15 ff.

Wilkens, Heinz: Die Aufsicht über den Rundfunk, Diss. jur., 1965.

Wöhe, Günter / *Bilstein,* Jürgen: Grundzüge der Unternehmensfinanzierung, 4. Aufl., 1986.

Wufka, Eduard: Die verfassungsrechtlich dogmatischen Grundlagen der Rundfunkfreiheit, 1971.

Zehner, Günter: Der Fernsehstreit vor dem Bundesverfassungsgericht, Bd. 1, 1964.

Zeidler, Karl: Gedanken zum Fernseh-Urteil, AÖR Bd. 86 (1961), S. 361 ff.

Zeidler, Wolfgang: Probleme der Rundfunkgebühr, 1961.